国防科技大学建校 70 周年系列著作

知识结构化：
基于神经信息抽取的方法

赵　翔　谭　真　肖卫东　黄培馨　著

科　学　出　版　社

北　京

内 容 简 介

知识结构化是知识工程领域的重要分支。本书专注于介绍基于神经网络的知识结构化技术，在内容上尽可能涵盖从基础概念到最新研究成果的各方面。全书共 15 章：第 1 章概述知识结构化的起源与发展；第 2 章讨论一些典型而常用的神经网络基础模型以及神经网络学习策略；第 3~14 章分别以实体、关系、实体关系三元组、事件为主题，介绍知识结构化技术研究的最新进展；第 15 章介绍基于神经信息抽取方法的知识结构化技术未来发展方向，并探讨其在大模型时代下面临的挑战与机遇。

本书旨在为计算机科学与技术及相关方向的研究人员、学生和从业者提供深入的理论知识和实践指导，帮助其更好地应用神经信息抽取技术解决实际问题。

图书在版编目（CIP）数据

知识结构化 ：基于神经信息抽取的方法 / 赵翔等著 .
北京：科学出版社，2024. 9. -- （国防科技大学建校
70 周年系列著作）. -- ISBN 978-7-03-079269-3

Ⅰ. G421
中国国家版本馆 CIP 数据核字第 2024W9F166 号

责任编辑：胡文治 / 责任校对：谭宏宇
责任印制：黄晓鸣 / 封面设计：无极书装

科 学 出 版 社 出版
北京东黄城根北街 16 号
邮政编辑：100717
http://www.sciencep.com
北京华艺世纪缘科技发展有限公司排版
广东虎彩云印刷有限公司印刷
科学出版社发行 各地新华书店经销
*
2024 年 9 月第 一 版 开本：720×1000 1/16
2025 年 1 月第二次印刷 印张：18
字数：302 000
定价：150.00 元
（如有印装质量问题，我社负责调换）

总　序

国防科技大学从 1953 年创办的著名"哈军工"一路走来，到今年正好建校 70 周年，也是习主席亲临学校视察 10 周年。

七十载栉风沐雨，学校初心如炬、使命如磐，始终以强军兴国为己任，奋战在国防和军队现代化建设最前沿，引领我国军事高等教育和国防科技创新发展。坚持为党育人、为国育才、为军铸将，形成了"以工为主、理工军管文结合、加强基础、落实到工"的综合性学科专业体系，培养了一大批高素质新型军事人才。坚持勇攀高峰、攻坚克难、自主创新，突破了一系列关键核心技术，取得了以天河、北斗、高超、激光等为代表的一大批自主创新成果。

新时代的十年间，学校更是踔厉奋发、勇毅前行，不负党中央、中央军委和习主席的亲切关怀和殷切期盼，当好新型军事人才培养的领头骨干、高水平科技自立自强的战略力量、国防和军队现代化建设的改革先锋。

值此之年，学校以"为军向战、奋进一流"为主题，策划举办一系列具有时代特征、军校特色的学术活动。为提升学术品位、扩大学术影响，我们面向全校科技人员征集遴选了一批优秀学术著作，拟以"国防科技大学迎接建校70 周年系列学术著作"名义出版。该系列著作成果来源于国防自主创新一线，是紧跟世界军事科技发展潮流取得的原创性、引领性成果，充分体现了学校应用引导的基础研究与基础支撑的技术创新相结合的科研学术特色，希望能为传播先进文化、推动科技创新、促进合作交流提供支撑和贡献力量。

在此，我代表全校师生衷心感谢社会各界人士对学校建设发展的大力支持！期待在世界一流高等教育院校奋斗路上，有您一如既往的关心和帮助！期待在国防和军队现代化建设征程中，与您携手同行、共赴未来！

国防科技大学校长

2023 年 6 月 26 日

前　　言

知识工程是信息科学与人工智能领域的核心问题之一，知识结构化是将原始数据（以文本为主）中的隐含知识进行显式结构化的过程。伴随着时代的演进，知识结构化相关方法和技术的研究从未间断过，结构化之后的知识，以知识库等形态，为人类理解和利用信息提供了强大的支持。

自人类迈入信息时代以来，信息的快速增长和多样化使得传统以人工和模板为主的方法逐渐失效，知识结构化的研究面临前所未有的挑战——如何利用机器自动化地从大数据中提取、组织和理解有用的知识，成为一个亟待解决的技术问题。此时，恰逢深度学习的兴起和蓬勃发展，深度神经网络作为人工智能领域的前沿技术之一，为知识结构化提供了新的思路和突进方向。本书旨在探讨基于神经信息抽取技术的知识结构化方法，以试图应对上述挑战。

我们是国内最早一批从事大数据知识工程研究的团队。依托前期在图数据管理与分析方面的研究基础，2013 年我们进一步部署了知识图谱技术的相关研究和探索。时至今日，知识图谱依然被誉为"实现认知智能的核心关键技术之一"。这些年来，我们通过坚持不懈地攻关，探索并形成了知识表示、实体对齐、三元组抽取、事件抽取等一系列学术成果，为后来开展小样本领域、中文领域、多模态场景下的知识结构化研究奠定了坚实基础。

本书集合了我们多年来在知识结构化概念、机理、方法等方面取得的一系列研究成果。本书在总结已有成果的同时，也抛出我们的认识，供同行探讨和批判，以促使知识结构化方向更好地向前发展，也帮助我们团队更好地向前发展。

本书共分为15章。第1、2章由赵翔撰写；第3、4、5、6章由谭真撰写；第7、8章由赵翔撰写；第9、10、11章由肖卫东撰写；第12、13、14章由黄培馨撰写；第15章由赵翔撰写；全书由赵翔统稿整理。在本书撰写的过程中，得到了张维明、黄宏斌、唐九阳、葛斌等老师的宝贵意见和建议。作者在此向他们表示感谢，并向对本书撰写提供过其他帮助的领导和人士一并致以衷心的感谢。

本书引用和参考了大量国内外文献，由衷感谢给予我们启发的相关作者，以及由于篇幅原因未在参考文献中一一列出的作者，正是得益于开放的学术交流与思想碰撞，我们的认识才得以不断深入。

大数据知识工程的研究一直在路上，道阻且长，行则将至，行而不辍，未来可期!

作者

2024 年 2 月

目　　录

第1章 知识结构化概述

机器如果要像人一样思考，就离不开一个强大的知识库。大数据时代，计算机如何获取和利用知识，已成为大数据知识工程领域所面临的核心课题。知识结构化是知识获取的重要环节，其目标是以结构化的形式描述客观世界中的实体（概念）、事件及其关系，将结构化程度较低的（尤其是万维网上的）信息表达成更接近人类认知世界的形式。通过这种形式的知识组织，可以构建出结构清晰且语义关联丰富的知识图谱（knowledge graphs）或知识库（knowledge bases）[1]。知识图谱首先为互联网语义搜索带来了活力，随后也在自动问答和推荐等场景中发挥了巨大作用，已经成为当前众多智能应用的关键基础设施。

1.1 知识工程

知识是人类智能的象征。在古代，"知识"一词指认知的人或事物；到了现代，"知识"的释义已经变成了"人们在社会实践中所获得的认识和经验的总结"。知识工程是一门以知识为研究对象的前沿交叉学科，其内涵是通过知识的获取、表征与推理来求解应用问题的一套原理与方法。知识工程将智能系统研究中的共性关键技术抽出来作为其核心研究内容（郑庆华等，2023）。具体可以概括为以下三个方面。①知识获取与融合：研究从系统外获得知识，并与已有知识形成一个共同的知识体系。②知识表示与管理：研究知识的形式化描述，并通过系统化的手段进行高效组织管理。③知识推理与应用：研究知识的计算和推理技术及其有效运用的方法。

对于机器而言，自"人工智能"的概念提出，到1977年爱德华·费根鲍

---

① 本书择善而从，将"知识图谱"和"知识库"视为等价物，并在后文中交替使用；两者之间更加确切的关系应该是，知识图谱是一种以图模型为存在形式的知识库。

姆（Edward Feigenbaum）正式提出"知识工程"的思想（Feigenbaum, 1977），围绕知识的获取、表示与利用的知识工程方向的研究成为人工智能中实际成果最丰富且影响最大的一个分支。在信息科学的范畴里，知识是有关事物的事实、描述和信息的总和（Steup, 2014），一般是易于理解的结构化信息，常用于解决问题或支持决策。因此，一个计算机可读（machine-readable）的知识库中大体包含了实体、别名、关系、语义类别、事实断言等内容。当前，代表性的大规模知识库包括 YAGO、Freebase、DBpedia、NELL 等。

"知识图谱"（knowledge graph）本是 Alphabet 公司的一款支持谷歌搜索引擎的事实知识（factual knowledge）产品，近年来在学术界和产业界被广泛用来指代各类知识库。在本书中作者也给出知识图谱的一种定义（王鑫等，2022）：知识图谱是通过符号化的形式描述物理世界中的概念及其相互关系的结构化语义数据库。其基本组成单位是实体、实体间的关系以及实体的属性；实体可以指物理世界中的人、事、物，实体通过关系相互连接，进而组成网状的知识结构。在信息爆炸式增长的时代，知识图谱通过对数据的整合以及规范，向人们提供有价值的结构化信息，各类知识图谱已成为赋能计算机去完成众多认知智能应用的关键支撑要素之一。

回顾知识工程四十多年来的发展历程，总结知识工程演进过程和技术发展，体会知识工程为人工智能所作出的贡献和未来面临的挑战，可以将知识工程迄今的发展分为五个标志性阶段——早期知识工程时期、专家系统时期、万维网 Web 1.0 时期、群体智能 Web 2.0 时期以及知识图谱时期。

1）早期知识工程时期（1950～1969 年）

人工智能旨在让机器能够像人一样解决复杂问题，阿兰·马西森·图灵（Alan Mathison Turing）提出"图灵测试"的概念，标志着人工智能领域的诞生。这一阶段，人工智能主要有三大学派：符号主义认为人类思维的基本单元是符号，基于符号的一系列运算就构成了认知的过程；连接主义则认为大脑是一切智能活动的基础；行为主义学派认为人工智能来源于控制论。这一阶段具有代表性的工作是通用问题求解程序——将问题进行形式化表达，从问题的初始状态，通过搜索结合规则或者表示得到目标状态，其最成功应用是博弈论或机器定义证明等。先驱人物包括马文·李·明斯基（Marvin Lee Minky）、约翰·麦卡锡（John McCarthy）、艾伦·纽厄尔（Allen Newell）及赫伯特·亚历山大·西蒙（Herbert Alexander Simon）等学者，鉴于在感知机、人工智能语言、通用问题求解和形式化语言方面的杰出工作，他们被分别授予 1969 年（马文·

李·明斯基）、1971 年（约翰·麦卡锡）、1975 年（艾伦·纽厄尔和赫伯特·亚历山大·西蒙）的图灵奖。这一时期的知识表示方法主要有逻辑知识表示、产生式规则、语义网络（semantic network）等。

2）专家系统时期（1970 ~ 1989 年）

通用问题求解强调利用人的求解问题的能力建立智能系统，而忽略了知识对智能的支持，使人工智能难以在实际应用中发挥作用。20 世纪 70 年代开始，人工智能开始转向建立基于知识的系统，期望通过知识库加推理机实现智能。这一时期涌现出很多成功的领域专家系统，如 MYCIN 医疗诊断专家系统、识别分子结构的 DENRAL 专家系统以及计算机故障诊断 XCON 专家系统等。同期，爱德华·费根鲍姆提出知识工程的思想，并逐步确立了知识工程在人工智能中的重要地位。这一时期知识表示方法有了新的演进，包括框架和脚本等。20 世纪 80 年代后期，出现了很多专家系统的开发平台，可以帮助将专家的领域知识转变为计算机可以处理的知识。

3）万维网 Web 1.0 时期（1990 ~ 1999 年）

在 1990 ~ 1999 年，很多人工构建的大规模知识库显露头角，包括应用广泛的英文语义知识库 WordNet、采用一阶逻辑知识表示的常识知识库 Cyc 以及跨语言知识库 HowNet。Web 1.0 万维网的产生为人们提供了一个开放平台，使用 HTML 定义文本的内容，通过超链接连接起来，使得大众可以共享信息。W3C 提出的可扩展标记语言 XML，可对互联网文档内容的结构定义，为互联网环境下大规模知识表示和贡献奠定了基础。这一时期还提出了本体的知识表示方法。Web 1.0 时期万维网的出现使得知识从封闭走向开放，从集中知识成为分布知识。原来专家在系统内部定义知识，现在可以实现知识源之间的相互链接，可以通过关联来产生更多的知识而非完全由固定人产生。

4）群体智能 Web 2.0 时期（2000 ~ 2005 年）

随着 Web 1.0 的发展，同期出现了群体智能的概念，万维网进化到 Web 2.0 阶段，其最典型的代表就是维基百科（Wikipedia）。维基百科实际上是各种用户贡献的知识结晶，这使得它成为当前大规模结构化知识图谱的重要基础。在 2001 年，万维网发明人蒂姆·伯纳斯·李（Tim Berners-Lee）提出语义 Web、RDF 和 OWL，利用本体描述互联网的语义结构，通过对网页进行语义标记得到网页语义信息，使人和机器能够更好地协同工作。

5）知识图谱时期（2006 年至今）

如何将万维网内容转化为能够为智能应用提供动力的且机器可理解和计

算的知识，是这一时期知识工程领域的研发目标。从 2006 年开始，在大规模维基百科半结构知识资源的基础上，随着规模化自动化信息抽取技术的演进，大规模知识获取取得了巨大进展。与 Cyc、WordNet 和 HowNet 等手工研制的知识库和本体的开创性项目不同，这一时期知识获取特征是自动化。当前自动构建的知识库已成为语义检索、智能推荐和数据集成的强大助推器，使其在众多行业和领域中正得到愈来愈多的运用。典型的例子是谷歌在 2012 年推出的谷歌知识图谱、Facebook（现 Meta）的图谱搜索、Microsoft Satori 以及商业、金融、生命科学等领域知识图谱。这些知识图谱一般遵循资源描述框架（resource description framework，RDF）数据模型，涵盖了数以千万级或更大规模的实体，以及数十亿甚至百亿事实（即属性值和实体间关系）；并且，这些实体被组织在语义类中，从而刻画了客观世界的概念结构。

从技术角度看，当前的知识图谱是机器学习、自然语言处理、图数据库和万维网等多技术的交叉与融合，具体涉及的技术要素包括表示、存储、抽取、融合、推理、问答、分析七个方面（计算机术语审定委员会，2021b）。

1.2 知识结构化

知识结构化是信息时代重要的一项技术和方法，它是指将未经处理的、非结构化的信息转化为具有组织和结构性的知识表达形式。知识结构化的一项重要应用形式是知识图谱，其早期原型可追溯至语义网络，这决定了其网络化的形态，而网络化是以结构化为基础的。

目前主流的经典知识图谱模型中，知识通常以三元组（triplet）(h, r, t)的形式进行结构化的表示，其中 h 为头实体，t 为尾实体，r 是两个实体之间的关系。进一步，知识三元组可以通过共同的实体为枢纽，形成一个网络（或称"图谱"）。以"中国的首都是北京"这一事实知识为例，知识图谱将其存储为三元组"（中国，首都，北京）"，其中"中国"是头实体，"北京"是尾实体，"首都"是关系；"北京"还可与"海淀区""冬季奥林匹克运动会"等实体构成其他关系，进而组成延展成一个复杂的大型网络。在三元组的基础之上，近年来衍生出了一系列扩展形式，如时态知识图谱（temporal knowledge graphs）通常需要额外的一个时间变量 t（计算机术语审定委员会，2021a），再如事件图谱则通常由多元组构成，且多元组的基数（cardinality）由描述事件的论元（arguments）数量决定。

作为知识图谱构建的一个至关重要的手段，知识结构化的含义更为广泛，旨在从描述现实世界中实体（概念）、事件和关系的非结构化数据中将这些隐含知识提取并转换成特定的结构化形式的过程，它对于实现知识从隐含散乱的形态转变为显式有序的形态有重要意义。

根据知识的结构化手段不同，知识结构化可分为"自顶向下"和"自底向上"两种手段。区别于早期的知识工程主要通过"自顶向下"的方法构建结构化知识库，即首构建知识本体（ontology）后再添加知识实例（instance），随着大数据时代的到来，从海量数据中获取结构化知识的思路给大规模知识库构建提供了一种"自底向上"的可行方案，即先获取知识实例后再归纳形成知识本体。具体而言，借助自然语言处理等技术手段和方法，从文本和图像等数据中自动化获取知识实例，即知识结构化（knowledge structurization）。这些知识再经过链接、融合、归纳等处理后，方可加入到知识库中。

根据知识来源的结构化程度不同，知识结构化可分为面向非结构化数据、面向半结构化数据和面向结构化数据三种。结构化的程度可以依照数据与描述数据语义的模式（schema）之间的伴随情况来划分。结构化数据中，数据和模式是共同出现且相对固定的，以关系型数据为代表，可以通过固定的键值来获取相应的信息。因此，对结构化数据进行知识结构化的难度小、成本低。半结构化数据（如 JSON 和 XML 格式的数据）中，数据的模式是不固定的，同一键值下包含的信息是相对灵活的，具体可能是数值型、文本型或者其他类型。正是这种灵活性，机器自动从数据中获取信息的难度略有增加。而非结构化数据（如文本数据和图像数据）上的信息提取，则因为无法通过键值进行获取，使得自动化提取的难度大大增加。综上，本书主要论及非结构化数据上的知识抽取问题。

根据结构化的要素对象不同，知识结构化可分为基本要素级的知识结构化和组合要素级的知识结构化两个层次。基本要素级的知识结构化工作可分为实体抽取、关系抽取两个方面的任务，指从非结构化数据中抽取出实体和关系这些基本要素。组合要素级的知识结构优化工作可分为三元组抽取、事件抽取两个方面的任务，指从非结构化数据中抽取出三元组和事件这些基本要素的组合，前者由两个实体和实体间的语义关系组成，后者由事件和事件要素（也是实体）之间的语义关系组成。非结构化数据的知识结构化，在本质上是一个信息抽取（information extraction）过程。接下来分别对这四个任务进行概述。

1）实体抽取

实体是客观世界的事物，是构成知识图谱的基本单位。实体分为限定实体（如常用的人名、地名、组织机构等）以及开放类别实体（如药物名称、疾病名称等）。实体抽取，也称为命名实体识别，是识别文本中指定类别的实体。例如，对于"姚明 1980 年出生于上海"，需要从中识别出"姚明"是一个人名，"1980 年"是一个时间词，"上海"是一个地名。实体链接是识别出文本中提及的词或者短语，并与知识库中对应实体进行链接。例如，对于"李娜于2011 年获得法国网球公开赛的冠军"中的"李娜"指的是打网球的"李娜"，而不是其他"李娜"。实体识别与链接是知识图谱构建、知识补全与知识应用的核心技术。实体识别技术可以检测文本中的新实体，并将其加入现有知识库中。实体链接技术通过发现现有实体在文本中的不同出现场景，可以针对性地发现关于特定实体的新知识。实体识别与链接的研究将为计算机类人推理和自然语言理解提供知识基础。

2）关系抽取

实体关系描述客观存在的事物之间的关联关系，定义为两个或多个实体之间的某种关系，实体关系抽取是自动从文本中检测和识别出实体之间的某种关系。例如，对于"姚明 1980 年出生于上海"，需要已知实体"姚明"和"上海"，关系抽取的目标是判断出它们之间具有"出生地"的关系。实体关系抽取包括预定义关系抽取和开放式关系抽取两种类型。预定义关系抽取是指系统所抽取的关系已预先定义，例如知识图谱中已定义的关系类别，如上下位关系、出生地关系等。开放式关系抽取不预先定义抽取的关系类别，由系统自动从文本中发现并抽取关系。实体关系抽取是知识结构化和自然语言理解的基础。

3）三元组抽取

三元组由两个实体和实体间的语义关系组成，三元组抽取旨在从文本中提取出包含头实体、关系和尾实体的三元组。这些三元组表示文本中实体之间的关系，例如，对于句子"约翰是微软的员工"，不仅需要识别出"约翰"是头实体，"微软"是尾实体，还需要识别出"员工"是关系。三元组抽取通常涉及实体识别、关系抽取和三元组构建，有流水线式抽取和联合抽取两种解决方案，两者的区别在于子任务间的模型是否相互独立。流水线式抽取方案会把抽取任务分为两个步骤，首先做实体抽取，再抽取出两个实体的关系；而联合抽取方案就是一步到位，同时抽取出实体和关系。三元组抽取可以帮助机器理解自然语言文本中的实体和关系，并将其转化为结构化数据，从而使机器能够更好地处理和利用这些信息。

4）事件抽取

事件是促使事物状态和关系改变的条件，是动态、结构化的知识。目前已存在的知识资源所描述的多是实体以及实体之间的关系，缺乏对事件知识的描述。针对不同领域的不同应用，事件有不同的描述范畴。一种描述方式将事件定义为发生在某个特定时间点或时间段、某个特定的地域范围内，由一个或者多个角色参与的一个或者多个动作组成的事情或者状态的改变。另一种描述方式将事件认为是细化了的主题，是由某些原因、条件引起，发生在特定时间、地点，涉及某些对象，并可能伴随某些必然结果的事情。例如，对于句子"成龙和林凤娇于 1982 年在洛杉矶举行婚礼"，事件抽取的目标是识别出这个句子描述了一个"结婚"事件，"结婚的双方"是"成龙"和"林凤娇"，"结婚时间"是"1982 年"，"结婚地点"是"洛杉矶"。事件抽取就是将非结构文本中自然语言所表达的事件以结构化的形式呈现，对于知识表示、理解、计算和应用意义重大。

早期的知识结构化方法依赖于基于规则的抽取技术。例如，通过实体词表的匹配识别是应用最广泛的一种实体抽取方法，虽然实体词表仅能实现与目标文本的有限匹配，但匹配识别十分快速（董振东等，2007）。此外，基于规则模板可以实现对实体词表识别的扩展，其中的核心在于规则模板的设计（潘正高，2012），在此之前需要分析实体词或者属性值的构词规则，包括基于字符构词规则的识别以及基于词性组合规则的识别两种。关系抽取任务经历了同样的发展阶段，基于规则的关系抽取算法通过手写规则来匹配文本实现关系抽取，主要分为基于触发词（基于模式）和基于依存关系树（句法分析）两种（朱姗，2010）。类似地，基于模式匹配的事件抽取方法是指将要抽取的事件语句与相应的模式进行匹配的方法。但是这些方法需要特定领域专家构建模板，费时费力，难以维护，且召回率低、鲁棒性差。

随着机器学习的发展，监督学习下的知识结构化技术被广泛研究。监督学习从训练数据中研究模型，并预测测试数据的类型。输入是自然语句，输出是预定义的实体集合、关系集合或事件集合（刘方驰等，2013）。监督学习下的知识结构化研究主要分为基于特征向量的方法和基于核函数的方法。基于特征向量的方法是从上下文信息、词性、句法中提取出一系列的特征向量，然后通过分类算法（如：朴素贝叶斯），支持向量机和最大熵模型学习如何对特征向量分类。基于核函数的方法通过核函数计算样本之间的相似度，来训练分类模型，核心在于如何设计核函数。但是这些方法依赖于构建有效的样本特征，而这依赖于专家经验，无法进行大领域拓展，限制了知识结构化技术的发展。

深度学习无须复杂的特征工程，凭借神经网络的强大计算能力和向量表示能力，能够自动学习高维潜在语义信息，实现从输入到输出的非线性映射能力，进行端到端的抽取。因此，神经信息抽取（neural information extraction）技术的快速发展，推动了知识结构化领域的长足进步。

本书的后续章节将紧密围绕基于神经信息抽取的知识结构化这一研究主题，介绍一系列基于深度神经网络的知识结构化新模型和新方法，为知识结构化领域的未来发展提供一定的理论借鉴与技术参考。

1.3　应用场景

知识结构化具有重要的应用价值，以下四个场景为知识结构化技术在信息服务中的典型应用场景。

1）通用和领域知识图谱

知识图谱分为通用知识图谱和领域知识图谱两类，两类知识图谱本质相同，其区别主要体现在覆盖范围和使用方式上。通用知识图谱可以形象地看成一个面向通用领域的结构化百科知识库，其中包含了大量现实世界中的常识性知识，覆盖面广。领域知识图谱又称为行业知识图谱或垂直知识图谱，通常面向某一特定领域，可看成是一个基于语义技术的行业知识库，因其基于行业数据构建，有着严格而丰富的数据模式，所以对该领域知识的深度、知识准确性有着更高的要求。

2）语义集成

语义集成的目标就是将不同的知识图谱融合为一个统一、一致、简洁的形式，为使用不同知识图谱的应用程序间的交互提供语义互操作性。常用技术方法包括本体匹配、实体匹配以及知识融合等。语义集成是知识图谱研究中的一个核心问题，对于数据链接和知识融合至关重要。语义集成研究对于提升知识图谱的信息服务水平和智能化程度，推动语义网以及人工智能、数据库、自然语言处理等相关领域的研究发展，具有重要的理论价值和广泛的应用前景，可以创造巨大的经济效益。

3）语义搜索

知识图谱是对客观世界认识的形式化表示，将字符串映射为客观事件的事物。当前基于关键词的搜索技术在知识图谱的知识支持下可以上升到基于实体和关系的检索，称为语义搜索。语义检索利用知识图谱可以准确地捕捉用户搜索意图，借助知识图谱，直接给出满足用户搜索意图的答案，而不是包含关键词的相关网页链接。

4）基于知识的问答

问答系统（question answering，QA）是指让计算机自动回答用户所提出的问题，是信息服务的一种高级形式。不同于现有的搜索引擎，问答系统返回用户的不再是基于关键词匹配的相关文档排序，而是精准的自然语言形式的答案。华盛顿大学图灵中心主任 Etzioni 教授 2011 年曾在 *Nature* 上发表文章 "Search Needs a Shake-Up"，其中明确指出："以直接而准确的方式回答用户自然语言处理问题是自动问答系统将构成下一代搜索引擎的基本形态（Etzioni，2011）。因此，问答系统被看作是未来信息服务的颠覆性技术之一，被认为是机器具备语言理解能力的主要验证手段之一。

1.4　国内外研究现状

近年来，随着知识图谱广泛应用的推动，知识结构化技术在学术界和工业界都得到了较好的发展。在自底向上的知识图谱构建方式中，需要解决的主要问题是如何从半结构化和无结构化数据中得到实体、关系、事件等结构化知识。如图 1.1 所示，利用半结构化和无结构化数据构建知识图谱，其核心关键

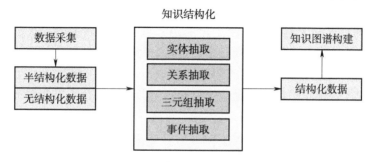

图 1.1　传统知识抽取模型框架

在于实体抽取、关系抽取、三元组抽取和事件抽取四项知识结构化技术。从作者调研的国内外相关理论与技术的文献来看，已经有许多研究成果与本书相关，这些成功的案例不断地推动着知识图谱构建技术取得新的、更好的成果。本节将主要从知识图谱构建背景下的知识结构化相关技术出发，分析国内外研究现状及发展趋势。

1.4.1　知识图谱

知识图谱是以符号化的形式描述物理世界中的概念及其相互关系的结构化语义数据库。其基本组成单位是实体、实体间的关系和实体属性；实体通过关系相互连接，进而组成网状的知识结构。知识图谱通过对数据的整合与规范，向人们提供有价值的结构化信息。知识图谱的逻辑结构分为两个层次——数据层和模式层。

在知识图谱的数据层，知识以事实（fact）为单位存储在数据库中，并以实体–关系–实体（或实体–属性–值）的事实三元组（triplets）和事件名–关系–实体（一个事件往往涉及多个关系和实体）的事实多元组（tuples）作为事实的基本表达方式。存储在数据库中的所有数据构成庞大的实体关系网络，进而形成知识的图谱。因此，图数据库是一种面向知识图谱的更加自然的数据管理解决方案。

模式层在数据层之上，是知识图谱的主干。在模式层存储的是经过提炼的知识，通常采用本体库来管理知识图谱的模式层，借助本体库对公理、规则和约束条件的支持能力来规范实体、关系、事件以及实体的类型、关系类型、属性值和事件类型等对象之间的联系。本体库在知识图谱中的地位相当于知识图谱的模具，拥有本体库的知识图谱中冗余知识较少。

知识图谱有自顶向下和自底向上两种构建方式。当前，自动化知识图谱构建通常采用自底向上的方式，借助自然语言处理等技术手段，从广泛的公开数据中抽取出实体、关系、属性和事件信息，经过一定规则审核后加入到知识图谱中。通过自动化方式构建的知识图谱中可能存在大量冗余甚至部分错误信息，因此需要知识链接、补全、关联规则挖掘等精化技术对知识进行清理和整合，以提升知识图谱的质量。具体地，可将知识图谱构建的技术途径大致分为四类：①类似 Google Knowledge Graph、YAGO、DBpedia 和 Freebase 等采取的方案，从 Wikipedia 等百科网站的信息框等半结构化数据源中抽取主干知识；②从互联网数据中直接抽取无模式（schemaless）的知识，以 Reverb 和 OLLIE

为代表；③基于固定的知识图谱模式从互联网数据中抽取知识，如 NELL 和 DeepDive 等；④类似 Probase 的方案，仅构建一个分类体系而非一个完整的知识图谱。

我国对于通用中文知识图谱的研究和应用已经取得了一定的成绩，并在多个领域展开了应用探索。早期的中文知识图谱主要以中国科学院计算机语言信息中心的 HowNet 项目为代表，其质量较高，但存在规模小的缺陷。近年来，大量商业公司在知识图谱上发力，形成了百度"知心"和搜狗"知立方"等成功应用。在学术界，清华大学建立了第一个大规模中英文跨语言知识图谱 XLore，中国科学院计算技术研究所建立了"人立方、事立方、知立方"OpenKN 系统，上海交通大学发布了中文知识图谱平台 zhishi.me，复旦大学推出了包括 CN–DBpedia（Xu et al., 2017）在内的知识工场。下面对具有代表性的知识图谱成果进行介绍。

1）Google 知识图谱

Google 知识图谱（Google Knowledge Graph）是谷歌内部的一个知识图谱，其主要目的是提高检索的精度。自从 2012 年公布之后，已包含 570 亿个三元组，超过 18 亿个实体，这些实体之间存在很多种不同的链接关系。其中的数据主要来自三个数据源：CIA 数据概况、维基百科以及 Freebase 数据库。现阶段 Google 知识图谱还支持超过 10 种语言的检索，是现阶段存在的最大通用知识图谱。

2）WordNet

WordNet 是一个小型的语义知识图谱，主要由英语词汇的语义网络组成，包括 18 种不同类型的关系，如上下位关系、相似关系和反义关系等。此外，它还包含各种词语的同义词集合，可以很好地描述不同语义之间的相似度。这些词汇及其相关关系是通过人工构建而成。目前，WordNet 已经包含了超过 15 万个实体，其中包括 11 万个同义词事实和 20 万个词汇语义对。WordNet 已经成为自然语言处理、数据挖掘和语言学等领域的重要资源。全球 WordNet 协会创建了一个公共平台，用于讨论、分享以及改进不同语言的 WordNet，并在原有标准的基础上公布了 WordNet 的设计原则和规范。在中文实际应用中，通常采用由中国台湾"中央研究院"构建的 WordNet。为了进一步扩充 WordNet，张俐等（张俐等，2003）通过转换生成算法基本实现了中文 WordNet 的半自动抽取与构建。需要注意的是，现有的 WordNet 主要面向词汇之间的特定关系，而没有描述特定实体之间的关系。

3）DBpedia

DBpedia 是一个由莱比锡大学、柏林自由大学和 OpenLink Software 共同启动和管理的多语言知识图谱。它包含大量的实体和事实，主要通过从维基百科中提取结构化的知识来构建。这些结构化的知识以 RDF 格式进行存储，并在网上发布。用户可以通过使用 SPARQL 查询语句来精确查询相关的信息和知识。主要的查询结果包括与维基百科相关的内容以及不同维基百科页面之间的链接，其中还包括一些链接到其他资料的内容。目前，DBpedia 中包含 30 亿条 RDF 三元组。其中，从英文维基百科中提取的知识占据了 5.83 亿条三元组，而从其他语言的维基百科页面中提取的知识占据了 24.6 亿条数据。由于中文维基百科页面数量远远少于英文页面，所以 DBpedia 中只包含了很少的中文事实。此外，DBpedia 在提取非结构化信息方面还存在严重不足。为了扩展 DBpedia 的规模和覆盖范围，Paulheim 等（Paulheim et al., 2012）提出了一种从维基百科链接页面中提取结构化信息的方法。此外，DBpedia 还提供了一个名为 Spotlight 的人工标注工具，用于支持人工扩展知识图谱。用户可以使用该工具对 DBpedia 中的文本进行标注和修改。

4）YAGO

YAGO（Nickel et al., 2012; Suchanek et al., 2007）与 DBpedia 类似，其主要从维基百科中抽取知识，但不同的是，YAGO 尝试整合维基百科与 WordNet，并充分利用 WordNet 的分类框架来构建更加多元化的实体关系。现阶段，YAGO 包含超过一千万个实体及 1.2 亿个三元组，其中这些实体被细分为三十几万个类别。更重要的是，YAGO 中所存储的知识经过人工评估，其准确率已经超过 95%，因此 YAGO 知识图谱的数据质量相对较高。

5）搜狗"知立方"

搜狗"知立方"是第一个接入实际应用的中文知识图谱，其于 2012 年 12 月接入搜狗搜索引擎并开始服务普通用户，拉开了国内知识图谱应用的序幕。构建搜狗"知立方"的过程主要分为五个步骤：本体框架构建、实体实例构建、异构数据整合归并、实体重要度评估以及知识推理与知识图谱补全。在本体构建的过程中又分为实体构建与属性构建两个部分。在实体构建的过程中，主要利用不同用户的行为习惯，通过用户的点击、查询浏览等行为来构建数据集，这个众包的数据集一定程度上能够反映用户对搜索结果的态度，并以此为依据对实体进行优化。在属性构建的过程中，主要利用网页文本里的半结构化信息，在此基础上对抽取的属性进行聚类和过滤，对出现频次高的属性进行识别和标记。在异构数据整合归并的过程中，"知立方"采用实体消歧与链接技术对不同数据库中的实体进行整合和归纳，最终得到一个完整的知识图谱。

6）百度"知心"

百度是国内最早从事知识图谱研究的一家公司，其提出的百度"知心"于 2013 年 2 月正式提供服务，用于支持百度搜索引擎的查询。百度"知心"在构建的过程中主要包括四个部分：命名实体识别、属性值挖掘、上下文关系发现以及相关实体挖掘。在命名实体识别的过程中，主要识别人名、地名、机构名等关键信息，除此之外，也需要识别电影、音乐、软件和游戏等新型实体类别，其抽取过程主要依赖于搜索日志、非结构化文本和网页等。其主要策略是利用 Bootstrapping 方法识别搜索日志中的实体，首先标记部分实体种子，然后从少数命名实体开始，学习种子实体的上下文特征，然后利用这些上下文特征总结规律，从搜索日志中抽取新的实体，如此反复，获得最终的实体列表；从非结构化文本中抽取实体则主要利用包装器来进行；从网页抽取实体则同时考虑标题和正文内容来抽取实体。百度"知心"的属性值则主要来源于两个百科数据，即维基百科和百度百科，对于新型数据类型，如电影等，其属性可以从豆瓣等第三方网站获取。

7）知识工场

知识工场由复旦大学提出，现阶段主要有知识问答、实体链接、概念标注、智能验证码、短文本依存分析、语义搜索 6 个方面的应用。其构建过程主要分为四个步骤：实体和概念抽取、实体评估、实体链接以及关系抽取。在实体和概念抽取的过程中，主要通过多个数据源构建一个经过人工校验的核心数据集，然后通过迭代优化的方法对数据集的规模和覆盖范围进行扩大。在实体链接的过程中主要解决两方面的问题：一方面是跨数据源实体链接；另一方面是跨语言实体链接。在关系抽取的过程中，利用词法模式对可分类的关系进行抽取，利用网页表格抽取等方法对非分类关系进行抽取。知识工场的主要数据来源是百度百科。现阶段，知识工场中包含一千六百多万个实体，以及两亿多的事实知识，应用程序编程接口（application programming interface，API）调用次数超过九亿次，是现阶段学术界和工业界使用较多的一个通用知识图谱。

综上所述，现阶段知识图谱的构建方式和方法处于发展的阶段，尚存在一些限制。在数据源的采用上还采用质量较高的数据源（如 Freebase），忽略了大量的非结构化文本中包含的有价值的知识。如何利用非结构化的文本知识，进行知识结构化，来提高知识图谱的规模和覆盖范围是本书所要研究的问题。

1.4.2 实体抽取

实体抽取，也称为命名实体识别，是指从文本中自动提取出命名实体的过程。实体链接则是将描述文本中不同实体出现链接到知识图谱中规范命名实体上的知识融合技术，是提高知识图谱质量和精度的关键技术之一。实体是知识图谱中最重要的组成元素之一，因此，实体抽取质量直接决定整个知识图谱的质量。早期的实体抽取技术主要基于人工构建的词典和规则，并逐渐演化为借助传统统计机器学习方法。而当前，基于深度学习的方法已成为主流技术。在统计机器学习方法中，条件随机场（conditional random field，CRF）模型是最常用的。它不仅考虑输入的状态特征函数，还包含了标签转移特征函数，通过充分利用文本特征，实现高准确率的实体识别和抽取。其他机器学习方法还包括隐马尔可夫模型和最大熵马尔可夫模型等。

近年来，基于神经网络的深度学习方法在自然语言处理领域取得巨大进展。作为自然语言处理领域的知识结构化基础任务，实体抽取也不例外。Collobert 等（Collobert et al., 2011）是较早使用神经网络进行实体抽取的研究团队，他们提出的卷积神经网络（convolutional neural network，CNN）结合条件随机场（CRF）在实体抽取任务上取得了很好的效果。在此工作基础上，循环神经网络（recurrent neural network，RNN）结合条件随机场（CRF）也被提出。此模型一般包含嵌入（embedding）层（主要有词向量，字符向量以及一些额外特征）、双向长短时记忆网络（Bi-LSTM）层、激活函数 tanh 层和最后的 CRF 层。实验表明，RNN+CRF 取得了更好的效果，超越了基于丰富人工特征的 CRF 模型，成为目前基于深度学习的实体抽取主流模型。近年来，研究人员在基于神经网络结构的实体抽取领域集中关注于利用注意力机制来提高模型效果，并针对少量标注训练数据进行模型构建。在 RNN+CRF 模型结构的基础上，Rei 等（Rei et al., 2016）采用了注意力机制来改进词向量和字符向量的拼接过程，使得模型能够动态地利用这些信息。Bharadwaj 等（Bharadwaj et al., 2016）在 Bi-LSTM 模型中引入了音韵特征，并通过注意力机制来关注有效的字符信息，从而提升了整体模型的效果。深度学习方法通常需要大量的标注数据，但在某些领域中缺乏足够的标注数据。为了解决这个问题，Yang 等（Yang et al., 2017）采用迁移学习方法来应对实体抽取任务中的标注数据不足情况；而 Peters 等（Peters et al., 2017）首先使用海量无标注语料库训练了一个双向神经网络语言模型，然后利用该语言模型获取当前要标注词的语言模型向量，并将其作为特征加入到原始模型中，取得了良好的实体抽取效果。相对于英文命名实体研究，中文实体抽取技术的研究水平相对滞后。目前的方法主要是在英文抽取研究的基础上，加入一些中文语言特征来实现实体的识别和抽取。总的来说，目前主流的实体抽取模型是将神经网络与 CRF 相结合的模型。这类模型继承了深度学习方法的优点，无须大量人工特征，只需要使用词向量和字符向量就能取得很好的效果。

为了使抽取的实体能够被规范化，实体链接技术通过语义关联关系将给定文本中的所有实体指称项链接到知识图谱中对应的实体上。最早，He 等（He et al., 2013）提出使用降噪自编码器来表示实体指称项和候选实体文本的词向量，并通过隐藏层的转换计算它们之间的相似度。Sun 等（Sun et al., 2015）则提出了一种复杂的神经网络，包括卷积神经网络和神经张量网络，以词向量作为输入，用于计算实体指称项和候选实体之间的相似度。还有其他一些研究（Anand et al., 2019）专注于改进词嵌入表示，使得实体的嵌入不再仅由其名称的词嵌入决定，而是通过在语料库中进行个体训练，得到特定的实体嵌入。实验证明，这种方法能更好地捕捉实体本身的语义特征。

1.4.3　关系抽取

关系抽取旨在为文本中的实体抽取实体之间的语义关系，是知识结构化的另一个重要任务，对知识图谱构建起到至关重要的作用。现有主流的关系抽取技术分为有监督、半监督和无监督的三种学习方法。与其他两种方法相比，有监督的学习方法将关系抽取任务当作分类问题，通过利用人工标注语料进行训练，能够提取更有效的特征，进而取得更好的效果。

有监督的学习方法主要依赖词性标注等自然语言处理基础工具，而这些技术存在一定的误差，因此误差可能在关系抽取系统中会被不断传播和扩大，进而影响抽取效果。与实体抽取研究现状类似，近年来，深度学习模型应用在关系抽取任务上取得了很好的效果。Socher 等（Socher et al., 2012）首先提出使用循环神经网络进行关系抽取。该方法首先对句子进行处理，得到句法树节点的嵌入表示，然后将向量作为循环神经网络的输入生成整个句子的嵌入表示，并将其用于关系分类，达到关系抽取的目的；但此方法无法体现两个实体在句子中的位置和语义信息。为了克服上述方法的不足之处，Zeng 等（Zeng et al., 2014）提出采用卷积神经网络进行关系抽取。此方法首先生成词向量和词的位置向量，作为卷积神经网络的输入，接着通过卷积层、池化层和非线性层得到句子表示，进行关系分类。dos Santos 等（dos Santos et al., 2015）同样使用卷积神经网络，通过设计采用新的损失函数来提升关系抽取效果。为了节省人工标注数据花费的时间，Zeng 等（Zeng et al., 2015）在原有的神经网络结构中引入了远程监督技术。近几年来，最新的前沿深度学习技术，例如端到端神经网络和注意力机制等也被引入到关系抽取任务中，并取得良好的效果。此外，还有一部分研究侧重于引入更丰富和更复杂的神经网络结构来提升关系抽取性能，例如基于图的长短期记忆网络和深度残差网络等。总之，目前基于神经网络的关系抽取能够取得较好的结果，但是神经网络的关系分类方法主要应用在事先预定设计好的目标关系集合上，并未扩展到面向开放域的关系抽取中，这将会是未来的研究重点之一。

1.4.4　三元组抽取

三元组抽取，也称为实体关系联合抽取，是指对文本中的实体和实体之间的关系同时进行抽取。虽然串联地抽取实体和关系在任务上有一定的简化作用，具有较强的易操作性，但是它会忽略实体和关系之间的相关性，可能导致错误在任务之间积累和传播，导致知识结构化的性能降低。为此，研究提出了实体关系联合抽取模型，可以有效地描述实体关系的相关性特征，提高实体关系抽取的准确率。Roth 等（Roth et al., 2004）利用整数线性规划模型解决实体关系联合抽取问题。Kate 等（Kate et al., 2010）提出利用卡片-金字塔解析方法（card-pyramid parsing）实现联合抽取，而 Singh 等（Singh et al., 2013）则借助概率图模型进行联合抽取。上述几种基于规则的联合抽取方法需要人为构造和设计大量特征，这些特征都具有明显的领域特性，因此很难在跨领域以及大规模数据集上广泛应用。

近年来，深度学习给三元组抽取带来了新思路。Zheng 等（Zheng et al., 2017）提出了一种混合端到端神经网络进行三元组抽取，在编码层利用双向长短期记忆网络模型对样本进行特征抽取，在解码层则分为两个部分，一部分利用长短期记忆网络提取实体的特征，另一部分利用卷积神经网络提取关系特征，最终实现实体和关系的联合抽取。Miwa 等（Miwa et al., 2016）利用端到端的双向长短期记忆网络提取实体特征，利用依赖树辅助抽取实体间的关系。Katiyar 等（Katiyar et al., 2017）同样利用端到端的双向长短期记忆网络抽取实体，与前者不同的是，利用注意力模型来抽取实体间的关系。在中文数据集上，甘丽新等（甘丽新等, 2016）也采用句法语义特征解决三元组抽取的问题。

1.4.5 事件抽取

事件抽取是知识图谱构建的一个重要知识结构化任务，旨在从大量的文本数据中识别和提取出具有实际意义的事件信息。近年来，随着深度学习的发展和大规模标注数据集的建立，事件抽取任务取得了显著进展。传统的事件抽取方法主要依赖于规则、特征工程和机器学习算法。然而，这些方法在处理复杂和多样化的文本时面临很多限制。

近年来，研究者开始探索将深度学习技术应用于事件抽取任务，通过使用深度神经网络结构，能够更好地学习到文本中的上下文信息和抽取事件的特征，提高了抽取结果的准确性和泛化能力。Nguyen 等（Nguyen et al., 2016）采用深度神经网络模型完成事件抽取任务。模型的输入由单词向量、实体向量和事件元素向量组成，这些向量通过预训练或随机初始化的方式得到。然后将词向量通过卷积神经网络模型来获得深度学习的序列特征，并输出分类结果。实验取得的优异结果证实了神经网络方法的有效性。尽管监督学习方法在事件抽取任务中取得了不错的结果，但面临着依赖于大量标注数据的限制。因此，研究者开始探索使用无监督和半监督学习方法来降低对标注数据的依赖。这些方法通常使用聚类、迁移学习和半监督模型等技术，通过在大规模未标记数据上进行预训练，然后在少量标记数据上进行微调，实现对事件抽取任务的性能提升。Huang 等（Huang et al., 2018）提出在事件抽取任务中用零样本迁移学习方法，将事件提及和事件本体联合映射到共享的语义空间上，拉近两者在语义空间上的距离。

1.5 问题与挑战

本节介绍知识结构化技术在发展过程中面临的若干挑战。

（1）标注训练样本匮乏。基于神经信息抽取的知识结构化方法依赖于足量的标注样本学习模型参数，然而由于标注成本昂贵等原因，通常面临少样本、低资源问题。尤其是在医疗、金融、法律等领域，高质量的标注数据十分稀缺。因此，很多研究从样本增强、少样本学习等技术出发，解决标注训练样本匮乏的挑战。本书的第 4 章、第 7 章、第 8 章和第 11 章内容涉及解决标注样本不足场景下的知识结构化研究。

（2）概念描述边界模糊。在命名实体识别和触发词检测等知识结构化任务中，确定概念描述边界是结构化知识抽取的关键，而概念的模糊性对此类研究带来不小的挑战。例如，嵌套实体抽取是实体抽取中的一个颇具挑战的子问题，它是指某一实体嵌套在另一个实体之中，传统的序列标注方法很难将嵌套实体准确识别出来。对于事件抽取的触发词识别同样存在该问题，触发词的边界模糊会导致事件类型的识别错误。本书的第 3 章和第 13 章内容涉及解决概念描述边界模糊对知识结构化研究的挑战。

（3）目标语义特征不足。在神经信息抽取的知识结构化研究中，模型依赖从样本中获取充足的特征用于对应的目标检测，如识别其实体类型、关系类型或事件类型等。然而，由于数据的样本质量良莠不齐，加之训练样本不足的情况，模型往往不能获取足够的语义特征，用于目标的检测。因此，亟需寻求额外的知识输入进行特征增强，本书也关注到了该挑战在知识结构化技术研究中的影响。本书的第 5 章和第 12 章内容分别从多模态和多语言的角度进行语义特征增强，为知识结构化提供足够的语义线索。

（4）多抽取任务间错误累积。在知识结构化技术中，某些抽取任务涉及多个子任务的串联执行。例如，在三元组抽取任务中，需要识别其实体，再识别实体之间的语义关系；在事件抽取任务中，需要识别触发词及其类型，再识别该事件涉及的要素。然而，任务的串联过程存在误差的累积，导致知识结构化的结果较差。通常采用参数共享等方式解决多抽取任务间的错误累积问题。本书的第 9 章、第 10 章和第 14 章内容涉及联合抽取知识结构化研究，联合抽取模型共享参数的特点能够有效地减少多抽取任务间的错误累积问题。

1.6 内容组织结构

本书的篇章结构见图 1.2，第 1 章为知识结构化概述，全面阐述了知识结构化技术的起源和发展，并介绍了其在发展历程中的应用场景和国内外研究现状。此外，该章还探讨了当前深度神经网络时代下，知识结构化技术所面临的关键问题和挑战。第 2 章详细介绍了基于神经信息抽取的知识结构化方法，包括神经网络和深度学习的基础理论。这将为理解后续章节的最新技术进展提供帮助。

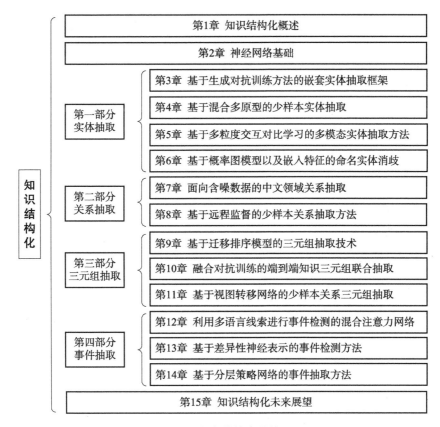

图 1.2　本书的篇章结构图

　　第 3～14 章详细介绍了知识结构化技术研究的最新进展，按主题分为三大部分：第一部分为第 3～6 章，以实体为主题，分别介绍了在实体嵌套、少样本和多模态场景下的命名实体识别技术，并介绍了命名实体消歧技术进行实体知识融合；第二部分为第 7、8 章，以关系为主题，先介绍了在样本噪声场景下的领域关系抽取，考虑到标注样本稀疏的挑战，接着介绍了基于少样本学习的关系抽取技术；第三部分为第 9～11 章，分别介绍了基于迁移排序模型、融合对抗训练和基于视图转移网络的实体关系三元组联合抽取的技术；第四部分为第 12～14 章，以事件为主题，介绍了使用多语言信息进行事件检测的方法，并介绍了将差异性神经表示和分层策略网络融入到事件抽取的技术。每个章节都阐述了必要的问题背景和紧密相关工作，模型方法和实验与分析部分则介绍了对应问题的研究成果和技术验证。

在最后一章即第 15 章，给出了基于神经方法的知识结构化技术未来的发展方向，希望引起更多学者的兴趣，共同探讨这个应用广泛且意义重大的研究方向。

参考文献

董振东, 董强, 郝长伶, 2007. 知网的理论发现 [J]. 中文信息学报, 21(4): 3–9.

甘丽新, 万常选, 刘德喜, 等, 2016. 基于句法语义特征的中文实体关系抽取 [J]. 计算机研究与发展, 53(2): 284–302.

计算机术语审定委员会, 2021a. "时态知识图谱术语" 术语发布 [OL]. (2021-10-01) [2023-10-16]. https://www.ccf.org.cn/Medialist/gzwyh/jsjsysdwyh/2021-10-01/789852.shtml.

计算机术语审定委员会, 2021b. "知识图谱" 术语发布 [OL]. (2021-09-23) [2023-10-16]. https://www.ccf.org.cn/Medialist/gzwyh/jsjs09-23/789852.shtml.

刘方驰, 钟志农, 雷霖, 等, 2013. 基于机器学习的实体关系抽取方法 [J]. 兵工自动化 (9): 57–62.

潘正高, 2012. 基于规则和统计相结合的中文命名实体识别研究 [J]. 情报科学, 30(5): 708–712, 786.

王鑫, 赵翔, 王昊奋, 2022. 知识图谱 [J]. 中国计算机学会通讯, 18(7): 92–93.

张俐, 李晶皎, 胡明涵, 等, 2003. 中文 WordNet 的研究及实现 [J]. 东北大学学报 (自然科学版), 24(4): 327–329.

郑庆华, 张玲玲, 龚铁梁, 等, 2023. 大数据知识工程 [M]. 北京: 科学出版社.

朱姗, 2010. 基于规则和本体的实体关系抽取系统研究 [J]. 情报杂志, 29(S2): 142–143, 161.

Anand A, Khosla M, Singh J, et al., 2019. Asynchronous training of word embeddings for large text corpora[C]. ACM International Conference on Web Search and Data Mining, Melbourne.

Bharadwaj A, Mortensen D R, Dyer C, et al., 2016. Phonologically aware neural model for named entity recognition in low resource transfer settings[C]. Conference on Empirical Methods in Natural Language Processing, Austin.

Collobert R, Weston J, Bottou L, et al., 2011. Natural language processing (almost) from scratch[J]. Journal of Machine Learning Research, 12(1): 2493–2537.

dos Santos C N, Xiang B, Zhou B, 2015. Classifying relations by ranking with convolutional neural networks[C]. Annual Meeting of the Association for Computational Linguistics and the International Joint Conference on Natural Language Processing of the Asian Federation of Natural Language Processing, Beijing.

Etzioni O, 2011. Search needs a shake-up[J]. Nature, 476(7358): 25–26.

Feigenbaum E A, 1977. The art of artificial intelligence: Themes and case studies of knowledge engineering[C]. International Joint Conference on Artificial Intelligence, Cambridge.

He Z, Liu S, Li M, et al., 2013. Learning entity representation for entity disambiguation[C]. Annual Meeting of the Association for Computational Linguistics, Sofia.

Huang L,Ji H, Cho K, et al., 2018. Zero−shot transfer learning for event extraction[C]. Annual Meeting of the Association for Computational Linguistics, Melbourne.

Kate R J, Mooney R J, 2010. Joint entity and relation extraction using card−pyramid parsing[C]. Conference on Computational Natural Language Learning, Uppsala.

Katiyar A, Cardie C, 2017. Going out on a limb: Joint extraction of entity mentions and relations without dependency trees[C]. Annual Meeting of the Association for Computational Linguistics, Vancouver.

Miwa M, Bansal M, 2016. End−to−end relation extraction using LSTMs on sequences and tree structures[C]. Annual Meeting of the Association for Computational Linguistics, Berlin.

Nguyen T H, Cho K, Grishman R, 2016. Joint event extraction via recurrent neural networks[C]. Conference of the North American Chapter of the Association for Computational Linguistics:Human Language Technologies, San Diego.

Nickel M, Tresp V, Kriegel H, 2012. Factorizing YAGO: Scalable machine learning for linked data[C]. World Wide Web Conference, Lyon.

Paulheim H, Fürnkranz J, 2012. Unsupervised generation of data mining features from linked open data[C]. International Conference on Web Intelligence, Mining and Semantics, Craiova.

Peters M E, Ammar W, Bhagavatula C, et al., 2017. Semi−supervised sequence tagging with bidirectional language models[C]. Annual Meeting of the Association for Computational Linguistics, Vancouver.

Rei M, Crichton G K O, Pyysalo S, 2016. Attending to characters in neural sequence labeling models[C]. International Conference on Computational Linguistics, Osaka.

Roth D, Yih W, 2004. A linear programming formulation for global inference in natural language tasks[C]. Conference on Computational Natural Language Learning, Boston.

Singh S, Riedel S, Martin B, et al., 2013. Joint inference of entities, relations, and coreference[C]. Workshop on Automated knowledge Base Construction, San Francisco.

Socher R, Huval B, Manning C D, et al., 2012. Semantic compositionality through recursive matrix−vector spaces[C]. Joint Conference on Empirical Methods in Natural Language Processing and Computational Natural Language Learning, Jeju Island.

Steup M, 2014. Epistemology[M]. Palo Alto: The Stanford Encyclopedia of Philosophy.

Suchanek F M, Kasneci G, Weikum G, 2007. Yago: A core of semantic knowledge[C]. International Conference on World Wide Web, Banff.

Sun Y, Lin L, Tang D, et al., 2015. Modeling mention, context and entity with neural networks for entity disambiguation[C]. International Joint Conference on Artiffcial Intelligence, Buenos Aires.

Xu B, Xu Y, Liang J, et al., 2017. CN−DBpedia: A never−ending Chinese knowledge extraction system[C]. International Conference on Industrial Engineering and Other Applications of Applied

Intelligent Systems, Arras.

Yang Z, Salakhutdinov R, Cohen W W, 2017. Transfer learning for sequence tagging with hierarchical recurrent networks[C]. International Conference on Learning Representations, Toulon.

Zeng D, Liu K, Chen Y, et al., 2015. Distant supervision for relation extraction via piecewise convolutional neural networks[C]. Conference on Empirical Methods in Natural Language Processing, Lisbon.

Zeng D, Liu K, Lai S, et al., 2014. Relation classiffcation via convolutional deep neural network[C]. International Conference on Computational Linguistics, Dublin.

Zheng S, Hao Y, Lu D, et al., 2017. Joint entity and relation extraction based on a hybrid neural network[J]. Neurocomputing, 257: 59–66.

第 2 章 神经网络基础

早期的知识结构化方法主要依赖于专家制定规则和特征，虽然获得的知识品质精良，但是在泛化性和可计算性等方面存在严重的局限性。因此，这些方法逐渐被基于神经网络的知识结构化方法所取代，知识结构化进入了能够自动获取的新时代。放眼人工智能领域，几乎无人不谈神经网络。本章为方便读者掌握神经网络技术基础，立足当前基于神经信息抽取的知识结构化方法发展现状，介绍常用的神经网络结构和优化学习方法。

2.1 神经网络的技术优势

知识结构化是指从非结构化文本中抽取实体、关系、三元组和事件，将它们转化为结构化的格式，以便更好地组织和利用非结构化文本中的信息的过程。相比结构化和半结构化数据，非结构化文本数据要更丰富。因此，如何从文本数据中进行知识结构化受到工业界和学术界的广泛关注。近几十年，互联网的普及使得海量数据唾手可得，加之计算机的存储和计算能力日新月异，为基于统计的自然语言处理方法提供了肥沃的土壤。神经网络的复兴和深度学习的发展，在大数据和计算能力的支持下焕发了惊人的能量。在发展趋势的推动下，知识结构化从依赖专家制定规则和特征，迈向了自动获取的新时代。与传统方法相比，基于神经信息抽取的知识结构化方法有以下两个突出的优势。

（1）分布式语义信息表示。在神经信息抽取的知识结构化方法中，字、词、句等语言单元的语义信息都以实值、稠密的向量进行分布式表示。这相当于将语言单元映射到了一个向量空间，在该空间中，元素的距离代表它们之间的语义关系，语义越相近的元素距离越近。在广阔的参数空间中，通过文本数据自动学习语言单元的分布式向量，可以建模复杂的语义模式。传统的词袋模型和独热表示思想均假设语义单元间是独立的，因此，与之相比，分布式语义信息表示在语义建模能力上大大提高。

（2）复杂语义深度建模。神经信息抽取的知识结构化方法的另一优势是，可以通过构建深层模型架构，建模各类知识结构化任务的复杂语义模式。在经典的神经知识结构化模型中，无论是卷积神经网络中多层的卷积和池化，还是循环神经网络中的时序循环状态层，或是预训练语言模型中的多层 Transformer 网络，都通过深层的网络架构达到对复杂语义非线性建模的能力。这种强大的建模能力使得基于神经信息抽取的知识结构化方法性能远超传统方法。

总之，神经网络通过强大的表达能力、良好的泛化性能、自动特征学习和高效的计算能力等优势，在各个领域都展现出了巨大的潜力，成为当前人工智能研究的重要方向之一，推动着知识结构化领域持续创新和发展。

2.2　常用的神经网络模型组件

基于神经信息抽取的知识结构化方法核心步骤是构建强大的神经网络模型。为方便理解，本节对常用的基础神经网络技术进行介绍，主要包括：词向量、注意力机制、卷积神经网络、长短期记忆网络、门控循环单元、Transformer 网络、预训练语言模型、条件随机场。

2.2.1　词向量

词向量是通过将词映射到低维的向量空间，用实值向量对词语义信息进行分布式表示的技术。这种分布式表示的方法可以帮助计算机更好地理解和处理自然语言。其中，Word2Vec 是一种常见的词向量训练方法（Mikolov et al., 2013），它在各种任务中得到了广泛的应用。Word2Vec 通过学习上下文信息来生成词向量，主要有两种训练模型：CBOW（continuous bag-of-words）和 Skip-gram。

CBOW 模型利用上下文预测当前词，即利用 x_{i-2}、x_{i-1}、x_{i+1}、x_{i+2} 预测 x_i，损失表示为

$$\mathscr{L} = \sum_{x \in C} \ln(p(x|\text{Context}(x))) \tag{2.1}$$

Skip-gram 模型与 CBOW 模型相反，它通过当前词预测上下文词，即根据

x_i 预测 x_{i-2}、x_{i-1}、x_{i+1}、x_{i+2}，损失表示为

$$\mathscr{L} = \sum_{x \in C} \ln(p(\text{Context}(x)|x)) \tag{2.2}$$

Word2Vec 通过在语料库上进行训练，可以获得词汇的向量表示，用于表示词汇的潜在语义信息，这种特征可以衡量词汇之间的相似度以及词汇之间的上下文关系。在研究中，模型将文本对应的词向量序列作为输入，以便提取高层次特征信息，进而被用于知识结构化任务。

2.2.2 注意力机制

注意力机制是指根据目标任务，为每个特征计算一个权重，权重表示该特征对于目标任务的贡献程度。当深度模型从原始数据中获得特征向量后，模型需要对不同特征进行筛选，具体选择需要根据不同特征与目标任务的关联程度确定。具体可以表示为对于一组特征 $\{\boldsymbol{v}_1, \boldsymbol{v}_2, \cdots, \boldsymbol{v}_n\}$，首先获得与特征向量相关的一组键值 $\{\boldsymbol{k}_1, \boldsymbol{k}_2, \ldots, \boldsymbol{k}_n\}$，根据键值与目标任务相关的查询向量 $\boldsymbol{q}$ 的相关程度，获得特征值上的注意力分布：

$$x_i = \text{Attention}(\boldsymbol{v}_i, \boldsymbol{q}) \tag{2.3}$$

其中，Attention($\cdot$) 表示注意力的计算公式，包含点积和基于感知机等多种形式。获得注意力权重后，需对其进行归一化，一般采用 Softmax 函数对其进行归一化：

$$\alpha_i = \frac{\text{e}^{x_i}}{\sum_{j=1}^{n} \text{e}^{x_j}} \tag{2.4}$$

最后，将归一化的权重与最初的特征向量相乘加权后，得到经过注意力机制的最终特征向量：

$$\bar{\boldsymbol{h}} = \sum_{i=1}^{n} \alpha_i \cdot \boldsymbol{v}_i \tag{2.5}$$

总的来说，注意力机制通过选择性地关注输入的不同部分，可以帮助模型更好地理解和利用输入数据中的相关信息，从而提高任务的准确性。此外，注意力权重的可视化可以帮助人们理解模型的决策过程和关注点，增强模型的可解释性。

2.2.3　卷积神经网络

卷积神经网络是经典神经网络中的一种，该网络具有两个特点：一是局部连接，卷积神经网络的每个卷积核对其感受野内的数据进行特征抽取，且采用多个卷积核提取不同角度的特征；二是权重共享，卷积神经网络的每个卷积核在不同位置通过权重共享的方式减少参数量。

卷积神经网络的结构如图 2.1 所示，可以看到，相邻不同层次的神经元之间并没有全部连接，而是按照某窗口大小，局部进行连接，这在很大程度上减少了模型的复杂度，提高了模型的训练效率。当模型需要获得更长期的特征时，可以通过叠加多层卷积神经网络的方法获得。多卷积核的方式可以提取不同类型的特征，而卷积核权值共享不仅可以减少卷积神经网络所需要的参数量，还可以大大压缩特征的维度，减少模型的复杂度。

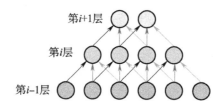

第i+1层

第i层

第i-1层

图 2.1　CNN 结构示意图

2.2.4　长短期记忆网络

长短期记忆网络（long short term memory，LSTM）是一种循环神经网络，与卷积神经网络相比，其更擅长于处理序列信息，因此也被广泛应用于各种具有序列特性的数据处理任务中。作为循环神经网络的一种，它通过增加遗忘门、输入门、输出门三个门限解决了循环神经网络存在的梯度消失和梯度爆炸问题，其结构图如图 2.2 所示。

在长短期记忆网络中，遗忘门用于控制前时刻状态传递到当前状态的信息，其操作包括用 Sigmoid 激活函数作用于当前输入 x_t，再与前一时刻的输出状态 h_{t-1} 按位相乘；更新门用于控制当前输入状态的保留程度，首先将 x_t 输入到 Sigmoid 和 tanh 激活函数中，输出结果按位相乘后与遗忘门输出结果相加；输出门用于控制需要传递给下一状态的信息，更新门的输出结果经过 tanh 激活函数激活后，与经过 Sigmoid 激活函数的输出按位相乘，输出门决定了循环神经网络

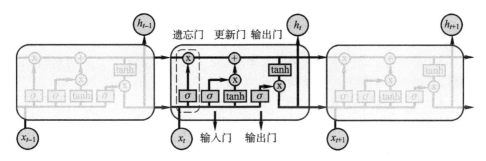

图 2.2　长短期记忆网络结构示意图

输出的内容。至此，输出的状态 h_t 将传递到下一个长短期记忆网络单元。

2.2.5　门控循环单元

　　长短期记忆网络通过门控机制使循环神经网络不仅能记忆过去的信息，同时还能选择性地忘记一些不重要的信息而对长期语境等关系进行建模，而门控循环单元基于这样的想法在保留长期序列信息下减少梯度消失问题。相比长短期记忆网络，使用门控循环单元能够达到相当的效果，并且相比之下更容易进行训练，能够显著提高训练效率（Dey et al., 2017）。

　　双向门控循环单元的结构如图 2.3 所示，可以看到，门控循环单元有两个门限，即重置门和更新门。直观上来说，重置门决定了如何将新的输入信息与记忆信息相结合，更新门定义了记忆信息保存到当前时间步的体量。若将重置门设置为 1，更新门设置为 0，那么将退化为标准循环神经网络模型。使用门控机制学习长期依赖关系的基本思想和长短期记忆网络一致，一些关键区别如下。

　　（1）门控循环单元具有两个门，分别是重置门和更新门；而长短期记忆网络则包含三个门，分别是输入门、遗忘门和输出门。

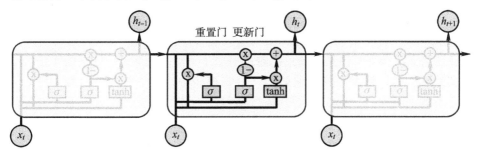

图 2.3　门控循环单元结构示意图

（2）门控循环单元并不会控制并保留内部记忆，且没有长短期记忆网络中的输出门。

（3）长短期记忆网络中的输入与遗忘门对应于门控循环单元的更新门，而重置门直接作用于前面的隐藏状态。

（4）在计算输出时并不应用二阶非线性。

大量的实验证明，门控循环单元在结构上比长短期记忆网络简单，参数更少，但在实践中与长短期记忆网络的性能却没有明显差距，甚至可能在某些任务上性能更好，因此也是当前较为流行的一种循环神经网络变种结构。

2.2.6　Transformer 网络

Transformer 网络是一种利用注意力机制并行运算提高模型训练速度的神经网络模型。作为完全基于自注意力机制的深度学习模型，它不仅适用于并行化计算，在运算效率上高于之前流行的循环神经网络，而且它本身模型的复杂程度，使得它在精度和性能上都要高于循环神经网络（Vaswani et al., 2017）。

模型的输入是一句话的字嵌入表示和其对应的位置编码信息，模型的核心层是一个多头注意力机制。注意力机制最初应用在图像特征提取任务上，例如，人在观察一幅图像时，并不会把图像中每一个部分都观察到，而是会把注意力放在重要的部分，后来研究人员把注意力机制应用到了自然语言处理任务中，并取得了很好的效果。多头注意力机制就是使用多个注意力机制进行单独计算，以获取更多层面的语义信息，然后将各个注意力机制获取的结果进行拼接组合，得到最终的结果。Add&Norm 层会把 Multi-Head Attention 层的输入和输出进行求和并归一化处理后，传递到 Feed Forward 层，最后会再进行一次Add&Norm 处理，输出最终的词向量矩阵。

2.2.7　预训练语言模型

预训练语言模型是指通过在语料库上的预训练，为词汇获得动态词向量以表达语义的预训练模型。第一代语言模型学习静态词向量，这种词向量与上下文无关，通过将每个词汇映射到一个查询表中，这个查询表的每一行对应一个单词的词向量。第二代语言模型学习动态的词向量，即与上下文有关的词向量。其中最典型的代表是基于 Transformer 的双向编码表示（Bidirectional Encoder Representation from Transformers，BERT）（Devlin et al., 2018），BERT 模型结构如图 2.4 所示。

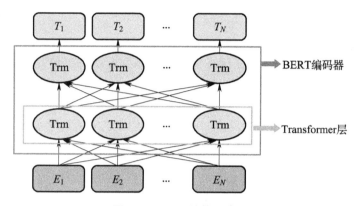

图 2.4　BERT 结构示意图

　　BERT 模型由若干层 Transformer 网络堆叠而成，模型所包含 Transformer 的层数和维度可根据计算机算力和需求进行设定。Devlin 等（Devlin et al., 2018）组装了两套 BERT 模型，其中 Bert-Base 模型包含 12 层 Transformer，维度为 768，Bert-Large 模型包含 24 层 Transformer，维度为 1 024。模型设计了两个预训练任务：一是屏蔽词预测任务，该任务对文本随机屏蔽部分词汇，BERT 模型根据词汇对应位置的向量对原词进行复原；二是下一句关系预测，该任务要求 BERT 模型判断两个串联的句子是否存在上下句关系。通过以上两个任务的训练，BERT 模型可以学习得到文本的动态词向量（Devlin et al., 2018）。

　　由于 BERT 模型在各类任务上的优异表现，后续催生了一系列扩展的语言模型，包括知识增强的预训练语言模型（Sun et al., 2020）、多语言的预训练语言模型（Conneau et al., 2019）、多模态的预训练语言模型（Lu et al., 2019）、特定领域的语言模型（Lee et al., 2020）等。

2.2.8　条件随机场

　　条件随机场由 Lafferty 等（Lafferty et al., 2001）最早用于自然语言处理技术领域，其在自然语言处理领域中用于文本标注，并有多种应用场景，例如：分词（标注字的词位信息，由字构词）；词性标注（标注分词的词性，如名词、动词、助词）；实体抽取（识别人名、地名、机构名、商品名等具有一定内在规律的实体名词）。条件随机场模型实际上是定义在时序数据上的对数线性模型，学习方法是极大似然估计，具体的优化实现算法有改进的迭代尺度法（improved iterative scaling，IIS）、梯度下降法和拟牛顿法。

条件随机场经常与各种神经网络结合用于序列标注任务。具体地，首先需要将特征向量输入模型，也就是特征函数集合 $(f_1(y, x), f_2(y, x), \cdots, f_k(y, x))$，以及特征函数的权值向量 w、待标注的观测序列 x。每个位置有 m 种标记可能。初始化，求位置 1 的各个标记 $j = 1, 2, \cdots, m$ 的非规范化概率，然后递推求位置 i 的各个标记 $l = 1, 2, \cdots, m$ 的非规范化概率的最大值，并且记录取得最大值的标记值。直到最后 $i = n$ 终止，得到最终位置的非规范化概率最大值，以及最优路径的终点，最后回溯返回最优路径。

2.3 常用的神经网络学习策略

在搭建好神经网络模型后，需要采用深度学习的训练方式对其进行参数优化。大部分知识结构化方法主要依赖有监督学习技术，但是在一些垂直领域数据或有特殊要求的应用场景中，单一的监督学习方法很难达到令人满意的效果。为此，针对这些特定的问题场景，许多研究提出了针对性的解决方案。例如，在训练样本较少的场景下，结合少样本学习技术提升抽取效果。本节将针对神经网络模型训练细节进行概述，以方便读者理解后续详细工作中提到的这些重要概念。

2.3.1 少样本学习策略

少样本学习（few-shot learning）是指从少量标注样本中进行学习的一种思想。与标准的有监督学习不同，由于训练数据数量有限，模型无法充分"认识"数据并进行泛化到测试集的学习。相反，少样本学习旨在让模型能够区分数据的相似性。当少样本学习应用于分类问题时，称为少样本分类；而当应用于回归问题时，则称为少样本回归。

形式化地定义少样本学习即为：给定一个包含少量可用的有监督信息的特定任务 T 的数据集 D_T，以及与 T 不相关的辅助数据集 D_A，少样样本学习的目标是为任务 T 构建函数 f，该函数利用 D_T 中很少的监督信息和 D_A 中的知识，完成将输入映射到目标的任务。

上述定义中 T 表示 D_T 和 D_A 中的类别是正交的，即 $Y_T \cap Y_A = \varnothing$。如果 D_A 覆盖了 T 中的任务，即 $Y_T \cap Y_A = Y_T$，则少样本学习问题将退化为传统的充足样本学习问题。因此，基于少样本学习的扩展性问题也随之产生。例如，

$D_t rn$ 中包含一部分无标签数据，或者 $D_A \neq D_T$ 的情况。

在少样本学习中，有一个经典设定，称为 N-way K-shot 设定。具体来说，少样本学习的训练集中包含了很多的类别，每个类别中有多个样本。在训练阶段，会在训练集中随机抽取 N 个类别，每个类别 K 个样本（总共 $N \times K$ 个数据），构建一个元任务，作为模型的支持集输入；再从这 N 个类中剩余的数据中抽取一批样本作为模型的预测对象。即要求模型从 $N \times K$ 个数据中学会如何区分这 N 个类别，这样的任务被称为 N-way K-shot 设定。

少样本学习方法主要分为以下两类。

（1）判别模型。判别方法由数据直接学习决策函数 $f(x)$ 或者条件概率分布 $P(y \mid x)$ 作为预测的模型，即判别模型。判别方法关心的是对给定输入 x，应该预测什么样的输出 y。

（2）生成模型。生成方法由数据学习输入和输出联合概率分布 $P(x, y)$，然后求出后验概率分布 $P(y \mid x)$ 作为预测的模型，即生成模型。这里以朴素贝叶斯算法为例，要求的目标可以通过：求出输入输出的联合概率分布 $P(x, y) = P(x \mid y) P(y)$，然后通过贝叶斯公式 $P(y \mid x) = \dfrac{P(x \mid y) P(y)}{P(x)}$，求出后验概率分布。

2.3.2　生成对抗训练策略

对抗训练是一种引入噪声的训练方式，可以对参数进行正则化，提升模型鲁棒性和泛化能力。对抗训练的假设是：给输入加上扰动之后，输出分布和原分布的分布一致。

在有监督的数据场景下使用交叉熵作为损失：

$$\mathscr{L}_{\mathrm{CE}} = -\ln p(y \mid x + r_{\mathrm{adv}}; \theta) \tag{2.6}$$

半监督数据场景下可计算 KL 散度作为损失：

$$\mathscr{L}_{\mathrm{KL}} = \mathrm{KL}[p(\cdot \mid x; \hat{\theta}) \| p(\cdot \mid x + r_{\mathrm{v-adv}}; \theta)] \tag{2.7}$$

具体添加的扰动由对抗的思想产生，即往增大损失的方向增加扰动。在有监督场景下：

$$r_{\mathrm{adv}} = \operatorname*{argmin}_{r, \|r\| \leqslant \epsilon} \ln p(y \mid x + r; \hat{\theta}) \tag{2.8}$$

在半监督场景下：

$$r_{\mathrm{v-adv}} = \underset{r, \|r\| \leqslant \epsilon}{\mathrm{argmax}} \ \mathrm{KL}\ [p(\cdot \mid x; \hat{\theta}) \| p(\cdot \mid x + r; \theta)] \tag{2.9}$$

其中，ϵ 表示常数；$\hat{\theta}$ 代表的是神经网络模型参数。对抗训练的思路是在输入上进行梯度上升（增大损失），同时在参数上进行梯度下降（减小损失）。这样做的目的是计算出对抗扰动，但不对参数进行更新，因为当前得到的对抗扰动是对旧参数最优的。在实际操作中，由于输入通常会被嵌入到索引表中，所以梯度上升的操作是在嵌入表上进行的。这种方法可以有效地提高模型对抗攻击的鲁棒性，使其能够更好地应对对抗样本的挑战。

2.3.3 对比学习策略

对比学习是一种特殊的无监督学习方法，旨在通过最大化相关样本之间的相似性，并最小化不相关样本之间的相似性来学习样本的分布式表示。通常使用一种高自由度、自定义的规则生成正负样本。对比学习策略在模型预训练中有着广泛的应用。

对比学习中，通常需要构建正样例和负样例。正样例和锚点样本组成一组正样本对，这里锚点可以是图片，可以是音频，可以是特征；正样例和锚点样本一样，可以是多种数据类型，而且不一定要和锚点是同种数据类型（如CLIP）；负样例和锚点样本组成一组负样本对，负样例同样可以是多种数据类型，不需要和锚点样本是同一种数据类型。

获得正负样本后，需要定义相应的训练任务，由于对比学习中定义的任务与现实中的分类、检测、分割等任务不同，因此被称为代理任务。通常的代理任务有两种。

（1）个体判别：该任务下，对于数据集中的任意一张图片，除其自身通过增强获取到的图片为正样本外，其余图片都为负样本，即使该图片和锚点图片为同一个类别。

（2）数据聚类：该任务下，对于不同视角、传感器、模式获取的同一对象数据，为正样本，其余数据都为负样本。

此外，对比学习的目标函数按照任务需求分为两类。

（1）如果为判别式对比学习，则使用 InfoNCE 来作为损失函数（Chen et al., 2020）：

$$\mathscr{L}_{q, k^+, \{k^-\}} = -\ln \frac{\exp(q \cdot k^+/\tau)}{\exp(q \cdot k^+/\tau) + \sum_{k^-} \exp(q \cdot k^-/\tau)} \tag{2.10}$$

（2）如果为生成式对比学习，则使用均方误差（mean squared error，MSE）来作为损失函数：

$$\mathscr{L} = \frac{1}{2}\mathscr{D}(p_1, z_2) + \frac{1}{2}\mathscr{D}(p_2, z_1) \tag{2.11}$$

$$\mathscr{D}(p_1, z_2) = -\frac{p_1}{\|p_1\|_2} \cdot \frac{z_2}{\|z_2\|_2} \tag{2.12}$$

其中，$\|p_1\|_2$ 是 ℓ_2 范数。

对比学习任务可根据具体的应用场景和任务需求选择相应的代理任务，对比学习损失可根据下游任务的不同形式具体定义。广泛的研究证明，通过使用对比学习进行预训练，可以提高模型的泛化能力和鲁棒性，从而在后续任务中取得更好的效果。

参考文献

Chen T, Kornblith S, Norouzi M, et al. 2020. A simple framework for contrastive learning of visual representations[C]. International Conference on Machine Learning, Vienna.

Conneau A, Lample G, 2019. Cross-lingual language model pretraining[J]. Advances in Neural Information Processing Systems, 32: 7057–7067.

Devlin J, Chang M W, Lee K, et al., 2018. Bert: Pre-training of deep bidirectional transformers for language understanding[C]. The 2019 Conference of the North American Chapter of the Association for Computational Linguistics: Human Language Technologies, Minneapolis.

Dey R, Salem F M, 2017. Gate-variants of gated recurrent unit (GRU) neural networks[C]. International Midwest Symposium on Circuits and Systems, Medford.

Lafferty J, McCallum A, Pereira F C, 2001. Conditional random fields: Probabilistic models for segmenting and labeling sequence data[C]. International Conference on Machine Learning, Williamstown.

Lee J, Yoon W, Kim S, et al., 2020. BioBERT: A pre-trained biomedical language representation model for biomedical text mining[J]. Bioinformatics, 36(4): 1234–1240.

Lu J, Batra D, Parikh D, et al., 2019. Vilbert: Pretraining task-agnostic visiolinguistic representations for vision-and-language tasks[J]. Advances in Neural Information Processing Systems, 32: 13–23.

Mikolov T, Sutskever I, Chen K, et al., 2013. Distributed representations of words and phrases and their compositionality[C]. Annual Conference on Neural Information Processing Systems, Lake Tahoe.

Sun Y, Wang S, Li Y, et al., 2020. Ernie 2.0: A continual pre-training framework for language understanding[C]. Association for the Advancement of Artificial Intelligence Conference on Artificial Intelligence, New York.

Vaswani A, Shazeer N, Parmar N, et al., 2017. Attention is all you need[J]. Advances in Neural Information Processing Systems, 30: 5998–6008.

第 3 章　基于生成对抗训练方法的嵌套实体抽取框架

嵌套实体抽取旨在抽取嵌套的命名实体。基于文段的方法将嵌套实体抽取视为两阶段任务——文段抽取和分类，因此具有处理此任务的先天能力。然而，这类方法存在误差传递、忽略文段边界、长实体抽取困难以及对标注数据需求量大等问题。为解决这些问题，本章提出了一个用于嵌套实体抽取的文段选择框架 Extract-Select。首先，本章引入了一个文段选择框架，在该框架中，不同实体类别的嵌套实体将由抽取器分别抽取，从而避免了先前两阶段方法中的误差传递。在推理阶段，经过训练的抽取器将选择针对给定实体类别的最终结果。其次，本章在提取器中提出了一种混合选择策略，该策略不仅充分利用了文段边界和文段内容，而且提高了长实体抽取的能力。最后，本章设计了一个判别器来评估提取结果，并采用生成对抗训练来训练抽取器和判别器。生成对抗训练的使用大大减轻了数据集大小的压力。在四个基准数据集上的实验结果表明，本章提出的模型 Extract-Select 优于对比的嵌套实体抽取模型，达到最先进的性能。所提出的模型在标注数据较少的情况下也表现良好，证明了生成对抗训练的有效性。

3.1　问题背景

实体抽取的目的是从文本中检测出实体片段和语义类别。先前的工作（Chiu et al., 2016; Ma et al., 2016）通常把实体抽取任务视为一个序列标注问题，给文本中的每个词赋予一个标签（如 b/i/e）。但是，通过序列标注方法进行实体抽取，每个词最多只能在一个实体指称中。因此，无法处理"一个词属于多个实体指称"的嵌套实体抽取问题（Huang et al., 2015）。如图 3.1 中的例子，loc（即 location）实体"western Canadian"嵌套在 gpe（即 geopolitical entity）实体"the western Canadian province of British Columbia"中。嵌套实体十分常见：在广泛使用的实体抽取数据集 GENIA 中，17% 的实体和其他实体都有重叠；在 ACE2005 数据集中，30% 的句子包含嵌套的命名实体。因此，开发一个有效的模型来解决嵌套实体抽取问题对于后续的任务以及应用都是十分必要的。

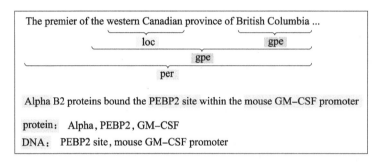

图 3.1　GENIA 数据集和 ACE2005 数据集中的嵌套命名实体的例子

现有的嵌套实体抽取工作（Ju et al., 2018; Alex et al., 2007）仍采用序列标注模型，改动模型的分类策略或者解码层，使之适合嵌套实体抽取任务。然而，序列标注模型由于其赋予单标签的特性，天然地不适合需要为一个词赋予多个标签的嵌套实体抽取任务。一些研究转而采用两阶段框架，这些研究包括基于状态转换的方法（Lin et al., 2019; Wang et al., 2018b）、基于超图的方法（Luo et al., 2020; Katiyar et al., 2018; Wang et al., 2018a）、基于文段的方法（Shen et al., 2021; Zhong et al., 2021; Sohrab et al., 2018）。基于状态转换的方法通常通过状态转移构建解析树来抽取嵌套实体。其中每个实体按照整个二叉树的结构被组织成子树。基于超图的方法根据嵌套实体的结构来构建超图，然后在超图上解码嵌套实体。基于文段的方法枚举所有可能的实体，然后对这些实体分类。尽管基于文段的方法有天然的能力解决嵌套实体抽取问题，这些方法仍然有一系列的缺点：第一，这种两阶段方法不可避免地面临状态转换的问题；第二，由于需要枚举大量的低质量候选实体，这些方法的计算开销非常大；第三，在这些方法中，实体的边界信息没有被充分利用，但是实体边界信息对于精确地识别实体文段很重要；第四，在基于文段的方法中，实体的长度是有限制的，因此这种方法也不能够识别长实体。

为了解决上述问题，本章提出了一种新颖的嵌套实体抽取方法，名为
Extract-Select。本章首先提出了一种实体选择框架，目的是为每种实体类型都
训练一个抽取器，用于抽取嵌套实体。如图 3.1 中的例子，嵌套实体 "PEBP2"
（实体类型为 protein）和 "PEBP2 site"（实体类型为 DNA）将分别由两个抽取
器抽取出来，这两个抽取器是以不同的实体类型作为先验输入信息。由此，嵌
套实体抽取问题可以被很自然地解决：两个嵌套的实体会被抽取器根据实体
类型不同而分别抽取。同时，由于实体选择框架的特性，先前方法中存在的误
差传递问题和计算开销大的问题都能够被自然地解决。

之后本章结合所提的文段选择框架与生成对抗训练（generative adversarial
training，GAT），设计了名为 Extract-Select 的模型。生成对抗训练能够极大地
减少 Extract-Select 模型对于训练数据的依赖，使得模型在训练数据很少的情
况下，也能够取得比较好的结果。而之前的方法通常都十分依赖训练数据来对
模型进行训练，对数据集的质量要求比较高。

本章提出的 Extract-Select 模型具体如下：首先，为每个实体类型都设计
了一个实体标记，实体标记蕴含了丰富的关于实体类型的先验信息。然后，本
章设计了一个抽取器，抽取器的作用是抽取（extract）出特定于某个实体标
记的所有实体，组成实体候选集。之后，引入一个判别器来评估抽取器抽取
出的实体候选集，并给候选集打分。抽取器和判别器通过生成对抗训练来迭
代地进行训练，使得抽取器能够抽取出更加准确的实体候选集合。最后，在
推理阶段，迭代训练后的抽取器将挑选（select）出某一实体类型的所有实体。
对于每种实体类型都进行抽取–挑选，可以抽取出输入文本中的所有嵌套和
非嵌套实体。最初，实体标记是通过实体类别的信息进行构建的，编码了丰
富的实体类别的先验信息。以实体标记作为额外输入，抽取器能够更加清楚
要去抽取出来什么。与本章的方法相比，先前的方法仅仅使用实体类别作为
实体分类的类别索引，在实体抽取时缺少语义信息的指导，实体抽取的效果
会差一些。

在抽取器中，需要设计一个实体抽取策略。传统的实体抽取方法，有基
于实体边界的抽取和基于实体内容的抽取，这两种方法都不适合本章的抽取
器。因为上述两种方法预测出来的实体都是离散的，不能用在之后的生成对
抗训练的梯度反向传播中。为了使得梯度可以从判别器传至抽取器，本章提
出了一个新的混合选择策略。这个策略既考虑了实体的边界，又考虑了实体

的内容，用它们生成的实体的候选，可以被用作之后判别器的输入。同时考虑实体的边界信息和内容信息，混合选择策略能够将实体候选集表示为一个连续隐变量。由此，梯度反向传播在生成对抗训练过程中可以实现。另外，这种新颖的混合选择策略能够充分利用实体的边界信息，实现更加准确的实体抽取。这种策略也有益于长实体抽取，因为它在实体文段识别中没有对实体长度进行限制。

本章将 Extract-Select 模型在标准的嵌套实体抽取数据集上进行实验，数据集包括 ACE04、ACE05、KBP17 和 GENIA。实验结果显示，本章的 Extract-Select 模型能够有效地检测出嵌套命名实体，并且在四个数据集上都获得了最优的效果。另外，本章还选择了两个非嵌套实体抽取数据集进行了实验，包括 CoNLL2003 和 Weibo 数据集，在这两个数据集上也都取得了最优的效果。总的来说，本章的主要贡献如下：

（1）本章提出了一个新颖的 Extract-Select 模型，来解决嵌套实体抽取问题。Extract-Select 模型采用实体选择框架，能够用抽取器为每个实体类别分别抽取（extract）出所有可能的实体，并且用判别器来评估抽取出的实体并打分，能够很自然地解决嵌套实体抽取问题。抽取器和判别器通过生成对抗训练来共同训练，使得抽取器能够从判别器得到更高的分数。在推理阶段，训练好的抽取器被用来选出（select）特定于每种实体类型的实体，也就是命名实体。

（2）本章提出了一个混合选择策略来抽取实体候选，并且将它们表示为一个连续隐变量。这种混合选择策略同时使用了实体的边界信息和实体内容信息用于抽取。通过这个策略，实体候选集的表示能够被传播到判别器，并被打分。抽取器和判别器可以在生成对抗训练过程中被一起训练优化。

（3）本章充分利用了实体类别信息，为每种实体类别设计实体标记。通过把实体抽取任务视为分别为每种实体类型进行的实体选择任务，本章的 Extract-Select 模型使用实体标记作为抽取器的额外输入，以指导抽取器抽取出更加准确的结果。并且，在判别器评估抽取器抽取的结果时，实体标记也被用作额外的输入来增强实体候选集的表示。

（4）本章在四个广泛使用的嵌套实体抽取数据集上进行了实验，并且将 Extract-Select 模型与目前最先进的一系列模型进行比较。实验结果表明，Extract-Select 模型在四个数据集上都一致地优于目前最先进的模型。

3.2　相关工作

本节介绍了嵌套实体抽取的相关工作基础，包括基于序列标注的方法、基于状态转换的方法、基于超图的方法以及基于文段的方法。

1）基于序列标注的方法

基于序列标注的方法通过设计合适的标注模式来解决嵌套实体抽取问题。Shibuya 等（Shibuya et al., 2020）提供了一种次优路径解码方法来迭代地抽取嵌套实体。Straková 等（Straková et al., 2019）提出了一种线性化编码方案来对多个命名实体标签进行建模。Wang 等（Wang et al., 2020）设计了一个金字塔框架来识别嵌套的实体。基于序列标注的方法不适合为单个词赋予多个标签，因而不适合嵌套实体抽取任务。

2）基于状态转换的方法

基于状态转换的方法通过状态转换建模嵌套结构，并通过行动构造嵌套实体。Wang 等（Wang et al., 2018b）引入一个可扩展的基于状态转换的模型。Lin 等（Lin et al., 2019）提出了一个锚区架构，该架构对头部驱动的短语结构进行建模。然而，这些方法严重依赖于手工构造的特征。

3）基于超图的方法

基于超图的方法利用嵌套实体抽取的结构构造超图，并对超图上的结果进行解码。Muis 等（Muis et al., 2017）为嵌套实体抽取引入了一个实体提及超图。Wang 等（Wang et al., 2018a）提出了一种不存在结构歧义的超图表示用于识别嵌套命名实体。Luo 等（Luo et al., 2020）提出捕获超图层之间的双向信息交互。然而，这些超图需要精细地设计，以防止出现模棱两可的结构。

4）基于文段的方法

基于文段的方法提取实体片段，然后对它们的类别进行分类。Luan 等（Luan et al., 2019）选择置信度最高的实体片段进行分类。Fisher 等（Fisher et al., 2019）提出将实体和词合并为实体，然后分配实体标签。Shen 等（Shen et al., 2021）将此任务视为目标检测任务，定位并分类实体文段。然而，这种两阶段方法存在忽略文段边界、长实体抽取困难和错误传递等问题。

除此之外，Li 等（Li et al., 2020）将实体抽取形式化为机器阅读理解任务，并使用 BERT 作为主干，提取给定实体类型的实体文段。然而，该方法严重依赖于训练数据集的规模。此外，该方法基于实体边界信息提取实体文段，忽略了实体内容信息。与他们的工作不同，本章使用生成对抗训练迭代训练抽取器来获得更好的结果，并设计了一种混合选择策略来充分利用实体边界和实体内容信息。

3.3 模型方法

本节首先介绍生成对抗训练的相关知识，其次介绍 Extract-Select 模型的总体框架，然后详细说明抽取器和判别器设计，最后描述多任务训练和预测过程。

3.3.1 预备知识

生成对抗训练提供了一种无需大量标注数据就能学习深度表示的方法。它是由 Goodfellow 等（Goodfellow et al., 2014）提出的，其特征是训练一个生成器和一个鉴别器相互竞争。生成对抗训练已应用于不同的自然语言处理子任务，包括对话生成（Li et al., 2017）和关系提取（Qin et al., 2018）。在这些研究中，生成对抗训练被证明可以有效地减少训练数据的使用。在此基础上，本章提出将生成对抗训练应用于实体抽取任务，以减少对标注数据的需求。

生成对抗训练是学习任意复杂数据分布的生成模型的一种新颖的方式（Goodfellow et al., 2014）。生成对抗训练包含一个生成器 G，将从随机隐分布 p_z 采样的样本映射至数据空间 $G(z)$；也包含一个对抗的判别器 D，尽可能准确地区分真实样本和生成样本。生成器的目的是通过学习一个尽可能接近真实数据分布的生成分布 $p_{G(z)}$ 来欺骗判别器。生成器和判别器通过 min-max 博弈来训练。也就是说，要最小化 $\ln(1 - D(G(z)))$ 并且最大化 $\ln D(x)$：

$$\varnothing = \min_G \max_D (E_{x \sim p_{\text{data}}}[\ln D(x)] + E_{z \sim p_{Z(z)}}[\ln(1 - D(G(Z)))]) \tag{3.1}$$

生成对抗训练使用判别器来优化生成器，避免了额外的损失函数设计。

本章提出了名为 Extract-Select 的模型，模型包含一个抽取器遵循实体选择框架来进行抽取，也包含一个判别器，目的是评估抽取结果并打分。然后本章用生成对抗训练来一起训练抽取器和判别器。生成对抗训练的使用可以极大地减少模型对于训练数据规模的要求。

3.3.2　框架概述

本节是对本章提出的 Extract–Select 模型的详细介绍。如图 3.2 所示，Extract–Select 包含两个主要部分：一个抽取器和一个判别器。具体来说，抽取器采用实体选择策略，基于输入序列 X 和实体类型 c，来抽取实体候选集合 E，并将它表示为 p_E，即 $(E, p_E) = f_{\text{extractor}}(c, X)$。随后，$p_E$ 被输入判别器，以评估实体候选集 E 的正确性，并打分，即 $\text{score} = f_{\text{discriminator}}(c, C, p_E)$。在抽取器和判别器经过迭代训练后（也就是学习如何选出正确的实体的过程），抽取器将选出最终的结果（一个实体集合），即 $\text{final result} = f_{\text{extractor}}^{\text{final}}(c, X)$。

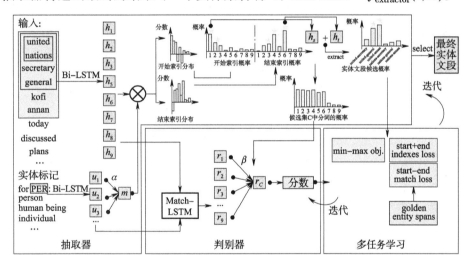

图 3.2　本章提出的 Extract–Select 模型的详细框架和训练过程

对于训练过程，抽取器是通过多任务学习来训练。具体来说，第一个任务是训练抽取器来正确预测实体的开始和结束索引；第二个任务是训练抽取器更好地进行开头–结尾索引的匹配；第三个任务是通过生成对抗训练联合训练抽取器和判别器，其中抽取器被视为生成器，并被训练以从判别器获得更高的分数。在迭代训练之后，本章使用抽取器选出实体的最终结果。

3.3.3　抽取器

给定实体类型 c 和输入序列 $X = \{x_j\}_{j=1}^{|X|}$，抽取器的目标是从 X 中抽取出特定于实体标记 l 的实体候选集 $E = \{e_1, e_2, \cdots, e_i\}$。同时，抽取器需要计算一

个连续隐变量 p_E 来表示 E。

（1）输入序列表示：首先将输入序列 X 的所有词元 $\{x_i\}_{i=1}^{|X|}$ 表示为嵌入序列 $\{x_i\}_{i=1}^{|X|}$。这个序列中的每个嵌入表示 x_i 是字符向量、词向量、上下文词向量和词性（part of speech，POS）向量的连接。字符向量是由词表示输入到一个双向长短期记忆网络（Bi–LSTM）（Ju et al., 2018）产生；对于上下文词向量，为每个词生成上下文依赖的上下文嵌入。之后，这四个向量的连接被输入到另一个 Bi–LSTM 网络中，以获取最终的词表示：

$$\{h_i\}_{i=1}^{|X|} = \text{Bi–LSTM}\left(\{x_i\}_{i=1}^{|X|}\right) \tag{3.2}$$

其中，输出 h_i 是隐层状态向量，编码了词元 x_i 的丰富的上下文信息。

（2）实体标记表示：本章中，实体类型是一个重要的信息，作为抽取器的输入能够给抽取器提供先验知识，指导抽取器的抽取（Li et al., 2020）。因此，本章提出为每种实体类型设计一个实体标记，其中实体标记是实体类型更加细粒度的表示。实体标记将作为抽取器的额外输入特征。本章实验了几种不同类型的实体标记，最终选择了使用实体类型的关键词与同义词的连接（统称为实体类型描述，记为 c^*）作为计算实体标记的输入。具体来说，关键词就是描述实体类型的词，例如，类型"ORG"的关键词是"organization"；同义词是从牛津词典摘出的与关键词含义完全或者近似相同的词或者短语，例如，实体类型"ORG"的同义词是"institution body group company firm business corporation"。

连接关键词与同义词的词向量得到实体标记 l 的表示向量 $\{x_i\}_{i=1}^{|c^*|}$，然后把这个向量输入到一个双向长短期记忆网络（Bi–LSTM），获得实体标记的最终表示 $\{h_i\}_{i=1}^{|c^*|} = \text{Bi–LSTM}\left(\{x_i\}_{i=1}^{|c^*|}\right)$，其中 $|c^*|$ 是实体类型描述的长度。然后，使用自注意力机制来集成实体标记的信息：

$$\alpha_i = \frac{\exp(W_a, h_i)}{\sum_k \exp(W_a, h_k)} \tag{3.3}$$

$$h_l = \sum_{i=1}^{c^*} \alpha_i h_i \tag{3.4}$$

其中，α_i 是 h_i 的注意力权重；W_a 是可学习的参数；$h \in \{h_i\}_{i=1}^{|c^*|}$。

（3）候选实体抽取：当前有两种方法可以用来从文本中抽取实体。第一种方法更关注实体的边界信息，分别用两个多类分类器来预测实体的开始和结束索引；第二种方法考虑的是实体的内容，用 n 个二分类器来预测每个词是否在实体内。然而，尽管这两种方法能够得到候选实体，它们仍然不适合于模型的抽取器。原因是：第一种方法在整个上下文使用 softmax 多分类器，只能预测出单个实体，不适合找出嵌套实体；这两种方法把识别出的实体视为离散变量，不能作为之后判别器的输入，由判别器进一步优化。

鉴于此，本章提出了一种混合选择策略，是这两种方法的结合，同时考虑实体的边界信息和实体的内容来生成实体候选。混合选择策略首先预测每个词元是实体开始和结束索引的概率，然后，用概率来生成实体候选集，计算候选集的表示（这个表示是一个连续隐变量）。因此，在生成对抗训练过程中，抽取器可以通过反向传播来训练。

混合选择策略进行如下。给定序列和实体标记的表示向量，抽取器首先预测词索引 i 是实体的开始索引和结束索引的概率：

$$p_s(i|c, X) = \frac{\exp(\boldsymbol{h}_i \boldsymbol{W}_s \boldsymbol{h}_l)}{\sum_k \exp(\boldsymbol{h}_k \boldsymbol{W}_s \boldsymbol{h}_l)} \tag{3.5}$$

$$p_e(i|c, X) = \frac{\exp(\boldsymbol{h}_i \boldsymbol{W}_e \boldsymbol{h}_l)}{\sum_k \exp(\boldsymbol{h}_k \boldsymbol{W}_e \boldsymbol{h}_l)} \tag{3.6}$$

其中，$\boldsymbol{W}_s$ 和 $\boldsymbol{W}_e$ 是要学习的参数；$\boldsymbol{h} \in \{\boldsymbol{h}_i\}_{i=1}^{|X|}$。

在输入序列 X 中，可能有多个相同类型的实体。这意味着可能会预测出多个开始和多个结束索引。因此，传统的简单地将开始索引和它最近的结束索引匹配的方法在这里不合适。为了匹配开始索引和它对应的结束索引，模型首先获得可能位于开始或者结束的索引：

$$I_s = \left\{ i | \mathrm{argmax}(p_s(i|c, X)) = 1, i = 1, \cdots, n \right\} \tag{3.7}$$

$$I_e = \left\{ j | \mathrm{argmax}(p_e(j|c, X)) = 1, j = 1, \cdots, n \right\} \tag{3.8}$$

然后，对于每个给定的开始索引 $i \in I_s$ 和结束索引 $j \in I_e (i \leqslant j)$，模型使用一个二元分类器来预测实体候选 $e_{i,j}$ 的概率：

$$p_{s,e}(i, j|c, X) = \mathrm{sigmoid}(\boldsymbol{W}_C \cdot \mathrm{concat}(\boldsymbol{h}_i, \boldsymbol{h}_j)) \tag{3.9}$$

其中，$\boldsymbol{W}_C$ 是要学习的参数；$\boldsymbol{h} \in \{\boldsymbol{h}_i\}_{i=1}^{|X|}$。实体候选是通过一个概率阈值来抽取，

所有可能的实体候选构成了实体候选集合 C。显而易见地，这个策略在抽取实体时，没有设置最大实体长度。因此，长实体也可以被本章的方法识别出来。

然后，为了表示实体候选集合 E，模型首先计算 $p_E(i|c, X)$ 作为第 i 个词出现在集合 E 中的概率。这个概率也能够被视为第 i 个词在类型为 c 的实体边界之内的概率。具体来说，$p_E(i|c, X)$ 能用 p_s 和 p_e 计算得到：

$$p_E(i|c, X) = \sum_{s=1}^{i} \sum_{e=i}^{|X|} p_s(s|c, X) p_e(e|c, X) \tag{3.10}$$

其中，$p_E(i|c, X)$ 也意味着第 i 个词出现在候选集合 E 中的频率。换句话说，第 i 个词越频繁地出现在 E 中，$p_E(i|c, X)$ 就会越大。

以这种方式，模型能够用连续向量 p_E 来表示 E，并且把它输入到之后的判别器。由此，梯度可以在生成对抗训练过程中由判别器反向传播到抽取器。

3.3.4 判别器

在抽取器基于输入序列 X 和实体标记 l 获得实体候选集合 E 之后，判别器目的是去评估 E，并且给 E 打分。为了更好地进行评估，首先用 p_E 来表示实体候选集合 E。

（1）候选实体集合表示：模型提出将实体类型 c 和序列 X 编码进 p_E。具体地，模型用 Match–LSTM（Wang et al., 2018b）网络构建实体感知的序列表示。Match–LSTM 最初被提出用于在机器阅读理解中增强文本表示。这里用实体标记来增强文本表示：

$$\{r_i\}_{i=1}^{|X|} = \text{Match–LSTM}\left(\{h_i\}_{i=1}^{|X|}, \{j_i\}_{i=1}^{|c^*|}\right) \tag{3.11}$$

然后，通过 r_i 和概率 $p_E(i|c, X)$ 的加权和计算实体候选集合的表示：

$$\beta_i = \frac{p_E(i|c, X)}{\sum_{k=1}^{|S|} p_E(k|c, X)} \tag{3.12}$$

$$r_E = \sum_{k=1}^{|X|} \beta_k r_k \tag{3.13}$$

（2）候选集合打分：抽取器抽取出来的实体候选集合的分数可以通过 sigmoid 函数计算：

$$\text{score} = f_{\text{discriminator}}(p_E|c, X) = \text{sigmoid}(\boldsymbol{W}_b r_E) \tag{3.14}$$

其中，$\boldsymbol{W}_b$ 是可学习的参数；分数 $f_{\text{discriminator}}$ 将被用于在生成对抗训练过程中迭代地训练抽取器和判别器。

3.3.5　多任务训练和预测

在训练过程中，模型通过多任务学习训练抽取器和判别器，并且用生成对抗训练一起训练抽取器和判别器。详细介绍抽取器和判别器的训练过程如下。

第一个任务是通过最小化黄金实体真正的开始和结束索引的负对数概率：

$$\mathscr{L}'_{\text{extractor}} = -\ln p_s(s|c, X) - \ln p_e(e|c, X) \tag{3.15}$$

其中，s 和 e 表示序列 X 中黄金实体的开始和结束索引。

第二个任务是通过最小化黄金实体真实的开头-结尾索引匹配的负对数概率：

$$\mathscr{L}''_{\text{extractor}} = -\ln p_{s,e} \tag{3.16}$$

第三个任务是用生成对抗训练一起训练抽取器和判别器。具体来说，模型训练抽取器来从判别器获得更高的分数：

$$\mathscr{L}'''_{\text{extractor}} = \ln(1 - f_{\text{discriminator}}(c, X)) \tag{3.17}$$

同时，模型训练判别器如下：最小化 $\ln(1 - f_{\text{discriminator}}(c, X))$ 并且最大化 $\ln f_{\text{discriminator}}(c, X)$：

$$\mathscr{L}_{\text{discriminator}} = z \ln f_{\text{discriminator}}(c, X) + (1 - z) \ln(1 - f_{\text{discriminator}}(c, X)) \tag{3.18}$$

其中，$z \in \{1, 0\}$ 表示黄金实体是否出现在实体候选集合中。

抽取器的总体训练目标函数为

$$\mathscr{L}_{\text{extractor}} = \gamma_1 \mathscr{L}'_{\text{extractor}} + \gamma_2 \mathscr{L}''_{\text{extractor}} + (1 - \gamma_1 - \gamma_2) \mathscr{L}'''_{\text{extractor}} \tag{3.19}$$

其中，$\gamma_1, \gamma_2 \in [0, 1]$ 是超参数，平衡各个部分对总体目标函数的贡献。三个损失通过端到端的方式联合训练。

在推理阶段，给定序列 X 和实体标记 l，训练好的抽取器分别基于 I_s 和 I_e 选择出开始和结束索引。然后进行开始和结束索引的匹配，得到特定实体类型的实体文段。

3.4 实验与分析

本节首先介绍数据集，然后详细介绍具体的实验设定，最后介绍主要实验结果和其他实验结果。

3.4.1 数据集介绍

本节在四个命名实体抽取的基准数据集上评估 Extract-Select，分别是 ACE2004（Mitchell et al., 2005）、ACE2005（Walker et al., 2006）、GENIA（Kim et al., 2003）和 KBP2017（Choubey et al., 2017）。数据集统计信息如表 3.1 所示。在评价指标方面，采用了严格的评价，即当一个实体的片段和类型都被正确预测时，就认为是正确的。使用准确率（precision, P）、召回率（recall, R）和 F1 评分值（f1-score, F1）进行评估。

表 3.1　数据集统计

模型	ACE2004			ACE2005			GENIA			KBP2017		
	训练	验证	测试	训练	验证	测试	训练	验证	测试	训练	验证	测试
句子数量	6 200	745	812	7 194	969	1 047	15 022	1 669	1 855	10 546	545	4 267
包含嵌套实体的句子数量	2 712	294	388	2 691	338	320	3 222	328	448	2 809	182	1 223
总实体数量	22 204	2 514	3 035	24 441	3 200	2 993	47 006	4 461	5 596	31 236	1 879	12 601
总嵌套实体数量	10 149	1 092	1 417	9 389	1 112	1 118	8 382	818	1 212	8 773	605	3 707
嵌套比例/%	45.71	46.69	45.61	38.41	34.75	37.35	17.83	18.34	21.66	28.09	32.20	29.42

3.4.2 实验设置

实验用 100 维的 Glove 向量初始化输入序列和实体标记的词嵌入，分别输入抽取器和鉴别器。上下文词嵌入、POS 嵌入和字符嵌入的维度分别为 1 024、50 和 50。隐层向量维度设置为 1 024。对于 GENIA 数据集，将 Glove 向量替换为生物医学语料库上预训练的词向量。在训练过程中，使用 adam 优化器，初始学习率为 0.002，minibatch 大小为 64。在每个训练过程中使用 0.35 的 Dropout 比率。对于阈值，通过网格搜索在（0.2、0.5、0.8）之间设置，并将其设置为 0.5 以获得最佳性能。

3.4.3　总体结果

表 3.2 展示了 Extract–Select 和上述基线在四个数据集上的性能。从表中可以观察到：①Extract–Select 可以有效地处理嵌套实体抽取任务，实现了最先进的性能。具体地说，与 ACE2004、ACE2005、GENIA 和 KBP2017 相比，Extract–Select 模型的 F1 值分别提高了至少 1%、0.9%、0.2% 和 0.7%。这验证了实体选择架构的有效性。②与其他方法相比，Extract–Select 方法带来了更大的召回率提升，尤其是在 KBP2017 和 GENIA 数据集上。观察可知，在 KBP2017 和 GENIA 包含的实体比其他两个数据集多得多，KBP2017 测试集上的实体数量是 ACE2005 测试集的 4 倍多。Extract–Select 算法在此类数据集上具有明显的优势，证明了生成对抗训练算法的有效性。③与大多数基准相比，Extract–Select 能够很好地平衡准确率和召回率，在保持准确率的同时提高召回率。原因可能是实体标记突出显示了类别信息，明确了要抽取的类别。④在传统的词嵌入中，Extract–Select 方法的表现优于基于 BERT 的模型（如 Locate–Label 和 Pyramid），进一步证明了实体选择框架的优势。

表 3.2　嵌套实体抽取任务的结果 (单位：%)

模型	ACE2004			ACE2005			GENIA			KBP2017		
	P	R	F1	P	R	F1	P	R	F1	P	R	F1
Transition	74.9	71.8	73.3	74.5	71.5	73.0	78.0	70.2	73.9	74.7	67.0	70.1
Seg–Graph	78.0	72.4	75.1	76.8	72.3	74.5	77.0	73.3	75.1	79.2	66.5	72.3
Merge–Label	—	—	—	75.1	74.1	74.6	—	—	—	—	—	—
ARN	—	—	—	76.2	73.6	74.9	75.8	73.9	74.8	77.7	71.8	74.6
SecondPath	83.7	81.9	82.8	82.9	82.4	82.7	78.1	76.5	77.3	—	—	—
Seq2Seq	—	—	84.3	82.6	84.3	83.4	79.9	76.5	78.2	—	—	—
BiFiat–Graph	—	—	—	75.0	75.2	75.1	77.4	74.6	76.0	77.1	74.3	75.6
Pyramid	86.1	86.5	86.3	84.0	85.4	84.7	79.5	78.9	79.2	—	—	—
BERT–MRC	85.1	86.3	86.0	87.2	86.6	86.9	85.2	81.1	83.8	82.3	77.6	81.0
Locate–Label	87.4	87.4	87.4	86.1	87.3	86.7	80.2	80.9	80.5	**85.5**	82.7	84.1
Extract–Select	**88.3**	**88.5**	**88.4**	87.2	**88.4**	**87.8**	83.6	84.4	**84.0**	83.8	**85.9**	**84.8**

3.4.4　消融实验

本节进行消融实验，以阐明 Extract–Select 方法的主要模块的有效性。同样，本节只介绍 ACE2005 数据集上的实验结果。具体地，将 Extract–Select 与以下三个模型变体进行比较。

（1）w/o EntityMarker: 为了验证实体标记的有效性，此变体删除实体标记表示，仅使用实体类别的索引（即"one""two"等）进行文段选择。

（2）w/o GAT: 为了评估 GAT 的有效性，该变体只保留了抽取器。相应地，抽取器的训练目标函数为

$$\mathcal{L}_{\text{extractor}} = \gamma \mathcal{L}'_{\text{extractor}} + (1 - \gamma) \mathcal{L}''_{\text{extractor}} \tag{3.20}$$

其中，$\gamma \in [0, 1]$ 是超参数，平衡两个部分对总体目标函数的贡献。

（3）w/o HybridSelect：为了验证混合选择策略的有效性，该变体只考虑边界信息而忽略了内容。具体来说，仍然计算每个词元作为实体开始和结束索引的概率，但使用实体候选的边界来表示候选集。因此，式 (3.13) 改写为 $r_{E_j} = r_{j_s} + r_{j_e}$，其中 j_s 和 j_e 是由式 (3.7) 和式 (3.8) 得到的第 j 个实体文段候选 E_j 的开始索引和结束索引。$r_{j_{s(e)}}$ 由式 (3.11) 得到。在训练过程中，采用策略梯度法对抽取器进行训练。因此，训练目标为

$$\nabla \ell_{\text{extractor}}^{\text{GAT}} \approx - \sum_{j=1}^{k} [f_{\text{discriminator}}(y, X, C_j) \nabla(\ln p_s(j_s | y, X) + \ln p_e(j_e | y, X))] \tag{3.21}$$

结果如表 3.3 所示。从表中可以发现：①在 ACE2005 的测试集上，Extract–Select 优于三个模型变体。与 w/o GAT 相比，Extract–Select 的 F1 值提高了 2.33%，这表明引入判别器通过 min–max 博弈来训练抽取器是有效的。②与 Extract–Select 相比，w/o HybridSelect 的准确率下降幅度远大于召回率。原因可能是 w/o HybridSelect 中采用的策略梯度在采样文段候选时产生噪声，而 Extract–Select 可以通过使用反向传播训练抽取器来避免这种噪声。这种直觉揭示了混合选择策略的有效性，它使抽取器能够通过判别器的反向传播来训

表 3.3　模型与其变体 ACE2005 数据集上的效果比较 (单位：%)

模型	ACE2005		
	P	R	F1
w/o EntityMarker	85.82	86.03	85.92
w/o GAT	85.75	85.12	85.43
w/o HybridSelect	84.96	87.21	86.07
Extract–Select	**87.15**	**88.37**	**87.76**

练。③实验结果也表明实体标记是有效的。这使得模型可以利用类别的先验知识，在 ACE2005 上将 F1 值提高了 1.84%。

3.4.5 实体标记的影响

为了探索在 Extract–Select 模型中使用不同类型的实体标记的影响，研究了不同实体标记设置下模型的性能。三种实验设置被考虑：关键词、同义词、维基百科描述。关键词表示实体标记是描述实体类别的关键字；同义词表示实体标记是从牛津词典中提取的关键字的同义词；维基百科描述意味着实体标记是使用维基百科定义来构建的。此外，还对比了 w/o EntityMarker，其中实体标记被替换为实体类别的位置索引。

在 ACE2005 数据集上的不同标记的实验结果如表 3.4 所示。由表可见，本章提出的 Extract–Select（使用关键词和同义词的连接作为实体标记）获得了最高的 F1 分数。在所有设置中，不包含任何实体信息的 w/o EntityMarker 表现不佳，这表明有意义的先验知识有助于提高性能。

表 3.4　不同实体标记的影响

设置	ACE2005（F1）
关键词	87.12
同义词	87.34
维基百科描述	86.71
w/o EntityMarker	85.92
Extract–Select	**87.76**

3.5　本章小结

本章提出了一个用于解决嵌套实体抽取的跨度选择框架 Extract–Select。它包含一个提取器，旨在通过混合选择策略提取特定实体类别的实体，以及一个对提取器进行评分的判别器。用生成对抗训练方法训练提取器和判别器，以减少对标记数据的需求。在四个广泛使用的嵌套 NER 数据集上进行的综合实验证明了 Extract–Select 的优越性。接下来，可以尝试克服缺陷问题，在不连续和联合实体抽取中进行后续研究。

参考文献

Alex B, Haddow B, Grover C, 2007. Recognising nested named entities in biomedical text[C]. Association for Computational Linguistics, Prague.

Chiu J P C, Nichols E, 2016. Named entity recognition with bidirectional LSTM–CNNs[J]. Transactions of the Association for Computational Linguistics, 4: 357–370.

Choubey P K, Huang R, 2017. TAMU at KBP 2017: Event nugget detection and coreference resolution[C]. Text Analysis Conference, Gaithersburg.

Fisher J, Vlachos A, 2019. Merge and label: A novel neural network architecture for nested NER[C]. Association for Computational Linguistics, Florence.

Goodfellow I J, Pouget–Abadie J, Mirza M, et al., 2014. Generative adversarial nets[C]. Annual Conference on Neural Information Processing Systems, Montreal.

Huang Z, Xu W, Yu K, 2015. Bidirectional LSTM–CRF models for sequence tagging[OL]. (2015–08–09)[2022–05–22]. http://arxiv.org/abs/1508.01991.

Ju M, Miwa M, Ananiadou S, 2018. A neural layered model for nested named entity recognition[C]. Conference of the North American Chapter of the Association for Computational Linguistics: Human Language Technologies, New Orleans.

Katiyar A, Cardie C, 2018. Nested named entity recognition revisited[C]. Conference of the North American Chapter of the Association for Computational Linguistics: Human Language Technologies, New Orleans.

Kim J D, Ohta T, Tateisi Y, et al., 2003. GENIA corpus—A semantically annotated corpus for bio-textmining[J]. Bioinformatics, 19(1): 180–182.

Li J, Monroe W, Shi T, et al., 2017. Adversarial learning for neural dialogue generation[C]. Association for Computational Linguistics, Copenhagen.

Li X, Feng J, Meng Y, et al., 2020. A unified MRC framework for named entity recognition[C]. Association for Computational Linguistics, Seattle.

Lin H, Lu Y, Han X, et al., 2019. Sequence–to–nuggets: Nested entity mention detection via anchor-region networks[C]. Association for Computational Linguistics, Florence.

Luan Y, Wadden D, He L, et al., 2019. A general framework for information extraction using dynamic span graphs[C]. Conference of the North American Chapter of the Association for Computational Linguistics: Human Language Technologies, Minneapolis.

Luo Y, Zhao H, 2020. Bipartite flat–graph network for nested named entity recognition[C]. Association for Computational Linguistics, Seattle.

Ma X, Hovy E H, 2016. End–to–end sequence labeling via bi–directional LSTM–CNNsCRF[C]. Association for Computational Linguistics, Berlin.

Mitchell A, Strassel S, Huang S, et al., 2005. ACE 2004 multilingual training corpus LDC2005T09[OL].

(2005–03–15)[2022–05–22]. https://catalog.ldc.upenn.edu/LDC2005T09.

Muis A O, Lu W, 2017. Labeling gaps between words: Recognizing overlapping mentions with mention separators[C]. Association for Computational Linguistics, Copenhagen.

Qin P, Xu W, Wang W Y, 2018. DSGAN: Generative adversarial training for distant supervision relation extraction[C]. Association for Computational Linguistics, Melbourne.

Shen Y, Ma X, Tan Z, et al., 2021. Locate and label: A two–stage identiffer for nested named entity recognition[C]. Association for Computational Linguistics and the International Joint Conference on Natural Language Processing, Bangkok.

Shibuya T, Hovy E H, 2020. Nested named entity recognition via second–best sequence learning and decoding[J]. Transactions of the Association for Computational Linguistics, 8: 605–620.

Sohrab M G, Miwa M, 2018. Deep exhaustive model for nested named entity recognition[C]. Conference on Empirical Methods in Natural Language Processing, Brussels.

Straková J, Straka M, Hajic J, 2019. Neural architectures for nested NER through linearization[C]. Association for Computational Linguistics, Florence.

Walker C, Strassel S, Medero J, et al., 2006. ACE 2005 multilingual training corpus[J]. Linguistic Data Consortium, 57: 45.

Wang B, Lu W, 2018a. Neural segmental hypergraphs for overlapping mention recognition[C]. Empirical Methods in Natural Language Processing, Brussels.

Wang B, Lu W, 2018b. A neural transition–based model for nested mention recognition[C]. Empirical Methods in Natural Language Processing, Brussels.

Wang J, Shou L, Chen K, et al., 2020. Pyramid: A layered model for nested named entity recognition[C]. Association for Computational Linguistics, Seattle.

Wang S, Yu M, Guo X, et al., 2018. R^3: Reinforced ranker–reader for open–domain question answering[C]. American Association for Artificial Intelligence Conference on Artificial Intelligence, Innovative Applications of Artificial Intelligence and American Association for Artificial Intelligence Symposium on Educational Advances in Artificial Intelligence, New Orleans.

Zhong Z, Chen D, 2021. A frustratingly easy approach for entity and relation extraction[C]. North American Chapter of the Association for Computational Linguistics: Human Language Technologies, Detroit.

第 4 章　基于混合多原型的少样本实体抽取

　　少样本实体抽取旨在只有少量标注样本情况下，从上下文中识别新出现的实体。现有的研究方法使用相同策略为每个实体或非实体类型构造单一的原型表示，存在表达能力有限，且有偏差等问题。本章针对上述问题提出了一种新颖的混合多原型类型表示方法。具体来说，对于实体类型，对示例句子中的实体插入标签，学习词和标签向量。词向量均值作为其实体级原型，标签向量则作为其标签级原型。同类型中所有实体级原型的集合构成该实体类型的多原型。对于非实体类型，直接使用一组词向量来表示，其中多原型是指多个词向量。通过区别对待实体类型和非实体类型，混合策略可以提取更精确的表示。此外，针对现有研究中实验难以公平对比的问题，本章探究了不同示例采样方法的效果，并提出了一种更加严格且合理的验证设定。实验结果表明，本章提出的采样方法更加接近原始的实验设定，并且在不同的实验设定中抽取效果超过现有的大部分模型。

4.1　问题背景

　　实体抽取是从非结构化文本序列中定位文本区间，并将这些文本区间用预定义的实体类型（如 Film 和 Person）或非实体类型（如 Outside，也简称为 O）进行分类（Nozza et al., 2021; Sang et al., 2003）。在监督学习的设定下，基于深度神经网络的方法，能够很好地处理实体抽取任务（Lai et al., 2022; Shang et al., 2022; Chiu et al., 2016; Lample et al., 2016）。然而，训练这些监督学习模型的前提是大量的人工标注数据，这些数据获取困难且成本极大。因此，如何在只有少量标注样本作为参考的情况下，增强从大量内容中识别从未见过的实体的能力（也称为小样本学习）是需要研究的关键问题。

近年来越来越多的研究针对小样本实体抽取任务提出改进方案。这些研究将实体抽取视为序列标注问题，限制（句子中的）每个词最多属于一个类型，并使用基于度量的元学习方法来解决此问题（Huang et al., 2021）。其中，一个具有代表性的研究 ProtoNER（Fritzler et al., 2019）提出使用支持集中的示例为每个类型构造一个原型（prototype）并以此来表示对应的类型，如图 4.1(b) 所示。然后，给定查询句中的词，根据它们与类型原型的距离，使用最近邻搜索预测它们的标签（即类型）。

然而，ProtoNER 有两个值得注意的问题。

（1）rotoNER 只为每个类型构建单个原型，这些原型表示为该类型中所有词的平均向量，其表达能力有限，甚至存在偏差。

（2）非实体类 O 包含具有不相关（甚至不一致）含义的词，因此词向量的平均值可能导致 O 类的原型表示存在大量噪声。

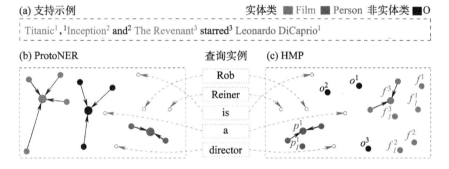

图 4.1　混合多原型的少样本实体抽取例子

本章旨在通过提供一种混合多原型构建方法来解决上述问题，称为混合多原型（hybrid multi prototype，HMP），如图 4.1(c) 所示。对于实体类型，不是使用单个原型来表示类型中的所有实体，而是为每个实体构建实体级和标签级原型，从而产生类型的多原型表示。具体地说，通过在支持集的句子中插入标签来更好地利用标签信息，从而使词向量和标签向量可以利用更多的上下文信息来学习。然后对每个实体，取带有上下文信息的词向量的平均来表示其实体级原型，而带有上下文信息的标签向量作为实体的标签级原型。一个类型中所有实体的原型集合构成了这个实体类型的多原型。对于非实体类型，则直接使用词向量集合来表示它，其中多原型指的是多个词向量。通过区别对待实体类型和非实体类型，本章的混合多原型策略可以从支持示例中提取更精确的类型表示，从而提升模型在查询集中的推理能力。

本章将少样本实体抽取视为一个序列标记问题，并使用基于度量的元学习来解决它。本章的贡献在于：

（1）提出了一种新颖的多原型类型表示策略，以减轻潜在的表示偏差并提高单原型方法的表达能力；

（2）设计了一种混合构建策略，根据实体和非实体类型的相应特征构造多原型；

（3）利用类型标签来学习具有上下文信息的词和标签向量，从而产生更准确的多原型类型表示；

（4）提出了一个严格的少样本实体抽取实验设置以缓解之前少样本实体抽取模型的性能虚高问题，提供了更公平的评估条件。

4.2　相关工作

本节介绍了少样本学习的理论基础和小样本实体抽取的相关工作基础。

4.2.1　少样本学习

早期少样本学习的研究在图像处理中相对活跃（Miller et al., 2000），主要关注分类问题，其中基于度量的元学习已被广泛探索（Yoon et al., 2019; Snell et al., 2017; Vinyals et al., 2016）。这些方法有一个假设，即每个类型的表示可以通过少量的标注数据获得，并且未标注数据的表示应该与它所属的类型表示具有最高的相似性。例如，原型网络（Snell et al., 2017）通过计算到每类原型表示的欧几里得距离来执行少样本分类。在自然语言处理领域，少样本学习在少样本文本分类（Zhang et al., 2022; Sun et al., 2019）、少样本关系提取（Lin et al., 2022; Wen et al., 2021; Gao et al., 2019; Han et al., 2018）、少样本实体类型分类（Eberts et al., 2020; Ma et al., 2016）和少样本实体抽取（Ding et al., 2021）等任务中已经有相关研究。

4.2.2　少样本实体抽取的解决方案

大多数少样本实体抽取方法（Li et al., 2022, 2020; Hou et al., 2020; Yang et al., 2020; Fritzler et al., 2019）将少样本实体抽取视为一个序列标记问题，将每个（在

句子中的）词限制为最多一个类型，并使用元学习来解决它（Huang et al., 2021）。Fritzler 等（Fritzler et al., 2019）直接将原型网络（prototypical network）（Snell et al., 2017）迁移到少样本实体抽取任务，通过平均类型内的词向量为每个类型计算原型来表示该类型。Hou 等（Hou et al., 2020）提出利用标签文本的向量来增强每个类型的表示并引入塌缩转移矩阵将经典条件随机场算法应用到少样本命名实体任务中。Yang 等（Yang et al., 2020）认为非实体类型的词没有统一的语义，通过平均类型内的词向量获得的类型表示存在噪声。他们提出使用类型内的所有词表示该类型并提出基于统计信息的维特比解码器。Tong 等（Tong et al., 2021）认为非实体类型中存在未定义的类型，充分挖掘这些类型可以更好地表示非实体类型。Huang 等（Huang et al., 2021）对少样本实体抽取从迁移学习、元学习、自监督学习三个方面做了一个实验性综述，指出经过预训练的自监督学习效果最好。Das 等（Das et al., 2022）提出在训练阶段利用对比学习来优化词向量之间的距离，在推理阶段利用少量标注数据微调模型。

4.3　模型方法

本节首先介绍少样本实体抽取的基础知识，然后详细介绍 HMP 的总体框架和模型设计细节，最后描述训练和推理过程。

4.3.1　预备知识

本节将介绍实体抽取和少样本实体抽取的问题设置。本节指出了现有的少样本实体抽取评估设置中的问题，并提出了更严格和更现实的采样策略。

1）实体抽取

本节遵循现有工作设定（Tong et al., 2021; Hou et al., 2020; Yang et al., 2020; Fritzler et al., 2019; Gao et al., 2019），将实体抽取表示为序列标注问题。形式上，给定一个词序列 $X = \{x_1, x_2, \cdots, x_n\}, x_i \in \mathcal{X}, i \in [1, n]$，其中 $\mathcal{X}$ 是所有词的集合，对词序列中每一个词 x_i 分配一个标签 $y_i \in \mathcal{C}$，从而生成标签序列 $Y = \{y_1, y_2, \cdots, y_n\}$。需要注意的是，$C^*$ 在序列标注问题中由实体类型和非实体类型（记为 O）组成。

2）少样本实体抽取

本节使用迭代式的 N-way K-shot 片段来训练少样本实体抽取模型（Hou et al.,

2020; Gao et al., 2019）。形式化地，给定类型集合 $C_{\text{train}} = \{c_i\}_{i=1}^N, c_i \in C$（$N$-way），其中 C 是实体类型集合，数据集 $\mathscr{D}$，即所有 (X, Y)（文本序列和标注序列），对于训练过程的每一步，采样一个符合 N-way K-shot 条件的片段（支持集 $\mathscr{S}_{\text{train}}$ 和查询集 $\mathscr{Q}_{\text{train}}$）用于训练。具体来说，$\mathscr{S}_{\text{train}} = \{(X, Y)^{(i)}\}_{i=1}^{N_s}$ 是支持集，$\mathscr{Q}_{\text{train}} = \{(X, Y)^{(j)}\}_{j=1}^{N_q}$ 是查询集，并且 $\mathscr{S}_{\text{train}} \cap \mathscr{Q}_{\text{train}} = \varnothing$。需要注意的是，$\mathscr{S}_{\text{train}}$ 符合 N-way K-shot 限制是指对于每一个类型 c_i，支持集中有 K 个类型为 c_i 的实体（K-shot）。

3）采样策略

为了评估少样本学习模型，符合 N-way K-shot 限制的片段采样经常被采用，其中每个片段（包括支持集和查询集）都从原始训练和测试数据中采样，支持集包含 N 种类型，每种类型有 K 个示例。为了确保少样本实体抽取任务中的上下文完整性，当前的方法采用句子级采样来构建每一个片段。然而，由于每个句子包含不同数量的实体，句子级采样很难准确符合 N-way K-shot 的约束。

为了解决这个问题，现有方法（Tong et al., 2021; Hou et al., 2020; Fritzler et al., 2019; Gao et al., 2019）放宽了对 K 值的限制，只要求每个实体类型的最终示例数（K^*）大于 K。例如，Gao 等（Gao et al., 2019）提出了一种贪心采样策略，以确保 $K \leqslant K^* \leqslant 2K$。然而这降低了该任务的难度。

为了使评估条件更类似于原始的 N-way K-shot 设定，本节提出了一种严格的采样算法，以保持平均 K^* 值接近设定 K。给定一个 N 类集合 $C_N \subset C$、数据集 $\mathscr{D}$，以及 N 和 K，输出采样后的支持集 $\mathscr{S}$。具体来说，采样程序随机采样 $(X, Y) \in \mathscr{D}$ 直到满足以下条件：$\forall c \in C_N$，标记为 c 的实体的数量在 $[K, 2K]$ 范围内。接下来，按以下标准删除 $\mathscr{S}$ 中的 (X, Y)：保证任何类别的实体数量不会因为从 $\mathscr{S}$ 中删除 (X, Y) 而小于 K。最后，当 $\mathscr{S}$ 中没有 (X, Y) 可以被删除时结束采样，算法 1 是采样的详细过程。

4.3.2 框架概述

图 4.2 展示了 HMP 的框架。它将片段作为输入，输出与查询集中符号对应的标签序列。该过程可分为四个阶段：①对于支持集，HMP 首先用实体标签扩充序列，以丰富句子的语义；②其次，HMP 使用一个编码器来嵌入支持集和查询集中的序列，产生具有上下文信息的词和标签向量；③然后，基于具有上下文信息的向量，HMP 生成所有类型的混合多原型表示；④最后，根据词与混合多原型类型表示的距离来预测查询集中词的标签。

算法 4–1: 支持采样集

输入: 数据集 $\mathscr{D}$, N 个类型的集合 C_N, N, K

输出: 支持集 S

1   $S \leftarrow \varnothing$;

2   **for** c in C_N **do**

3     $\text{Count}_c = 0$;

4   **while** $\exists\, \text{Count}_c < K, c \in C_N$ **do**

5   随机采样 $(X, Y) \in \mathscr{D}$; $S^{\text{temp}} \leftarrow S \cup (X, Y)$;

6   使用 S^{temp} 计算 $\text{Count}^{\text{temp}}$;

7   **if** $\exists\, \text{Count}_c^{\text{temp}} > 2K, c \in C_N$ **then**

8   Continue

9   **else**

10       $S \leftarrow S^{\text{temp}}$; $\text{Count}_c \leftarrow \text{Count}_c^{\text{temp}}, c \in C_N$

11   $S^{\text{sample}} \leftarrow S$;

12   **while** $S^{\text{sample}} \neq \varnothing$ **do**

13   随机采样 $(X, Y) \in S^{\text{sample}}$; $S^{\text{sample}} \leftarrow S^{\text{sample}} - (X, Y)$;

14     $S^{\text{temp}} \leftarrow S - (X, Y)$; 使用 S^{temp} 计算 $\text{Count}^{\text{temp}}$;

15   **if** $\exists\, \text{Count}_c^{\text{temp}} < K, c \in C_N$ **then**

16   Continue

17   **else**

18       $S \leftarrow S^{\text{temp}}$; $\text{Count}_c \leftarrow \text{Count}_c^{\text{temp}}, c \in C_N$

19   **return** S

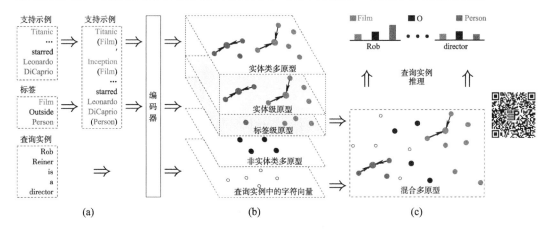

图 4.2　混合多原型小样本实体抽取框架概述

4.3.3　序列扩充和嵌入

首先，本节提出将实体标签插入到支持集中的原始序列中，以获得扩充后的序列。这是因为标签可以丰富句子语义，并帮助学习更精确的词的语义嵌入。例如，在序列扩充之前符号 "Titanic" 既可以指船，也可以指电影，而用 Film 这个标签来丰富句子，语义就更加清晰了。具体来说，对于每个类型，只在 α 个实体之后插入标签。因为插入太多的类型标签可能会损害句子的原始含义。形式上，给定支持集的 (X, Y)，将扩充后的序列表示为 $X' = \{x_1, x_2, y_1, \cdots, x_n, y_k\}$，它包含 n 个符号和 k 个插入的标签。值得注意的是，本方法可以通过利用标签信息来指导词的嵌入学习，从而更好地利用标签信息。接下来，将扩展的序列输入到一个编码器，即 BERT，以获得词和标签的具有上下文信息的向量。具体来说，扩充后的序列的具有上下文信息的向量为

$$\{h_i\}_{i=1}^{n+k} = f_\theta(X') \tag{4.1}$$

其中，$f_\theta(\cdot)$ 是编码器。

4.3.4　混合多原型表示

给定上下文向量，目标是使用支持集为类型生成混合多原型表示。HMP 根据实体类型和非实体类型的具体特征分别设计了不同的处理方法。

针对实体类型的多原型：给定一个实体类型 $c \in C$，使用 E_c 来表示支持集中被标注为 c 的实体。对于每一个实体 $e \in E_c$，将实体级原型 h_e 表示为其词 $\{x_1, x_2, \cdots, x_{|e|}\}$ 的具有上下文信息向量的平均，将标签级原型 h_{l_e} 表示为其标签 y_e 的具有上下文信息的向量。因此，实体类型中所有实体的实体级和标签级原型构成了这个实体类型的多原型表示 H_c：

$$H_c = \bigcup_{e \in E_c} \{h_e, h_{l_e}\} \tag{4.2}$$

多原型可以减少潜在的表示偏差，提高单原型方法的表达能力。通过对实体级原型的计算，解决了实体中单个词难以表示对应类型的问题，并获得了一个特定的类型表示。同时，利用标签级原型提高了模型的泛化能力和表达能力，因为标签中包含的类型的通用信息。仅用几个例子很难完全代表类

型，因此单一原型可能会偏向大多数相似实体。然而多原型表示方法可以保留少数实体的表示。针对非实体类型的多原型，对于非实体类型 O，使用词向量来表示类型，其中多原型指的是多个词向量。令 $O = \{x_1, x_2, \cdots, x_o\}$ 作为支持集中被标注为 O 的符号。那么类型 O 的多原型表示为：$\boldsymbol{H}_o = \{\boldsymbol{h}_1, \boldsymbol{h}_2, \cdots, \boldsymbol{h}_o\}$。多个词向量缓解了单一原型无法表示类型 O 没有统一含义的词的问题。

4.3.5　预测与训练

给定查询序列 $X^q = \{x_1^q, x_2^q, \cdots, x_n^q\}$ 和它们的词向量 $\{\boldsymbol{h}_i^q\}_{i=1}^{|X^q|} = f_\theta(X^q)$。为了预测词 x_i^q 的标签，首先计算它属于每个类别的概率，然后把概率最高的类别赋值给 y_i^q。具体来说，词 x_i^q 属于类型 c 的概率计算如下：

$$p(c|x_i^q) = \frac{\exp(-\mathrm{mindis}(\boldsymbol{h}_i^q, \boldsymbol{H}_c))}{\sum_j \exp(-\mathrm{mindis}(\boldsymbol{h}_i^q, \boldsymbol{H}_{c_j}))}$$

$$\mathrm{mindis}(\boldsymbol{h}_i^q, \boldsymbol{H}_c) = \min_{h_c \in \boldsymbol{H}_c} ||\boldsymbol{h}_i^q, \boldsymbol{H}_c||_2^2 \tag{4.3}$$

其中，mindis 表示词向量与这个类型的多原型表示之间的最小距离。在本节中，用欧几里得距离的平方来度量距离。mindis 越低，概率越高。

在训练阶段，使用负对数似然损失来更新编码器中的参数：

$$\mathscr{L} = -\frac{1}{N} \sum_{i=1}^{N} \ln(p(y_i^q = c_g | x_i^q)) \tag{4.4}$$

其中，c_g 表示真实标签；p 表示计算得来的概率；N 表示训练数据的查询集中的词总数。

4.4　实验与分析

本节首先介绍数据集，然后详细介绍具体的实验设置，最后介绍主要实验结果。

4.4.1 数据集介绍

本节采用数据集 Few-NERD，包括 Few-NERD（INTER）和 Few-NERD（INTRA），以及 WNUT、I2B2 和 re3d 来验证模型性能。

（1）Few-NERD 是第一个专门为少样本实体抽取构建的数据集，其数据源为 Wikipedia，具有 8 类粗粒度和 66 类细粒度实体类，并且包含两个根据不同划分策略划分的子数据集：INTER 和 INTRA。对于前者，数据根据细粒度实体类型被划分到训练集、验证集和测试集；而对于后者，数据根据粗粒度实体类型划分，这意味着不同集合之间的可共享的内容更少。

（2）WNUT 主要关注社交领域的实体。不同于 Few-NERD，WNUT 的数据来自社交平台。维基百科上的语料质量较高，一般来说语法结构正确、拼写一致，但社交平台上的语料存在句法结构不正确、拼写一致、俚语使用较多、缩写较多等问题。因此，即使是基于监督学习的实体抽取方法也不能很好地处理 WNUT。本节使用这个数据集来评估少样本实体抽取方法的泛化能力。

（3）re3d 的语料来自防御和安全分析相关领域的文档。该领域中的实体比上述两个数据集更专业。同样地，本节使用这个数据集来评估少样本实体抽取方法的泛化能力。

（4）I2B2 来源于脱敏的电子医疗记录。因此，这个数据集主要涉及医疗领域的实体，非常适用于验证模型的泛化性能。

4.4.2 实验设置

本节使用一种在少样本学习中广泛采用的评估方式，即片段式评估，来测试模型，并采用严格采样策略来生成片段中的支持集和查询集。训练和测试数据的类型集合是不相交的。此外，由于 Few-NERD 的类型标签有两个层次结构，在 INTER 中同时使用粗粒度和细粒度标签来计算标签级原型，而在 INTRA 中只使用细粒度标签来计算标签级原型。也就是说，模型为 INTER 中的每个实体计算两个标签级原型。对于 WNUT、I2B2 和 re3d，只使用这些数据集的测试集来评估在 Few-NERD 上训练的模型。每次实验使用不同的随机种子重复 5 次，并计算实体基础上的精确率（P）、召回率（R）、F1。

实现细节：本节采用 BERT-base 作为编码器以获得序列的具有上下文信息的表示，采用 AdamW 优化器，学习率为 2×10^{-5}，权重衰减 0.01，使用线性预热通过 300 个预热步骤来改变学习率，批量大小为 2，文本最大长度为

512。每种设定下，一共采样 15 000 个片段用于训练，5 000 个片段用于测试，α 为 1。本节使用 Pytorch 实现模型。

基线模型：本节采用四个基线模型进行对比。ProtoNER（Fritzler et al., 2019）使用原型网络计算每个类型的原型，并根据与原型的相似性对字符进行分类。LTC（Hou et al., 2020）使用标签向量来提高原型质量并考虑标签依赖性。NNShot（Yang et al., 2020）直接使用字符之间的相似性对待分类语句进行分类。Struct（Yang et al., 2020）使用 Viterbi 解码器改进 NNShot 以获得最可能的标签序列。本节将 LTC 中需要训练的转移矩阵替换成 Struct 中无需训练的转移矩阵进行对比，此外，再对比 HMP 和 LTC 在使用需要训练的转移矩阵时的模型性能。

4.4.3 总体结果

表 4.1 ~ 表 4.4 总结了模型在 Few-NERD（INTER）和 Few-NERD（INTRA）上的整体性能。可以观察到，HMP 在所有评估设定下都优于最先进的模型。基于类型特征构建多原型的混合策略有利于性能的提高。从结果可以明显看出，在每个设定下，ProtoNER 的 R 都高于 P，而 Struct 则恰恰相反。这是因为，

表 4.1 模型在 Few-NERD 上的性能（INTER，5-way）

| 模型 | Few-NERD (INTER) | | | | | |
| | 5-way 1̃-shot | | | 5-way 5̃-shot | | |
	P	R	F1	P	R	F1
宽松采样	$K^* = 1.7$			$K^* = 8.6$		
ProtoNER	39.0±0.0	51.7±0.3	44.4±0.1	53.7±1.8	65.0±2.2	58.8±1.4
LTC	**69.8±0.6**	52.8±1.2	60.1±0.7	**70.9±0.8**	63.8±0.2	67.2±0.7
NNShot	50.4±0.6	58.8±0.1	54.3±0.4	45.8±3.5	56.5±2.9	50.6±3.3
Struct	58.1±1.0	56.6±1.5	57.3±0.6	60.4±0.3	54.4±3.5	57.2±2.1
HMP	69.2±2.0	**62.1±0.2**	**65.7±0.4**	69.2±0.5	**65.7±1.1**	**67.4±0.8**
严格采样	$K^* = 1.3$			$K^* = 5.2$		
ProtoNER	32.1±0.6	49.6±0.3	39.0±0.5	41.9±0.8	65.9±8.0	50.0±0.8
LTC	**69.2±0.6**	52.1±1.1	59.4±0.7	**71.0±0.8**	65.3±0.3	67.5±0.4
NNShot	43.4±1.3	53.2±0.9	47.8±1.1	45.9±1.8	58.8±1.6	51.6±1.7
Struct	53.2±0.9	52.5±1.8	52.8±0.9	54.8±1.3	57.3±2.3	56.0±1.3
HMP	67.4±1.9	**58.1±1.0**	**62.4±0.7**	68.7±0.4	**67.3±1.2**	**68.0±0.8**

表 4.2 模型在 Few–NERD 上的性能（INTER，10–way）

模型	Few–NERD (INTER)					
	10–way $\tilde{1}$–shot			10–way $\tilde{5}$–shot		
	P	R	F1	P	R	F1
宽松采样	$K^* = 1.8$			$K^* = 9.2$		
ProtoNER	32.6±0.2	48.9±2.9	39.1±0.9	47.9±0.5	**61.8±1.7**	54.0±0.4
LTC	64.4±1.1	44.6±0.7	52.7±0.2	**70.2±0.6**	55.8±2.2	62.1±1.3
NNShot	42.7±2.1	52.2±1.8	47.0±2.0	45.2±0.8	56.1±0.4	50.0±0.4
Struct	52.8±0.3	46.6±0.9	49.5±0.5	58.0±0.9	43.0±2.2	49.4±1.8
HMP	**66.0±0.6**	**56.2±0.5**	**60.7±0.3**	66.5±0.6	59.7±1.1	**62.9±0.7**
严格采样	$K^* = 1.3$			$K^* = 5.2$		
ProtoNER	25.8±1.0	42.7±1.0	32.2±0.9	38.0±0.5	56.3±1.3	45.4±0.7
LTC	**66.0±1.2**	43.6±1.4	52.6±1.6	**69.5±0.7**	54.3±2.2	60.9±1.2
NNShot	35.1±2.1	45.0±2.7	39.4±2.3	37.0±0.4	49.3±1.5	42.3±0.7
Struct	46.7±0.6	41.4±2.1	43.9±1.4	52.1±1.0	43.4±1.6	47.3±1.4
HMP	62.5±0.6	**50.4±0.8**	**55.8±0.5**	65.7±0.7	**58.2±1.2**	**61.7±0.8**

表 4.3 模型在 Few–NERD 上的性能（INTRA，5–way）

模型	Few–NERD (INTRA)					
	5–way $\tilde{1}$–shot			5–way $\tilde{5}$–shot		
	P	R	F1	P	R	F1
宽松采样	$K^* = 1.7$			$K^* = 8.5$		
ProtoNER	18.6±1.0	31.8±1.0	23.5±0.9	35.9±0.7	**50.5±1.9**	41.9±0.6
LTC	56.5±2.5	25.4±1.6	35.0±1.2	**66.3±1.4**	34.6±0.5	45.5±0.3
NNShot	29.0±1.0	33.4±1.4	31.0±1.2	32.9±2.5	39.2±2.2	35.7±2.4
Struct	37.8±1.1	34.3±0.3	35.9±0.7	48.0±1.4	32.7±2.6	38.8±1.7
HMP	**56.6±1.7**	**38.9±1.7**	**46.1±1.6**	60.8±1.4	45.2±2.0	**51.8±1.5**
严格采样	$K^* = 1.2$			$K^* = 5.2$		
ProtoNER	14.4±0.6	31.1±0.9	19.7±0.7	28.2±0.6	**49.4±1.4**	35.9±0.6
LTC	**55.9±2.5**	24.7±0.9	34.1±1.6	**66.1±1.4**	36.2.0±0.4	46.7±0.6
NNShot	24.2±0.6	29.1±0.9	26.4±0.7	30.1±1.6	39.1±1.6	34.0±1.5
Struct	34.2±2.2	29.0±2.0	31.0±1.5	46.2±3.3	39.3±1.5	42.4±1.9
HMP	55.8±1.2	**38.0±1.5**	**45.2±1.4**	60.5±0.8	46.8±2.1	**52.7±1.5**

表 4.4　模型在 Few-NERD 上的性能（INTRA，10-way）

| 模型 | Few-NERD (INTRA) | | | | | |
| | 10-way $\tilde{1}$-shot | | | 10-way $\tilde{5}$-shot | | |
	P	R	F1	P	R	F1
宽松采样	$K^* = 1.8$			$K^* = 9.1$		
ProtoNER	16.5±0.5	24.6±0.7	19.8±0.6	28.9±0.8	**43.1±0.8**	34.6±0.6
LTC	**50.7±3.4**	19.9±3.7	28.2±2.8	**58.4±1.9**	29.9±1.5	39.5±1.2
NNShot	20.4±0.2	23.6±0.5	21.9±0.2	25.5±0.6	30.3±1.7	27.7±1.1
Struct	29.9±1.1	22.0±0.7	25.4±0.8	40.6±2.2	19.6±2.7	26.4±2.6
HMP	50.3±1.9	**30.8±0.5**	**38.2±0.5**	56.2±2.0	37.0±1.4	**44.6±0.7**
严格采样	$K^* = 1.2$			$K^* = 5.2$		
ProtoNER	11.8±0.3	22.9±0.3	15.6±0.3	22.3±0.6	**41.0±1.2**	28.9±0.6
LTC	**52.4±1.0**	19.2±1.5	27.7±1.4	**57.6±1.9**	28.4±0.7	38.0±1.3
NNShot	16.9±0.8	22.0±0.5	19.1±0.6	22.7±0.7	30.0±1.1	25.8±0.8
Struct	26.8±1.0	21.7±2.0	24.0±1.5	40.4±0.9	25.1±1.9	30.9±1.5
HMP	51.6±0.9	**29.3±0.3**	**37.2±0.9**	55.5±2.5	35.4±1.7	**43.2±1.1**

ProtoNER 由于它的非实体类型 O 的原型存在噪声，倾向于将词预测为实体类型。因此，会出现更多的假阳性，导致 R（正确的实体数/真正的实体数）更大，P（正确的实体数/预测的实体数）更小。相反，由于不明确的实体类型表示，Struct 预测的实体数量会减少，但是这些预测出来的实体大多数是正确的，因为这些预测出来的实体与支持示例高度相似。与这两种方法不同的是，本模型得益于基于类型特征构建多原型的混合策略，获得了精确的类型表示，从而达到了最先进的性能。

关于采样策略，严格采样策略提供了更公平的实验条件。从表格中可以看出，采用宽松采样策略训练的模型的性能通常优于采用严格采样策略训练的模型。但是，这种整体性能虚高受益于支持集中更多的支持示例。换句话说，宽松采样策略降低了少样本实体抽取任务的难度。相比之下，严格采样策略有效地降低了之前的少样本实体抽取模型的性能虚高。从这个方面来说，它可以被认为是更公平的少样本实体抽取任务的实验设定。

4.5　本章小结

本章提出了一种用于小样本实体抽取的混合多原型类表示方法，该方法计算多原型来表示实体类型，并使用字符向量来表示非实体类型。通过大量的对比实验结果表明，混合原型构建策略和多原型策略对生成偏差较小的表示有很大帮助。此外，本章为小样本实体抽取引入了严格的实验设置，提供了合理和更公平的评估条件，进一步证明了 HMP 不同领域数据集上的适应性。

参考文献

Chiu J P C, Nichols E, 2016. Named entity recognition with bidirectional LSTM–CNNs[J]. Transactions of the Association for Computational Linguistics, 4: 357–370.

Das S S S, Katiyar A, Passonneau R J, et al., 2022. CONTaiNER: Few–shot named entity recognition via contrastive learning[C]. Association for Computational Linguistics, Dublin.

Ding N, Xu G, Chen Y, et al., 2021. Few–NERD: A few–shot named entity recognition dataset[C]. The 59th Annual Meeting of the Association for Computational Linguistics and the 11th International Joint Conference on Natural Language Processing, Online.

Eberts M, Pech K, Ulges A, 2020. ManyEnt: A dataset for few–shot entity typing[C]. International Conference on Computational Linguistics, Barcelona.

Fritzler A, Logacheva V, Kretov M, 2019. Few–shot classification in named entity recognition task[C]. ACM/SIGAPP Symposium on Applied Computing, Limassol.

Gao T, Han X, Zhu H, et al., 2019. FewRel 2.0: Towards more challenging few–shot relation classification[C]. Conference on Empirical Methods in Natural Language Processing and International Joint Conference on Natural Language Processing, Hong Kong.

Han X, Zhu H, Yu P, et al., 2018. FewRel: A large–scale supervised few–shot relation classification dataset with state–of–the–art evaluation[C]. Conference on Empirical Methods in Natural Language Processing, Brussels.

Hou Y, Che W, Lai Y, et al., 2020. Few–shot slot tagging with collapsed dependency transfer and label–enhanced task–adaptive projection network[C]. Annual Meeting of the Association for Computational Linguistics, Seattle.

Huang J, Li C, Subudhi K, et al., 2021. Few–shot named entity recognition: An empirical baseline study[C]. Conference on Empirical Methods in Natural Language Processing, Punta Cana.

Lai K, Porter J R, Amodeo M, et al., 2022. A natural language processing approach to understanding context in the extraction and geocoding of historical floods, storms, and adaptation measures[J]. Information Processing and Management, 59(1): 102735.

Lample G, Ballesteros M, Subramanian S, et al., 2016. Neural architectures for named entity recognition[C]. Conference of the North American Chapter of the Association for Computational Linguistics, San Diego.

Li J, Chiu B, Feng S, et al., 2022. Few-shot named entity recognition via meta-learning[J]. IEEE Transactions on Knowledge and Data Engineering, 34(9): 4245-4256.

Li J, Shang S, Shao L, 2020. MetaNER: Named entity recognition with meta-learning[C]. The Web Conference, New York.

Lin Q, Liu Y, Wen W, et al., 2022. Ensemble making few-shot learning stronger[J]. Data Intelligence, 4(3): 529-551.

Ma Y, Cambria E, Gao S, 2016. Label embedding for zero-shot fine-grained named entity typing[C]. Conference on Computational Linguistics, Osaka.

Miller E G, Matsakis N E, Viola P A, 2000. Learning from one example through shared densities on transforms[C]. Conference on Computer Vision and Pattern Recognition, Hilton Head.

Nozza D, Manchanda P, Fersini E, et al., 2021. Learning to adapt with word embeddings: Domain adaptation of named entity recognition systems[J]. Information Processing and Management,58(3): 102537.

Sang E F T K, Meulder F D, 2003. Introduction to the CoNLL-2003 shared task: Language-independent named entity recognition[C]. The Seventh Conference on Natural Language Learning at HLT-NAACL 2003, Edmonton.

Shang F, Ran C, 2022. An entity recognition model based on deep learning fusion of text feature[J]. Information Processing and Management, 59(2): 102841.

Snell J, Swersky K, Zemel R S, 2017. Prototypical networks for few-shot learning[C]. Annual Conference on Neural Information Processing Systems, Long Beach.

Sun S, Sun Q, Zhou K, et al., 2019. Hierarchical attention prototypical networks for few-shot text classification[C]. Conference on Empirical Methods in Natural Language Processing and the 9th International Joint Conference on Natural Language Processing, Hong Kong.

Tong M, Wang S, Xu B, et al., 2021. Learning from miscellaneous other-class words for few-shot named entity recognition[C]. Annual Meeting of the Association for Computational Linguistics and International Joint Conference on Natural Language Processing, Bangkok.

Vinyals O, Blundell C, Lillicrap T, et al., 2016. Matching networks for one shot learning[C]. Annual Conference on Neural Information Processing Systems, Barcelona.

Wen W, Liu Y, Ouyang C, et al., 2021. Enhanced prototypical network for few-shot relation extraction[J]. Information Processing Management, 58(4): 102596.

Yang Y, Katiyar A, 2020. Simple and effective few-shot named entity recognition with structured nearest neighbor learning[C]. Conference on Empirical Methods in Natural Language Processing,

Hongkong.

Yoon S W, Seo J, Moon J, 2019. TapNet: Neural network augmented with task−adaptive projection for few−shot learning[C]. International Conference on Machine Learning, Long Beach.

Zhang X, Cai F, Hu X, et al., 2022. A contrastive learning−based task adaptation model for few−shot intent recognition[J]. Information Processing Management, 59(3): 102863.

第 5 章　基于多粒度交互对比学习的多模态实体抽取方法

多模态实体抽取（multi-modal named entity recognition，MNER）旨在结合来自不同模态（如文本、图像、视频等）的数据，对实体进行识别和分类。现有的研究存在两个重大问题：①过度依赖文本特征而忽视视觉特征；②缺乏有效降低多模态数据特征空间差异的方法。为了克服这些挑战，本章提出一种新的多粒度交互对比学习框架（multi-grained interaction contrastive learning，MGICL）。MGICL将数据分为文本端句子级/词语级和视觉端图像级/目标级特征。通过交叉对比不同粒度的多模态特征，有效地缩小模态特征空间差异。MGICL引入视觉门控机制动态选择视觉信息，减少视觉噪声的影响。实验结果表明，MGICL框架有效地提高了MNER的性能，并且克服了MNER任务面临的困难。

5.1　问题背景

随着互联网的飞速发展，信息多模态化，对传统的实体抽取任务提出了重大挑战。因此，出现了一个新的任务，多模态实体抽取（Lu et al., 2018; Zhang et al., 2018）。MNER并不局限于自然语言处理研究，而是扩展到多模态领域，其任务定义为模型 $\mathcal{M}(S, I)$ 结合给定的文本 S 和图像 I 进行实体抽取。

值得注意的是，由于上下文长度的原因，文本可能无法提供足够的语义依赖，文本中也可能存在歧义词，导致传统的实体抽取方法无法正确识别和分类（Lu et al., 2018; Zhang et al., 2018）。例如，如图 5.1 所示，"米奇"是一个家喻户晓的动漫角色，因此在一些文本中，它可以被归类为 [PER]（person，代表人名）类别；而在另一个文本中，"米奇"是宠物的名字，应归类为 [MISC] （miscellaneous，代表杂项）类别；类似地，也有一些景点的名字是"米奇"，应归类为 [LOC]（location，代表地名）类别。虽然它们是同一个名字，但在不同的语境中代表着不同的含义和类别。人类容易理解，但机器很难识别，需要指导才能理解真正的含义。因此，MNER 任务是必要的。

图 5.1　MNER 任务中不参考视觉信息的情况下无法区分的一组实例

MNER 任务的主要挑战，除了缺乏上下文语义依赖之外，还有以下两个问题需要解决：

（1）如何确定哪些视觉信息对 MNER 任务有用。粗粒度的视觉信息不仅对 MNER 不实用，而且会引入大量噪声，这些噪声会误导模型做出错误的判断。

（2）视觉特征和文本特征的特征空间有很大不同。统一视觉特征和文本特征以减少特征空间差异带来的不利影响也是一个重大挑战。

当前的研究并不能很好地解决上述的问题。早期的相关研究使用注意力机制来融合多模态信息，但只是简单地将粗粒度特征应用于视觉端，这引入了过多的噪声。最近的一些研究表明，将图像特征划分为目标级特征更有利于 MNER，并且可以有效地减少噪声的影响。对于问题（2），CLIP（Radford et al., 2021）对比学习方法统一了不同模态的特征空间，减少了由于特征空间差异造成的负面影响。尽管现有的研究已经尽可能通过各种方法来应对上述挑战，但仍有改进空间，例如，可以建模不同模态不同粒度特征间的关系。因此，本章提出一种多粒度交互对比学习的 MNER 框架——MGICL。

MGICL 将文本端和视觉端划分为不同粒度的特征，并将它们交叉进行对比学习。与 MNER 任务的两大挑战相对应，MGICL 一方面增加了多模态特征之间的相互作用，尽可能挖掘模态之间的隐含关联；另一方面减少了不同模态之间特征空间差异的影响。此外，还提出了一种视觉门控机制，以动态选择对文本更有价值的视觉特征，避免视觉噪声对 MGICL 的性能产生负面影响。

简而言之，MGICL 贡献可总结如下：

（1）针对 MNER 任务，本章提出了一种多粒度交互对比学习框架 MGICL，实现了不同模态之间的多粒度交互，减少了不同模态特征之间的差异和视觉噪声的影响；

（2）为了突出视觉信息的引导作用，提出了一种视觉门控机制，动态选择视觉特征，提高 MNER 任务的有效性；

（3）在两个标准数据集上进行了验证，与现有的相同任务最先进的（state-of-the-art，SOTA）模型相比，本章提出的 MGICL 方法更准确，并对实验验证结果进行了详尽的分析。

5.2　相关工作

本节介绍了多模态命名实体识别的理论基础和多模态任务中的对比学习。

5.2.1　多模态命名实体识别

早期的 MNER 研究主要利用注意力机制将粗粒度的视觉信息融合到文本中，然后利用融合的特征进行实体识别，如文献（Lu et al., 2018; Moon et al., 2018; Zhang et al., 2018）所示。这类扩展 Transformer 模型的第一种方法是 UMT（Yu et al., 2020），它使用多模态交互模块来捕捉词和图像之间的动态关系。CWI/MSB（Asgari-Chenaghlu et al., 2020）是一种两阶段方法，该方法最初利用 InceptionV3 提取图像特征，将其融合并送入 BERT 编码器中。RIVA（Sun et al., 2020）采用基于师生模型的半监督方法来学习文本图像关系，该方法首先对文本图像关系进行准确分类，利用重要图像选择和下一个单词预测任务（next word prediction，NWP）来形成多任务框架。尽管实现了视觉特征的融合，但这种粗粒度处理方法也引入了过多的噪声。

为了克服粗粒度视觉信息引起的过度噪声问题，OCSGA（Wu et al., 2020）提出将视觉信息分解为对象级特征，并使用密集协同注意力网络与文本融合，以实现内部链接建模。RpBERT（Sun et al., 2021）设计了一种基于文本–图像关系传播的多模态 BERT 模型。通过研究文本–图像关系传播的软方法和硬方法，以减少来自无关图像的干扰。MAF（Xu et al., 2022）采用基于自监督学习的两个模块，以减少不匹配的文本–图像对的影响，促使多模态特征表示更加一致。此外，分层金字塔结构的使用也被证明是一种能够减少图像噪声影响的有效方法（Chen et al., 2022a）。UAMNer（Liu et al., 2022）是一个两阶段的标签细化框架。首先，使用贝叶斯神经网络从文本中生成候选标签。如果候选标签具有高不确定性，则多模态 transformer 将通过文本和视觉特征来细化标签，以减少可能的噪声效应。另一部分工作是从外部特征的角度进行分析的，R–GCN（Zhao et al., 2022）构建模态间和模态内关系图，分别从数据集中收集当前文本和图像的最相关视觉信息。然后，利用多模态相互作用和融合来预测 NER 标签序列。FMIT（Lu et al., 2022）使用通用领域的句子和词语中的名词短语来获得视觉线索，将视觉和文本的细粒度语义表示转换为统一的晶格结构。ITA（Wang et al., 2022b）首先将图像对齐为区域对象标签、图像级字幕和光学字符识别（optical character recognition，OCR）字符作为视觉上下文，并将其与文本连接作为新的跨模态输入，然后送到预训练模型中。ITA 进一步调整了从跨模态输入和文本输入视图预测的输出分布，使该方法对来自图像的噪声具有鲁棒性。

除了视觉噪声的问题之外，另一个严重的问题是图像和文本特征之间的表示空间大不相同。为了解决这个问题，AGBAN（Zheng et al., 2020）提出了一种对抗双线性注意力神经网络，该网络与对抗训练方法相结合，将视觉和文本特征映射到共享表示空间中。为了更好地融合多模态特征，UMFG（Zhang et al., 2021a）使用统一的多模态模型来表示文本和图像，然后堆叠多个基于图的多模态融合层以迭代地执行语义交互来学习节点表示。MKGformer（Chen et al., 2022b）是一个统一的 Transformer 框架，利用算术单元对 transformer 中的文本描述和图像进行编码，自然地减少了异构性，从而更好地对多模态实体表示进行建模。考虑到跨模态交互有时是隐含的，CAT–MNER（Wang et al., 2022d）提出通过识别一些任务显著特征来完善跨模态注意力，以改善早期研究忽视隐含交互的问题。随着预训练大模型的发展，已经设计出了基于 Prompt 工程的方法。PromptMNER（Wang et al., 2022c）利用 Prompt 工程来提取适当的视觉线索，以更好地整合不同的模态并解决语义间隙问题，进一步利用多模态感知注意力机制来实现更好的跨模态整合。此外，随着对比学习的普及，一些基于对比学习的方法（Radford et al., 2021）进一步克服了特征空间视差的问题。

　　还有一些新的方法，例如利用外部知识来提高 MNER 能力，Chen 等（Chen et al., 2021）基于 ImageNet 从具有多模态信息的通用知识图谱（如 DBPedia 和 Yago）中提取图像目标信息并获得属性信息。MRC–MNER（Jia et al., 2022b）和 MNER–QG（Jia et al., 2022a）将 MNER 任务视为 MRC 任务。他们的主要思想是在查询的帮助下提供实体类型和对象的先验知识，并进一步增强文本和图像表示。MoRe（Wang et al., 2022a）包含文本检索模块和基于图像的检索模块，分别在知识库中检索输入文本和图像的相关知识。接下来，检索结果被分别发送到文本模型和视觉模型用于预测。最后，专家混合模块将两个模型的预测结合起来，做出最终决定。

5.2.2　多模态任务中的对比学习

　　CLIP（Radford et al., 2021）首先实现了多模态交互对比学习的概念，该概念允许将多模态信息映射到相同的特征空间中。基于对比学习的方法被证明在很多的多模态任务中是有效的。TACo（Yang et al., 2021）设计并实现了一个用于视频文本对齐的令牌感知级联对比度学习框架。ALBEF（Li et al., 2021）引入对比度损失，以在通过跨模态注意力融合图像和文本表示之前将其对齐。FILIP（Yao et al., 2022）是一种大规模细粒度交互式文本–图像预训练方法，通过跨模态后交互机制实现更精细的对齐。FILIP 通过仅修改对比度损失，成功地利用了图像补丁和文本单词之间经过精细训练的表现力，同时获得了在推理过程中离线预计算图像和文本表示的能力。大规模的多模态对比预训练极大地促进了多模态任务的发展。然而，跨粒度比较，即粗粒度和细粒度表示之间的比较，在以前的研究中很少被探索。x–CLIP（Ma et al., 2022）设计了跨粒度对比来计算粗粒度特征与每个细粒度特征之间的相关性，并能够在相似度计算过程中过滤掉由粗粒度特征引导的不必要的细粒度特征，从而提高检索的准确性。

5.3　模型方法

　　本节介绍了 MGICL 方法的总体框架，如图 5.2 所示。具体包括多模态表示、多模态对比学习、多粒度交互和输出层。下面详细描述该方法的细节。

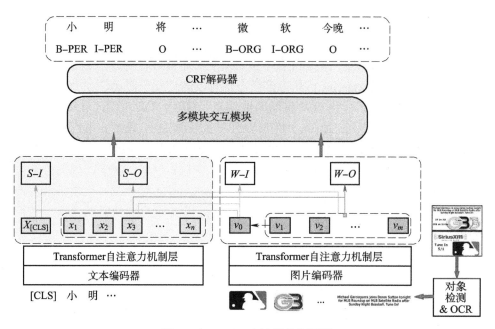

图 5.2　MGICL 方法总体框架图

5.3.1　多模态表示

MGICL 首先对给定的文本 X–图像 I 对进行编码。为了获得不同模态中数据的最佳表示，采用了经典的双流结构，分别选择在每个模态中效果最好的编码器。

对于文本 $X = \{x_1, x_2, \cdots, x_n\}$，MGICL 使用预训练的编码器进行编码。获得初始文本表示：

$$X = \{x_{[CLS]}, x_1, x_2, \cdots, x_n\} \tag{5.1}$$

其中，$x_{[CLS]}$ 表示句子级别的文本特征；x_i 表示词语令牌级别的文本特征；n 表示文本长度。

对于图像 I，不能直接对整个图像进行编码。原因一方面是现有的图像编码器在大小设置方面难以满足要求，另一方面，粗粒度的图像特征会引入大量噪声，影响实体识别效果。因此，在对图像进行编码之前，有必要进行目标检测（object detection，OB）和 OCR [先前的研究（Wang et al., 2022b）证明，通过 OCR 获取图像中的文本可以提高 MNER 任务的有效性]，以获得关键目标 $O = \mathbf{OB/OCR}(I) = \{o_1, o_2, \cdots, o_m\}$，$o_i$ 表示图像 I 中的第 i 个关键目标。在这项针对视觉端的研究中，也是利用预训练的编码器对检测到的关键目标进行编码：

$$O = \{o_{[\mathrm{CLS}]}, o_1, o_2, \cdots, o_m\} \tag{5.2}$$

其中，$o_{[\mathrm{CLS}]}$ 对应于额外引入可学习的 [Class] 嵌入，可以直观地理解为关键目标的总体特征（类似于 BERT 编码器中的 [CLS] 令牌），o_i 表示图像 I 中的第 i 个关键目标，m 表示通过 **OB/OCR** 获得的关键目标的数量。

为了获得序列的内部依赖关系，将获得的文本和图像表示序列送入自注意层进行计算，以更新表示序列：

$$\begin{aligned} \overline{X} &= \{\bar{x}_{[\mathrm{CLS}]}, \bar{x}_1, \bar{x}_2, \cdots, \bar{x}_n\} \\ \overline{O} &= \{\bar{o}_{[\mathrm{CLS}]}, \bar{o}_1, \bar{o}_2, \cdots, \bar{o}_m\} \end{aligned} \tag{5.3}$$

与式 (5.1) 和式 (5.2) 相同，$\bar{x}_{[\mathrm{CLS}]}$ 表示句子级别的特征；$\bar{o}_{[\mathrm{CLS}]}$ 表示图像特征。为了便于进一步计算，将符号简化为 $t = \bar{x}_{[\mathrm{CLS}]}$ 和 $v = \bar{o}_{[\mathrm{CLS}]}$。所有的词语（目标）特征被组合成矩阵 T (V)。

5.3.2　多粒度对比学习

现有的基于对比学习的 MNER 工作侧重于粗粒度特征，包括文本–图像和词语–图像。然而，如第 5.1 节所述，交叉粒度（即文本–目标和词语–目标）对比可以更有效地过滤文本和图像中不必要的信息。因此，与之前的工作不同，MGICL 提出了一个多粒度的对比框架。

1）句子–图像对比

给定句子级表示 $t \in \mathbb{R}^{\dim}$ 和图像级表示 $v \in \mathbb{R}^{\dim}$，使用矩阵乘法来评估句子和图像之间的相似性，可以公式化为

$$C_{X-I} = t^{\mathrm{T}} v \tag{5.4}$$

其中，C_{X-I} 是句子图像相似性得分。

2）句子–目标对比

对于给定的句子级表示 $t \in \mathbb{R}^{\dim}$ 和目标级表示向量 $V \in \mathbb{R}^{\dim \times m}$，使用矩

阵乘法来计算句子表示和每个目标表示之间的相似性，可以表示如下：

$$C_{X-O} = t^T V \tag{5.5}$$

其中，$C_{X-O} \in \mathbb{R}^{1 \times m}$ 是句子和图像中的每个目标之间的相似性向量；m 是关键目标的数量。

对于相似性向量 $C_{X-O} \in \mathbb{R}^{1 \times m}$，首先使用 softmax 来获得相似性向量的权重，其中，与查询相关的细粒度特征的分数将被赋予高权重。然后，根据获得的权重来聚合这些相似性得分，可以公式化如下：

$$C'_{X-O} = \sum_{i=1}^{m} \frac{\exp\left(C_{X-O}(1, i)/\tau\right)}{\sum_{j=1}^{m} \exp\left(C_{X-O}(1, j)/\tau\right)} C_{X-O}(1, i) \tag{5.6}$$

其中，τ 是 softmax 的温度参数。

3）词语–图像对比

与句子–目标对比类似，基于矩阵乘法计算词语表征 $T \in \mathbb{R}^{\dim \times n}$ 和图像表示 $v \in \mathbb{R}^{\dim}$ 之间的相似性，其可以公式化如下：

$$C_{x-I} = T^T v \tag{5.7}$$

其中，$C_{x-I} \in \mathbb{R}^{n \times 1}$ 是每个词语表示和图像之间的相似性向量；n 是句子中词语的数量。

与 C'_{X-O} 计算过程类似，获得 C'_{x-I} 为

$$C'_{x-I} = \sum_{i=1}^{n} \frac{\exp\left(C_{x-I}(i, 1)/\tau\right)}{\sum_{j=1}^{n} \exp\left(C_{x-I}(j, 1)/\tau\right)} C_{x-I}(i, 1) \tag{5.8}$$

4）词语–目标对比

词语表示和目标表示之间的细粒度相似性矩阵也使用矩阵乘法获得

$$C_{x-O} = T^T V \tag{5.9}$$

其中，$C_{x-O} \in \mathbb{R}^{n \times m}$ 是细粒度相似性矩阵；n 和 m 分别是词语标记和关键目标

的数量。

$C_{x-O} \in \mathbb{R}^{n \times m}$ 包含 n 个词语和 m 个目标间的相似性分数，因此需要对矩阵执行两次注意力运算。第一个关注点旨在获得细粒度的相似性向量，其公式如下：

$$C_{\text{text}} = \sum_{i=1}^{n} \frac{\exp(C_{x-O(i,*)}/\tau)}{\sum_{j=1}^{n} \exp(C_{x-O(j,*)}/\tau)} C_{x-O(i,*)} \tag{5.10}$$

$$C_{\text{img}} = \sum_{i=1}^{m} \frac{\exp(C_{x-O(*,i)}/\tau)}{\sum_{j=1}^{m} \exp(C_{x-O(*,j)}/\tau)} C_{x-O(*,i)} \tag{5.11}$$

其中，$*$ 表示维度中的所有元素；$C_{\text{text}} \in \mathbb{R}^{1 \times m}$ 和 $C_{\text{img}} \in \mathbb{R}^{n \times 1}$ 分别是句子级别和图像级别的相似性向量。具体而言，$C_{\text{text}} \in \mathbb{R}^{1 \times m}$ 显示句子与 m 个目标的相似性。$C_{\text{img}} \in \mathbb{R}^{n \times 1}$ 表示 n 个词语和图像间的相似性。

为了获得细粒度的实例级相似性得分，对句子级别向量 $C_{\text{text}} \in \mathbb{R}^{1 \times m}$ 和图像级别向量 $C_{\text{img}} \in \mathbb{R}^{n \times 1}$ 进行了第二次注意力操作，可以表示如下：

$$C'_{\text{text}} = \sum_{i=1}^{m} \frac{\exp(C_{\text{text}(1,i)}/\tau)}{\sum_{j=1}^{m} \exp(C_{\text{text}(1,j)}/\tau)} C_{\text{text}(1,i)} \tag{5.12}$$

$$C'_{\text{img}} = \sum_{i=1}^{m} \frac{\exp(C_{\text{img}(1,i)}/\tau)}{\sum_{j=1}^{m} \exp(C_{\text{img}(1,j)}/\tau)} C_{\text{img}(1,i)} \tag{5.13}$$

其中，C'_{text} 和 C'_{img} 是实例级别的相似性，使用平均值作为细粒度相似性得分：

$$C'_{x-O} = (C'_{\text{text}} + C'_{\text{img}})/2 \tag{5.14}$$

最终得分，包含多粒度对比的相似性 $c(v_i, t_j)$，可以表示如下：

$$c(v_i, t_j) = (C_{X-I} + C'_{X-O} + C'_{x-I} + C'_{x-O})/4 \tag{5.15}$$

在训练时，每批训练数据给定 B 个句子–图像对，模型将生成 $B \times B$ 个相似性矩阵。在相似性矩阵上使用对称 InfoNCE 损失。

$$\mathscr{L}_{t2v} = -\frac{1}{B}\sum_{i=1}^{B}\ln\frac{\exp(c(v_i, t_i))}{\sum_{j=1}^{B}\exp(c(v_i, t_j))} \tag{5.16}$$

$$\mathscr{L}_{v2t} = -\frac{1}{B}\sum_{i=1}^{B}\ln\frac{\exp(c(v_i, t_i))}{\sum_{j=1}^{B}\exp(c(v_j, t_i))} \tag{5.17}$$

$$\mathscr{L}_{\mathrm{mgcl}} = \mathscr{L}_{t2v} + \mathscr{L}_{v2t} \tag{5.18}$$

5.3.3　多粒度交互

在进行了不同的细粒度比较之后，需要进一步考虑模态之间的相互作用。使用类似于 transformer 中的多头注意力机制的方法，如图 5.3 所示，以文本侧

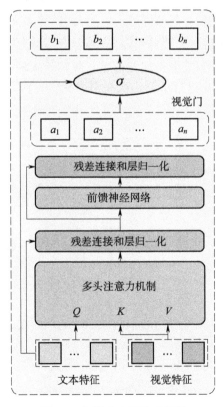

图 5.3　多粒度交互技术细节

为主体构建查询 Q，以图像侧为主体构造键值 K 和值 V，如下所示：

$$Q = C_{X-I}t \oplus T(C_{x-I}W_1 + C_{x-O}W_2) \tag{5.19}$$

$$K = C_{X-I}v \oplus V(C_{X-O}^{\mathrm{T}}W_3 + C_{x-O}^{\mathrm{T}}W_4) \tag{5.20}$$

其中，$\oplus$ 是拼接操作；$W_1 \in \mathbb{R}^{1 \times n}$；$W_2 \in \mathbb{R}^{m \times n}$；$W_3 \in \mathbb{R}^{1 \times m}$；$W_4 \in \mathbb{R}^{n \times m}$。$Q \in \mathbb{R}^{\dim \times (n+1)}$ 和 $K \in \mathbb{R}^{\dim \times (m+1)}$ 分别表示文本端特征和视觉端特征，并在随后的交互式注意力计算过程中使用：

$$a_i = \mathrm{softmax}\left(\frac{(W_{qi}Q)^{\mathrm{T}}(W_{ki}K)}{\sqrt{\dim/(n+1)}}\right) \tag{5.21}$$

$$A_i = a_i(W_{vi}K)^{\mathrm{T}} \tag{5.22}$$

其中，$\{W_{qi}, W_{ki}, W_{vi}\} \in \mathbb{R}^{\dim/(n+1) \times \dim}$；$a_i \in \mathbb{R}^{(n+1) \times (m+1)}$；$A_i \in \mathbb{R}^{(n+1) \times \dim/(n+1)}$。经过多模态 transformer 层，将所有的 A_i 进行拼接并获得融合视觉特征的增强文本表示 $A \in \mathbb{R}^{\dim \times (n+1)}$：

$$A = [A_1; A_2; \cdots; A_{n+1}]^{\mathrm{T}} \tag{5.23}$$

对于 A，可以更直观地理解为与初始文本表示形式类似的表示形式：

$$A = \{a_{[\mathrm{CLS}]}, a_1, a_2, \cdots, a_n\} \tag{5.24}$$

在 MNER 任务中，考虑到最终的形式化是帮助文本中具有视觉信息的实体识别，因此也有必要将完整的源文本特征与 A 相结合。然而，在获得 A 的过程中，计算所有文本和视觉特征的组合，有些单词（如"the""a"）与任何图像或对象都没有关联。为了进一步减少这些单词在与图像信息交互后产生的噪声，MGICL 设计了一个视觉门来动态控制每个单词的视觉特征的贡献：

$$g = \varphi(W_T Q + W_I A) \tag{5.25}$$

其中，$[W_T, W_I] \in \mathbb{R}^{\dim \times \dim}$ 是训练参数；φ 是 sigmoid 函数。最终计算得到：

$$B = g \cdot A \tag{5.26}$$

5.3.4 CRF 解码器与损失函数

在获得最终的增强表示之后，使用 CRF 层确定文本中包含的实体及其类别：

$$p_\theta(\hat{y} \mid B) = \frac{\prod_{i=1}^{n} \psi(y_{i-1}, y_i, b_i)}{\sum_{\hat{y} \in \mathcal{Y}(S)} \prod_{i=1}^{n} \psi(\hat{y}_{i-1}, \hat{y}_i, b_i)} \tag{5.27}$$

利用交叉熵来优化模型的参数：

$$\mathcal{L}_{\mathrm{T}}(\theta) = -\sum_{i=1}^{C} y_i \ln \hat{y}_i + \mathcal{L}_{\mathrm{mgcl}} \tag{5.28}$$

其中，y_i 是真实标签的独热向量；$\hat{y}_i$ 是预测标签分布；C 是类别总数。

5.4 实验与分析

本节首先介绍数据集，然后详细介绍具体的实验设置，最后介绍主要实验结果。

5.4.1 数据集介绍

为了验证 MGICL 的有效性，本章使用了两个在 MNER 任务中流行的数据集：Twitter–15 和 Twitter–17。Twitter–15 中的训练集/验证集/测试集的数量 4 000/1 000/3 257，Twitter–17 中的训练集/验证集/测试集的数量是 3 373/723/723，每段文本对应配有一张图片。

5.4.2 实验设置

在所有实验中，使用 XLMRoBERTa 大模型（Conneau et al., 2020）和 VinVL 模型（Zhang et al., 2021b）作为编码器，它们分别具有很强的上下文和图像建模能力。遵循 ITA 方法中的设置将阈值设置为 0.1，以保持每个目标的属性。

对于 OCR，使用开源 OCR 引擎 Tesseract OCR（Smith, 2007）的默认配置以提取图像中的文本。

在训练过程中，通过 AdamW 优化器对预训练的文本嵌入模型进行微调。在实验中，使用网格搜索方法在 $[1 \times 10^{-6}, 5 \times 10^{-4}]$ 范围内寻找最优学习率。对于 XLMR 嵌入，使用 5×10^{-6}，而批量大小为 4。对于 CRF 层的学习率，对 XLMR 使用 $[0.005, 0.05]$ 范围进行网格搜索。MGICL 模型被训练了 10 个 epochs 并汇总 5 次实验的平均结果。

5.4.3　总体结果

Twitter–15 和 Twitter–17 数据集上的实验结果如表 5.1 所示。

根据实验结果，可以分析出：①在 MNER 任务中，依赖纯文本的方法性能比融合视觉特征的方法差得多。因为短文本内容使得依赖性不足确实存在。文本中的一些词语可能同时具有多种含义和模糊的指称，如图 5.1 所示，在没有视觉信息指导的情况下，很容易做出错误的判断；②与引入粗粒度视觉特征的方法相比，细粒度视觉信息通常更有益。例如，FMIT、ITA 和 MGICL 等方法的性能比 OCSGA 等方法好 5% 以上。分析原因可能是因为只有整体图像的一部分可能与区分文本中的实体相关或有益，而其他不相关部分会引入大量噪声；③尽管整体图像可能并不都有价值，但这并不意味着它们毫无价值。MGICL 利用多训练交互对比学习方法，尽可能多地保留有价值的部分，同时减少噪声的影响，以弥补 OB/OCR 模块可能带来的信息不足。因此，与其他利用细粒度视觉特征的方法相比，MGICL 具有更好的结果；④基于多粒度交互对比学习的 MGICL 的另一个优点是减少了两种模态特征之间的表示空间差异，以实现最佳一致性；⑤MGICL 框架提出的各项机制就其总体有效性而言都是有意义的。具体的实验分析见第 5.4.5 节。

5.4.4　显著性测试

为了更明确地证实 MGICL 模型比其他模型更有效，设计了显著性实验进行验证。选择现有方法中的 SOTA 模型 MoRe 作为比较目标；在测试集中随机选择 100 个测试样本；并在相同的实验设置条件下重复实验 10 次以进行验证。其中，零假设 $\boldsymbol{H}_0$: $\mathscr{M}(\text{MGICL}) - \mathscr{M}(\text{MoRe}) = 0$，即两种性能之间没有差异；替代假设 $\boldsymbol{H}_1$: $\mathscr{M}(\text{MGICL}) - \mathscr{M}(\text{MoRe}) \geqslant 0$，即 MGICL 的性能优于现有的 SOTA 模型；其中，M 表示模型性能；显著性水平 α 设置为 0.05。

表 5.1 Twitter-15 和 Twitter-17 数据集上的性能对比

数据模态	模型	Twitter-15 单一类型 (F1)				Twitter-15 总体			Twitter-17 单一类型 (F1)				Twitter-17 总体		
		PER	LOC	ORG	MISC	P	R	F1	PER	LOC	ORG	MISC	P	R	F1
文本	BiLSTM-CRF	76.77	72.56	41.33	26.80	68.14	61.09	64.42	85.12	72.68	72.50	52.56	79.42	73.43	76.31
	CNN-BiLSTM-CRF	80.86	75.39	47.77	32.61	66.24	68.09	67.15	87.99	77.44	74.02	60.82	80.00	78.76	79.38
	HBiLSTM-CRF	82.34	76.83	51.59	32.52	70.32	68.05	69.17	87.91	78.57	76.67	59.32	82.69	78.16	80.36
	BERT	84.72	79.91	58.26	38.81	68.30	74.61	71.32	90.88	84.00	79.25	61.63	82.19	83.72	82.95
	BERT-CRF	84.74	80.51	60.27	37.29	69.22	74.59	71.80	90.25	83.05	81.13	62.21	83.32	83.57	83.44
	T-NER	83.64	76.18	59.26	34.56	69.54	68.65	69.09	—	—	—	—	—	—	—
文本+图像	OCSGA	84.68	79.95	56.64	39.47	74.71	71.21	72.92	—	—	—	—	—	—	—
	UMT	85.24	81.58	63.03	39.45	71.67	75.23	73.41	91.56	84.73	82.24	70.10	85.28	85.34	85.31
	IAIK	84.28	79.43	58.97	41.47	74.78	71.82	73.27	—	—	—	—	—	—	—
	RIVA	84.67	81.32	59.39	41.78	75.02	71.94	73.45	—	—	—	—	—	—	—
	UMGF	84.26	83.17	62.45	42.42	74.49	75.21	74.85	91.92	85.22	83.13	69.83	86.54	84.50	85.51
	RpBERT	85.18	81.19	58.68	37.88	71.15	74.30	72.69	89.05	84.03	82.60	63.67	82.85	84.38	83.61
	MAF	84.67	81.18	63.35	41.82	71.86	75.10	73.44	91.51	85.80	85.10	68.79	86.13	86.38	86.25
	UAMNer	85.14	81.66	62.46	40.95	73.02	74.75	73.87	91.86	85.71	84.25	68.73	86.17	86.23	86.20
	HVPNet	86.32	82.36	63.75	41.27	74.87	76.82	75.83	91.31	86.71	84.02	68.71	85.84	87.93	86.87
	FMIT	86.77	83.93	64.88	42.97	75.11	77.43	76.25	93.14	86.52	83.93	70.90	87.51	86.08	86.79
	MRC-MNER	85.71	81.97	61.12	40.20	78.10	71.45	74.63	92.64	86.47	83.16	72.66	88.78	85.00	86.85
	MNER-QG	85.68	81.42	63.62	41.53	77.76	72.31	74.94	93.17	86.02	84.64	71.83	88.57	85.96	87.25
	R-GCN	86.36	82.08	60.78	41.56	73.95	76.18	75.05	92.86	86.10	84.05	72.38	86.72	87.53	87.12
	ITA	87.51	82.67	67.63	51.07	78.93	78.14	78.53	93.31	86.81	85.79	75.82	88.52	90.16	89.33
	PromptMNER	87.65	81.97	69.32	50.72	78.03	79.17	78.60	93.79	87.63	86.24	78.32	89.93	90.60	90.26
	CAT-MNER	88.04	84.70	68.04	52.33	78.75	78.69	78.72	94.61	88.40	88.14	80.50	90.27	**90.67**	90.47
	MoRe	88.81	85.18	68.67	53.82	79.33	79.11	79.22	95.16	**88.98**	89.25	81.21	90.74	90.53	90.63
	MGICL（本章模型）	**89.73**	**85.33**	68.93	**54.01**	**80.31**	**80.06**	**80.18**	**95.78**	88.31	**89.33**	**81.67**	**91.07**	90.61	**90.94**

根据 100 次测试的结果，P 值 $p = 0.02 < \alpha = 0.05$。因此，零假设 H_0 被拒绝，替代假设 H_1 被接受，即 MGICL 的性能是显著优于现有 SOTA 方法 MoRe 的。

5.4.5　消融实验

消融实验中的比较验证了 Sentence–Image Contrast、Sentence–Object Contrast、Word Token–Image Contrast、Word Token–Object Contrast 和 Visual Gate，即 MGICL 框架中的五个重要部分，符号分别为 w/o S–I、w/o S–O、w/o W–I、w/o W–o 和 w/o Visual Gate。在计算过程中，需要对公式 (5.7) 进行适当调整，以适应向量和矩阵的维度。具体结果如表 5.2 所示。

表 5.2　Twitter–15 和 Twitter–17 数据集上的消融实验效果

模型	Twitter–15							Twitter–17						
	单一类型（F1）				总体			单一类型（F1）				总体		
	PER	LOC	ORG	MISC	P	R	F1	PER	LOC	ORG	MISC	P	R	F1
MGICL	**89.73**	**85.33**	**68.93**	**54.01**	**80.31**	**80.06**	**80.18**	**95.78**	**88.31**	**89.33**	**81.67**	**90.77**	**90.51**	**90.64**
w/o S–I	88.08	80.71	67.44	52.85	78.81	78.14	78.47	93.72	83.93	86.56	77.76	89.73	85.78	87.71
w/o S–O	85.75	84.04	66.06	50.78	76.73	77.62	77.17	90.95	84.58	86.45	78.03	88.24	87.90	88.07
w/o W–I	85.92	82.28	64.29	51.98	76.57	77.22	76.89	92.83	86.13	86.71	79.41	86.59	88.30	87.44
w/o W–O	86.80	83.27	66.11	52.21	76.11	76.44	76.28	93.04	86.45	86.07	78.65	89.52	87.16	88.32
w/o Visual Gate	87.11	83.31	67.48	52.95	76.42	78.27	77.34	91.76	86.89	85.59	77.25	88.85	86.02	87.41

根据实验结果的分析，对于 MNER 任务，它对 MGICL 的所有组件都有积极的影响，这有助于 MNER 更有效、更准确地识别文本中的实体。相比之下，细粒度比较对于 MNER 任务更有利，尤其是对于细粒度文本表示。细粒度文本（词语级别）和细粒度图像（目标级别）的组合对 MNER 的影响最大，因为 MNER 任务最终是在词语级别实现的，而与之对应的视觉信息是在目标级别，这与直觉一致。

此外，通过视觉门动态控制视觉特征对词语的影响也是必要的。因为文本中的一些单词与视觉信息无关，有必要避免它们与视觉信息的融合，否则会影响 MNER 任务的性能。

5.4.6　目标数量的影响

在研究中，发现文本中包含的实体数量通常为 1～3，而图像中包含的关键目标通常为 1～5 (包含 OCR 结果)。这也意味着，如果图像中的关键目标比文本中的实体数量更多，则可能导致引入不必要的噪声，并误导文本实体识别过程。因此，设计研究引入关键目标数量对结果的影响分析，设置为按关键目标数量分层采样 100 个样本，并测试了 MGICL 在最佳参数设置条件下的性能，详细结果如图 5.4 所示。

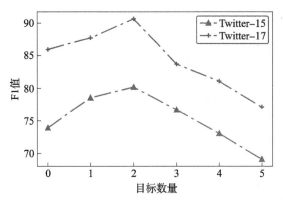

图 5.4　目标数量对结果的影响

根据实验结果分析，当引入的关键目标数量为 2 时，可以达到最佳效果。在这种情况下，模型可以充分利用视觉信息来增强文本内容，从而准确地识别实体及其类型。当数量太少时，视觉引导可能不够；当数量过大时，会引入过多的噪声，从而影响实体的识别。

从文本侧分析来看，分析抽样的 100 个样本中的文本，发现文本中通常只有 1～2 个难以判断或概念模糊的实体。这也对应于在最优状态下引入的关键目标的数量，验证了本节提出的观点。

5.4.7　案例分析

1）同类任务模型方法比较

在案例研究部分，本章选择了三个典型实例来比较 MGICL、RpBERT 和 ITA 对三项研究的影响，最佳参数设置如表 5.3 所示。实线下划线表示模型错误识别的结果；虚线下划线表示模型遗漏的结果。

第一种案例是最简单的例子，"Charlotte Hornets"（夏洛特黄蜂队）是一支 NBA 球队，应该归类为 [ORG] 类型。然而，RpBERT 和 ITA 都错误地将其归类为 [PER] 类型。

表 5.3　MGICL、RpBERT 和 ITA 的案例分析对比

图像			
文本	From NBAMemes: Congrats to the **Charlotte Hornets [ORG]** on winning this award.	**Mike Garciaparra [PER]** will be on **MLB Radio [ORG]** tonight after Sunday Night Baseball! Ch89 XM or Ch209 Sirius #gbgfamily	**TWICE [PER]** go unnoticed in **TimesSquare [LOC]** during "**TT [MISC]**" cover performance.
识别结果	MGICL: [Charlotte Hornets:ORG]✓ RpBERT: [Charlotte Hornets:**PER**]✗ ITA: [Charlotte Hornets:**PER**]✗	MGICL: [Mike Garciaparra: PER; MLB Radio:ORG]✓ RpBERT: [Mike Garciaparra: PER; MLB Radio:ORG; baseball:MISC]✗ ITA: [Mike Garciaparra:PER; MLB Radio:LOC]✗	MGICL: [TWICE:PER; Times Square:LOC;✓ TT:MISC] RpBERT: [TWICE:ORG; Times Square:LOC; TT: MISC]✗ ITA: [TWICE:PER; Times Square:LOC; TT:MSIC]✗

　　第二种案例是一个更复杂的场景，包含两个实体，"Mike Garciaparra:PER"和"MLB Radio:ORG"。在比较的方法中，只有 MGICL 正确地识别和分类了这两个实体；RpBERT 也正确地识别和分类了这两个实体，但额外识别了一个错误的实体，"baseball:MISC"；ITA 错误地将实体"MLB Radio"归类为 [LOC] 类型。

　　第三种案例是最复杂的情况，涉及三种类型的实体，其中有些实体难以识别，例如"TT:MISC"。最常见的实体是"Times Square:LOC"，这三种方法都能成功识别和分类，而"TT:MISC"实体仅有 MGICL 模型成功识别，而其他两种方法都无法识别；此外，对于 RpBERT，错误地将实体"TWICE:PER"归类为 [ORG] 类型。

2）相同案例与 ChatGPT 对比

作为最近最流行的 NLP 研究成果，ChatGPT 可以对输入文本进行命名实体识别。利用 ChatGPT 对案例研究中的案例进行比较研究，结果如图 5.5 所示。

(a) 案例1的结果

(b) 案例2的结果

(c) 案例3的结果

图 5.5　同一案例在 ChatGPT 上的结果

从实验结果可以发现，即使是像 ChatGPT 这样强大的工具，如果不参考视觉信息，也无法完全准确地识别文本中的实体及其类型。重要的是要考虑到，ChatGPT 是一个基于大规模语料库和高性能硬件的产品，而对于大多数研究环境来说，这样的条件几乎是不可能的。相比之下，MGICL 只需要相对较少的条件，更容易实现，并且在包含视觉信息时具有更高的准确率。

5.5　本章小结

本章总结了多模态实体抽取任务中视觉噪声和特征空间差异这两个重要的挑战。为了更好地克服这两个问题，提出了一种基于多粒度交互对比学习的方法 MGICL，即首先利用不同模态的不同粒度特征之间的交互对比学习，有效降低粗粒度视觉特征带来的噪声影响，更有效地挖掘不同模态之间的隐性关联关系，同时缩小不同模态之间的特征空间差异。进一步采用视觉门控机制，帮助词语动态选择更相关的目标级特征，使其更有效地识别文本中的实体信息。在多模态场景下，MNER 任务的性能效果得到了有效提升，并利用两个 MNER 标准数据集验证了 MGICL 的有效性。此外，与最近最流行的 ChatGPT 相比，MGICL 仍然具有优势。

参考文献

Asgari-Chenaghlu M, Feizi-Derakhshi M, Farzinvash L, et al., 2020. A multimodal deep learning approach for named entity recognition from social media[OL]. (2020-07-12)[2023-10-21]. https://arxiv.org/abs/2001.06888.

Chen D, Li Z, Gu B, et al., 2021. Multimodal named entity recognition with image attributes and image knowledge[C]. Database Systems for Advanced Applications, Taipei.

Chen X, Zhang N, Li L, et al., 2022a. Good visual guidance makes a better extractor: Hierarchical visual prefix for multimodal entity and relation extraction[OL]. (2022-05-01)[2023-10-21]. https://doi.org/10.48550/arXiv.2205.03521.

Chen X, Zhang N, Li L, et al., 2022b. Hybrid transformer with multi-level fusion for multimodal knowledge graph completion[C]. International ACM SIGIR Conference on Research and Development in Information Retrieval, Madrid.

Conneau A, Khandelwal K, Goyal N, et al., 2020. Unsupervised cross-lingual representation learning at scale[C]. Annual Meeting of the Association for Computational Linguistics, Seattle.

Jia M, Shen L, Shen X, et al., 2022a. MNER-QG: An end-to-end MRC framework for multimodal named entity recognition with query grounding[OL]. (2022-11-27)[2023-10-21]. https://doi.org/10.48550/arXiv.2211.14739.

Jia M, Shen X, Shen L, et al., 2022b. Query prior matters: A mRC framework for multimodal named entity recognition[C]. ACM International Conference on Multimedia, Lisboa.

Li J, Selvaraju R R, Gotmare A, et al., 2021. Align before fuse: Vision and language representation learning with momentum distillation[C]. Conference on Neural Information Processing, Bali.

Liu L, Wang M, Zhang M, et al., 2022. UAMNer: Uncertainty-aware multimodal named entity recognition in social media posts[J]. Applied Intelligence, 52(4): 4109-4125.

Lu D, Neves L, Carvalho V, et al., 2018. Visual attention model for name tagging in multimodal social media[C]. Annual Meeting of the Association for Computational Linguistics, Melbourne.

Lu J, Zhang D, Zhang J, et al., 2022. Flat multi-modal interaction transformer for named entity recognition[C]. International Conference on Computational Linguistics, Gyeongju.

Ma Y, Xu G, Sun X, et al., 2022. X-CLIP: End-to-end multi-grained contrastive learning for video-text retrieval[C]. ACM International Conference on Multimedia, Lisboa.

Moon S, Neves L, Carvalho V, 2018. Multimodal named entity recognition for short social media posts[C]. Conference of the North American Chapter of the Association for Computational Linguistics:Human Language Technologies,New Orleans.

Radford A, Kim J W, Hallacy C, et al., 2021. Learning transferable visual models from natural language supervision[C]. International Conference on Machine Learning, Vancouver.

Smith R, 2007. An overview of the Tesseract OCR engine[C]. International Conference on Document Analysis and Recognition, Curitiba.

Sun L, Wang J, Su Y, et al., 2020. RIVA: A pre-trained tweet multimodal model based on text-image relation for multimodal NER[C]. International Conference on Computational Linguistics, Barcelona.

Sun L, Wang J, Zhang K, et al., 2021. RpBERT: A text-image relation propagation-based BERT model for multimodal NER[C]. 35th AAAI Conference on Artificial Intelligence, Fort Lauderdale.

Wang X, Cai J, Jiang Y, et al., 2022a. Named entity and relation extraction with multi-modal retrieval[C]. Findings of the Association for Computational Linguistics, Abu Dhabi.

Wang X, Gui M, Jiang Y, et al., 2022b. ITA: Image-text alignments for multi-modal named entity recognition[C]. Conference of the North American Chapter of the Association for Computational Linguistics: Human Language Technologies, Seattle.

Wang X, Tian J, Gui M, et al., 2022c. PromptMNER: Prompt-based entity-related visual clue extraction and integration for multimodal named entity recognition[C]. Database Systems for Advanced Applications, Chengdu.

Wang X, Ye J, Li Z, et al., 2022d. CAT-MNER: Multimodal named entity recognition with knowledge-refined cross-modal attention[C]. IEEE International Conference on Multimedia and Expo, ICME 2022, Taipei.

Wu Z, Zheng C, Cai Y, et al., 2020. Multimodal representation with embedded visual guiding objects for named entity recognition in social media posts[C]. ACM International Conference on Multimedia, Seattle.

Xu B, Huang S, Sha C, et al., 2022. MAF: A general matching and alignment framework for multimodal named entity recognition[C].ACM International Conference on Web Search and Data Mining, Tempe.

Yang J, Bisk Y, Gao J, 2021. TACo: Token-aware cascade contrastive learning for video-text alignment[C]. International Conference on Computer Vision, Montreal.

Yao L, Huang R, Hou L, et al., 2022. FILIP: Fine-grained interactive language-image pre-training[C]. International Conference on Learning Representations, New Orleans.

Yu J, Jiang J, Yang L, et al., 2020. Improving multimodal named entity recognition via entity span detection with unified multimodal transformer[C].Annual Meeting of the Association for Computational Linguistics, Seattle.

Zhang D, Wei S, Li S, et al., 2021a. Multi−modal graph fusion for named entity recognition with targeted visual guidance[C]. AAAI Conference on Artificial Intelligence, Fort Lauderdale.

Zhang P, Li X, Hu X, et al., 2021b. VinVL: Revisiting visual representations in vision−language models[C]. Conference on Computer Vision and Pattern Recognition, Nashville.

Zhang Q, Fu J, Liu X, et al., 2018. Adaptive co−attention network for named entity recognition in Tweets[C]. Conference on Artificial Intelligence, New Orleans.

Zhao F, Li C, Wu Z, et al., 2022. Learning from different text−image pairs: A relation enhanced graph convolutional network for multimodal NER[C]. ACM International Conference on Multimedia, Lisboa.

Zheng C, Wu Z, Wang T, et al., 2020. Object−aware multimodal named entity recognition in social media posts with adversarial learning[J]. IEEE Transactions on Multimedia, 23: 2520−2532.

第6章 基于概率图模型以及嵌入特征的命名实体消歧

命名实体消歧的任务是将文本中的实体链接到给定知识库（如 Wikipedia）中的相应实体。目前，最先进的命名实体消歧解决方法是利用神经网络来生成实体的抽象表示，即嵌入，在此基础上，通过找到与其最相似的实体来完成消歧过程。然而，文本中的实体和对应实体之间的连贯性仍然被忽略。为了填补这一空白，在本章中，提出了一种有效地将嵌入特征集成到实体消歧框架中的方法，即概率图模型，称为"intra"，该方法实现了马尔可夫链蒙特卡罗采样和 SampleRank 算法，用于模型参数的学习和推理。本章在现有数据集上对"intra"进行评估，与几个最先进的命名实体消歧系统进行比较，验证了所提出的方法的有效性。

6.1 问题背景

随着世界不断地发展与进步，生活中会经常出现多个事物重名的现象。当给定一段文本材料，如何将其中具有歧义的实体指称与知识库中相应的正确实体进行对应，是命名实体消歧这一方法主要解决的问题。例如，下面的这句话：

"After the death of Steve, the former CEO of Apple, his commencement speech at Stanford was watched thousands of times."

首先，通过利用命名实体识别方法来处理上面的这个句子，可以得到"Steve""Apple"和"Stanford"这三个实体指称（entity mentions）。由于命名实体识别的相关内容不是本章的研究重点，因此不再赘述。得到实体指称后，需使用命名实体消歧方法将其与知识库中相对应的实体建立映射关系。在这种建立对应关系的过程中，最困难的情况是实体指称具有歧义，即仅根据表面形式，该指称可能对应两个或两个以上的知识库实体。就上句而言，"Steve"这个人名即具有歧义，它在知识库中对应着多达上百个候选实体，如 Steve_Jobs 及 Steve_Nash 等。如何从这上百个候选实体中找出正确的对应实体，是命名实体消歧所面临的主要挑战。

命名实体消歧方法主要分为两种——实体聚类消歧和实体链接消歧。实体聚类消歧的主要任务是，给定一个包含某个歧义实体的网页集合，按照网页中实体指称项指向的实体概念对网页进行聚类，每一类包含着某一命名实体的所有可能对应的实体指称项。消歧时通过计算特征相似度，使用聚类算法确定实体指称对应的类别，进而得到相应的命名实体（赵军等, 2011）。

随着知识库以及知识图谱概念的提出与完善，实体链接消歧逐渐成为主流的消歧方式。实体链接消歧的任务是，给定一个实体指称项，将其链接到知识库中某一实体上去。这种方法克服了聚类法仅利用表层特征而导致的信息量不足的问题，并充分利用结构化的知识资源来帮助实现消歧过程。

针对实体链接消歧，当前性能最优的算法之一是 Hoffart 等（Hoffart et al., 2011）提出的命名实体精确在线消歧系统（accurate online disambiguation of named entities，AIDA）。该系统基于集体（collective）实体链接方法，构造丰富的特征集合，然后通过图聚类算法得到最终结果。该方法的局限在于计算成本高，消耗时间长。Alhelbawy 等（Alhelbawy et al., 2014）通过修改顶点初始概率值的方式，将实体上下文相似度和实体流行度等因素结合到 PageRank 算法原型中，在 AIDA 所构造的数据集上取得了更好的效果（刘峤等, 2016b），但此方法在其他数据集上表现并不尽如人意。

近年来，知识图谱相关领域蓬勃发展，它能够通过提供更多的语义信息来提升命名实体消歧的效果；反过来，命名实体消歧方法对新兴实体的发现乃至知识图谱的构建也提供很大帮助（刘峤等, 2016a）。现有的实体消歧方法主要存在以下两方面的问题。

（1）效率低，花费时间长。这主要体现在一些为提升消歧准确性而利用多种特征的实体消歧系统之中。由于需要处理和整合多个特征，整个消歧过程相应地变得更慢，但往往能保证高准确度。

（2）准确率低，表现不稳定。这主要体现在一些为追求高效率而简化特征集合的消歧系统上。这些消歧方法往往只在特定的数据集上有好的表现。

考虑到这两方面的问题，在不减少特征集的基础上，可以通过优化处理的顺序和阶段来提升效率，同时也能保证在不同数据集上均能有稳定的表现。相应的，研究提出了一种高效的命名实体消歧方法，来服务于其他在自然语言处理或者知识发现范畴内的相关方法。综上，本章的主要贡献包括：

（1）提出一种改进的面向领域的实体消歧方法，将整个消歧过程分为两个阶段，不仅减少了算法复杂程度，同时也能取得更高的准确率；

（2）在构造实体指称–候选实体相关图时，在实体指称侧建立指称之间的联系，进而优化算法执行顺序，达到精确消歧的目标；

（3）将领域的概念有机地结合到消歧过程中，进一步丰富特征集，提升整个消歧过程的准确度。

6.2 相关工作

本章主要介绍命名实体消歧的基本框架以及相关工作。在利用知识库辅助消歧的情况下，命名实体消歧技术亦被称为实体链接技术。基本框架主要分为命名实体识别、候选实体生成和候选实体排序三步。

6.2.1 命名实体识别

命名实体识别指从文本数据集中抽取相关的命名实体指称。这个过程是后续消歧技术的基石，主要用到的方法包括条件随机场模型和其他概率图模型等（Suchanek et al., 2013）。考虑到它与本章主题的相关性不大，这里不再赘述，感兴趣的读者可参考文献（Shaalan，2014）。

6.2.2 候选实体生成

对于每一个实体指称，实体消歧系统都会为其生成一组候选实体。主流技术包括基于名称词典的方法、局部文档表面形式扩展的方法以及基于搜索引擎的方法等（Shen et al., 2015）。基于名称的方法通过利用维基百科或其他百科类网站上的信息，如实体页面信息、指向跳转页信息、同名词消歧页信息等，构建一个线下的名称词典。这个词典包含着实体指称和实体之间多对多的关系。利用这个词典，当给定某一实体指称时，便能查找到相对应的候选实体组（Nguyen et al., 2014）。局部文档的表面形式扩展方法考虑到实体指称以其缩写或局部词形式出现的情况，这时需要先将缩写或局部词扩展成实体指称全称，再利用其他的方法得到候选实体组（Zhang et al., 2011a）。而基于搜索引擎的方法则是利用搜索引擎来搜索查找实体指称可能对应的候选实体（Han et al., 2009）。

6.2.3　候选实体排序

得到候选实体组后，需要对这些实体进行排序，找到最有可能是正确实体的候选实体。大体来讲，候选实体排序的方法分为两种——有监督的和无监督的排序方法。有监督的排序方法利用标注好的语料来学习如何排序，其进一步可以分为二值分类法、排序学习（learning to rank，LTR）法、基于概率的方法和基于图的方法等（Shen et al., 2015）。而无监督的方法不需要标注好的语料，主要分为基于向量空间模型法和基于信息检索的方法。从另外一个角度，通过是否考虑一段语料多个实体指称之间的关系或者多段语料中实体指称的关系，候选实体排序方法可分为独立排序法（Zhang et al., 2011b）、集体排序法（collective ranking）（Nguyen et al., 2014）和联合排序法（collaborative ranking）（Chen et al., 2011）。排序的根本依据是候选实体的特征，因此特征的选取也十分重要，选择不同的特征可能得到不同的结果。特征分为上下文无关特征和上下文有关特征。上下文无关特征主要利用表面信息，与实体指称所处语料的上下文无关，具体包括名字串相似度（Zheng et al., 2010）、实体流行度（Nguyen et al., 2014）和实体类型（Dredze et al., 2010）等；而上下文相关特征则充分利用了整个语料的信息，包括上下文信息相似度和实体间一致性（Cucerzan, 2007）等。

现有的实体消歧方法基本遵循上述框架，并且大多数均采用集体排序方法以更好地捕捉实体指称间的依赖性，进而提升消歧效果。最先提出集体消歧概念的是 Kulkarni 等（Kulkarni et al., 2009），在他们的方法中，给定两个实体指称以及相对应的两组候选实体，先计算出两两候选实体之间的关联度并构建出概率因子图。然后，为找到最有可能对应的实体，采用近似的方法来解决这个优化的图问题（NP-难）。实验展示了这种方法的优越性，但是整个算法执行过程的计算代价较大。Hoffart 等（Hoffart et al., 2011）基于类似的思想，提出了更加健壮和高效的命名实体消歧系统 AIDA。他们将实体指称和候选实体作为依赖图的节点，并计算出实体流行度、上下文信息相似度和实体间一致性这三个特征的值，分别作为实体指称与候选实体、候选实体之间的边上的权重。然后，提出改进的贪婪算法来计算密集子图，也即最终的映射结果。AIDA

具有较高的消歧准确性，在多个数据集上都能得到很好的结果。但由于考虑并结合了多种因素，整个系统的效率并不高。

6.2.4　本章消歧系统框架

图 6.1 描述了本章消歧系统的框架：得到输入文本后，通过预处理过程得到指称–候选实体的映射集合；接着根据候选实体数量判断某实体指称是否为简单指称——如果为简单指称，则通过图算法进行候选实体排序，得到第一阶段消歧结果；然后，由这些消歧结果确定文本的领域集合，并将领域作为新特征加入到非简单指称的候选实体排序过程，进而得到第二阶段的结果；最后，两阶段的消歧结果最终构成了最后的消歧结果。

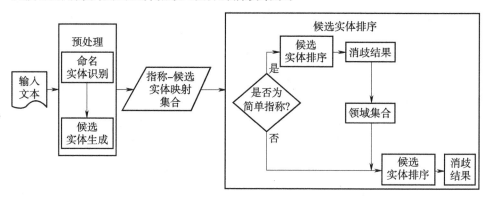

图 6.1　本章消歧系统框架

6.3　模型方法

为解决上述目标方程，采用依赖图的方式来表述问题的各项，从而将问题转换成寻找依赖图的密集子图。相应地，利用近似算法计算得到最后的映射结果。本节将首先介绍任务相关的基础知识，然后详细讲解本章设计的实体消歧方法的具体细节。

6.3.1　预备知识

在特征方面，筛选得到以下五个方面特征。

1）实体流行度

实体流行度是一个简单又具代表性的特征，刻画了候选实体出现的先验概率。例如，给定实体指称"张宇"，根据网页上出现的概率和在人们生活中流传的频率，它更有可能是歌手"张宇"而不是数学考研辅导老师"张宇"。具体的计算公式见下：

$$\text{Pop}(m, e_i) = \frac{\text{count}_m(e_i)}{\sum_{e_j \in E} \text{count}_m(e_j)} \tag{6.1}$$

其中，E 代表候选实体集；e_i 代表第 i 个候选实体；$\text{count}_m(e_i)$ 代表在维基百科数据集中，当出现实体指称 m 时，m 指向 e_i 的次数。

2）实体指称–候选实体相似度

根据是否利用上下文信息，又分为两种特征——名字串相似度和上下文信息相似度。

名字串相似度指的是实体指称和候选实体的表面可以利用一般字符串间的相似度的计算方式，如 Jaccard 相似度：名字之间的相似度，如 6.1 节中的实体指称 "Steve" 和知识库中某候选实体名字（Steve_Jobs）。具体的计算方法为

$$\text{NameSim}(m, e_i) = \text{Jaccard}(M^3, E_i^3) = \frac{|M^3 \cap E_i^3|}{|M^3 \cup E_i^3|} \tag{6.2}$$

其中，M^3 和 E_i^3 分别代表实体指称 m 和候选实体 e_i 名字的三元字母串（3-gram）的集合。例如，对于实体指称 "Steve" 来说，$M^3 = \{\text{Ste, tev, eve}\}$。此外，空格和下划线等符号会被先移除。

上下文信息相似度指的是实体指称和候选实体上下文之间的相似度。实体指称的上下文由一定范围内其上下文文本的分词向量 $T = \langle t_{m-w}, \cdots, t_m, \cdots, t_{m+w} \rangle$ 来表示，而候选实体的上下文则由知识库中构造好的关键词向量组 $\text{Tok}(e_i)$ 表示。具体的计算公式为

$$\text{ContextSim}(m, e_i) = \text{Overlap}(T, \text{Tok}(e_i)) = \frac{|T \cap \text{Tok}(e_i)|}{\min(|T|, |\text{Tok}(e_i))} \tag{6.3}$$

3）实体指称间特征

实体指称间特征指的是文本中多个指称之间存在的关联；下面主要介绍

实体指称关联度和多指称联合推断概率。

多指称联合推断概率指的是待消歧实体指称周围的实体指称和候选实体的共现概率（以知识库为统计文本）。具体的计算公式为

$$
\mathrm{MentionPR}(m_t, e_i) = \frac{\prod_{m_h \in M, h \neq t} \frac{\mathrm{count}(m_h, e_i)}{\mathrm{count}(m_h)}}{\sum_{e_k \in E} \prod_{m_h \in M, h \neq t} \frac{\mathrm{count}(m_h, e_k)}{\mathrm{count}(m_h)}} \tag{6.4}
$$

其中，M 代表实体指称 m_t 周围一定范围内的实体指称集合；$\mathrm{count}(m_h)$ 指的是实体指称 m_h 在知识库中出现的次数；$\mathrm{count}(m_h, e_i)$ 指的是实体指称 m_h 和候选实体 e_i 在知识库中共现的次数；E 代表候选实体集合。

实体指称关联度考虑了指称之间存在的关联性，在后续的集体消歧中将起到优化算法处理顺序的作用。

具体的计算公式为

$$
\mathrm{MentionCoh}(m_i) = \prod_{m_h \in M_A, h \neq i} \frac{\mathrm{count}(m_h, m_i)}{\mathrm{count}(m_h)} \tag{6.5}
$$

其中，$\mathrm{count}(m_h, m_i)$ 指的是实体指称 m_h 和 m_i 在数据集中的共现次数；而 $\mathrm{count}(m_i)$ 是指称 m_i 在数据集中出现的次数；M_A 代表某文档中的实体指称集合。

4）实体–领域相关度

这里引出领域（domain）的概念。和类型相类似，领域指的是实体所从属的一个范畴，但领域比具体的类型更加抽象一些。在研究中，利用 YAGO2 中的 subClassOf 关系，人工选择并构建了一个领域集合。当给定一个候选实体时，先获取其维基百科中的类型，然后将其映射到 WordNet 中的类型，再向上寻找其在 WordNet 领域体系中对应的上一层抽象领域，最后判断该抽象领域中是否包含在构造的领域中，进而得到实体–领域相关度。

具体地，令 D_A 表示构造所得的领域集合，给定实体指称 m 所在文本对应的领域集合 $D_T \in D_A$，候选实体 e_i 及其按照上述方法对应的抽象领域 $D_i \in D_A$，那么定义相关度为

$$
\mathrm{Rel}(m, e_i) = \begin{cases} 1, D_i \in D_T \\ 0, D_i \notin D_T \end{cases} \tag{6.6}
$$

5）候选实体间特征

和实体指称间特征相类似，候选实体间也有一些特征，来提升消歧的精度；本章采用了实体上下文一致性和实体类型一致性。

实体上下文一致性是指两候选实体（分别对应着不同的实体指称）的关键词向量组之间的相似度，其计算方法如下：

$$\text{EntityCoh}(e_i, e_h) = \frac{|\text{Tok}(e_i) \cap \text{Tok}(e_k)|}{\min(|\text{Tok}(e_i)|, |\text{Tok}(e_k)|)} \tag{6.7}$$

其中，e_i 和 e_h 是不同的实体指称对应的候选实体，而 $\text{Tok}(e_i)$ 表示关键词向量组。

$$\text{CateCoh}(e_i, e_h) = \text{Coh}(\text{Cate}(e_i), \text{Cate}(e_h)) = \max_{\substack{c_i \in \text{Cate}(e_i) \\ c_h \in \text{Cate}(e_h)}} \frac{1}{\text{Distance}(c_i, c_h)} \tag{6.8}$$

其中，e_i 和 e_h 是不同的实体指称对应的候选实体；$\text{Cate}(e_i)$ 和 $\text{Cate}(e_h)$ 是候选实体所对应的维基百科类型集合（即可能有多个类型）；Distance 函数计算了两个类型 c_i 和 c_h 在领域层次框架内的最短距离。

6.3.2 指称–实体图

本节提出了一种基于多层迁移的命名实体消歧模型。首先需要介绍一下联合抽取模型相关的基本概念。

如图 6.2 所示，图中有两类点，即实体指称节点和候选实体节点，以及三类边，即指称–实体边，权重由实体流行度、名字串相似度、上下文信息相似度、多指称联合推断概率和实体–领域相关度这 5 类特征值加权得到；指称–指称边，权重由实体指称关联度决定；实体–实体边，权重由实体上下文一致性和实体类别一致性加权得到。总的来说，指称–实体依赖图是加权、无向的，实体端节点比较密集。

现有的方法大多集中在利用指称–实体边以及实体–实体边。但实际上，指称–指称边对整个消歧结果也会有一定的影响。具体而言，如果两个实体指称在数据集文档中多次一起出现，那么它们的消歧结果肯定是有联系的；从另一方面来说，如果一个实体指称和多个同文档的指称在不同的数据集文档中共现，说明这个实体指称的结果是很重要的，并且它的消歧结果会影响到其他指

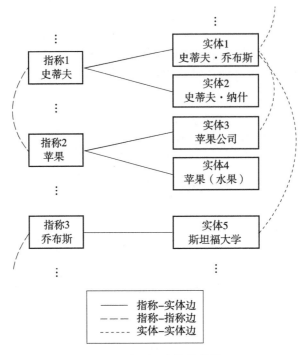

图 6.2 指称–实体依赖图

称的消歧结果。通过定义实体指称关联度，增加这类实体指称所对应的候选实体的权重，能够使得其相对而言在靠后的步骤中被近似算法所处理，进而避免这些实体指称可能的错误消歧结果给其他指称的消歧带来的负面影响。

6.3.3 近似算法

当给定一个指称–实体图时，需要找出一个包含所有实体指称并且每个指称只与一个候选实体相连的密集子图，从而达到实体指称消歧的目的。

在本节中，整个消歧过程主要包括两个阶段：在第一阶段首先找出一些简单而又容易识别出的实体指称。这些指称一般不具有歧义，并且通过第一次近似算法，能得到相应的映射实体。实际运用中，定义它们为候选实体数少于三个的实体指称。根据第一阶段确定的实体，可以确定整个文本所对应的领域。进而在第二阶段对歧义性更大的剩余实体指称消歧的时候，能够相应地限定消歧的范围。这主要体现在第一阶段消歧时候，均只能返回 0 值，而在第二个阶段此项便能正常取值了。这种分阶段的处理方式不仅减轻集体消歧时计算的复杂度，并且给歧义性更大的实体指称增添了更多更准确的特征。具体的流程步骤可参见图 6.1，相应算法的描述如下。

两阶段算法的具体步骤如下。

输入：文本中所有实体指称及候选实体。

输出：最终消歧结果。

（1）根据实体指称对应的候选实体个数是否小于衡量值，选出简单实体指称；

（2）运用近似算法，对这些简单指称进行集体消歧；

（3）将文本的领域设置为（2）消歧得到的正确实体所属的领域；

（4）对剩下的实体指称，利用领域特征，重新计算相似度值以及权重，并继续用近似算法，消歧得到最后的结果。

具体到图算法的设计，主要考虑到两个方面的问题并且提出相应的解决方法。首先是如何定义密集子图的衡量方式。一般的方法以子图中所有边的权重之和作为衡量指标，从而确定密集子图，即最后的消歧结果。但是对消歧问题来讲，这种方式会面临一个很明显的问题：容易消歧的节点相连的边权重一般会比较大，而相对而言难消歧的节点相连的边权重会比较小。以求和的方式作为衡量指标容易忽视难消歧节点的消歧结果，进而降低消歧的准确性。因此，受文献（Hoffart et al., 2011）的思想启发，定义一个节点的度数为其邻接边的权重之和，并定义一个子图的密集度为图中所有节点中最小的度，则待优化的目标是在符合子图定义条件下使子图的密集度最大。

上述密集子图计算问题是斯坦纳树问题的延伸，因此也是 NP-难的。为快速解决此问题，采用文献（Sozio et al., 2010）中的贪婪近似算法。此算法通过逐步移除具有最小度的候选实体节点生成一系列的子图。在这些子图之中，取具有最大密集度的子图为最终的结果。为得到消歧结果，在算法中加上每个实体指称节点有且只有一个实体节点与之对应的限制条件，但此举可能导致局部最优问题。为尽量减少局部最优解，只保留候选实体集合中指称-实体特征加权值最大的几个实体；具体到实验中，通过多次实验发现，保留 5 个实体时算法的效果最好。

近似算法的具体步骤如下。

输入：指称-实体依赖图。

输出：实体指称-实体的一一映射（密集子图）。

（1）对每个实体指称，计算其与候选实体的指称-实体相似度值。保留值最大的五个候选实体；

（2）对每个对应于实体指称 m 的候选实体，计算节点度数（见目标方程）；

（3）移除图中节点度数最小的候选实体（当度数最小的候选实体是某实体指称对应的最后的候选实体时，跳过该候选实体），更新节点度数；

（4）当图中所有的候选实体均为其对应实体指称的最后一个候选实体时，终止移除过程，输出结果。

6.4　实验与分析

本节首先介绍数据集，接着介绍具体的实验设置，然后介绍主要实验结果。

6.4.1　数据集介绍

实验的数据集采用 AIDA（Hoffart et al., 2011）和 AIDA-light（Nguyen et al., 2014）中使用的 CoNLL-YAGO 数据集（Hoffart et al., 2011）以及文献（Hoffart et al., 2012）构造的 KORE50 数据集和 WP 数据集。数据集统计信息如表 6.1 所示。

表 6.1　数据集统计信息

数据集	训练集	测试集	三元组	实体	关系
NYT-single	235 983	395	17 663	67 148	24
NYT-multi	63 602	1 000	17 494	25 894	24

（1）CoNLL-YAGO 数据集：基于 CoNLL 2003 数据集而构建，主要用来测验命名实体消歧效果，其中用于实验的是 TESTB 测试集，包含 231 篇新闻及 4485 个实体指称，涉及各个知识领域。

（2）KORE50 数据集：包含了 50 句源自五个领域 celebrities、music、business、sports 和 politics 的难句。这些句子具有以下特点。

句长短：平均每个句子只有 14 个单词。

实体指称密度高：每个句子包含的实体指称数约为 CoNLL-YAGO 的两倍。

实体指称歧义高：每个实体指称平均对应 631 个候选实体。

长尾实体指称多：不少实体指称对应着知识库中不包含的实体。

（3）WP 数据集：此数据集是从维基百科中抽取得到，其中包含着维基百

科内所有属于 "heavy metal musical groups"（重金属乐队）类别的文章。每篇文章被分为多个句子，并只保留包含至少三个实体指称的句子。为了增加消歧难度，原文章中人的全名（如 Johnny Cash）都被他们的姓氏（Cash）所代替。整个 WP 数据集包含 2 019 个难句，其中有 10 318 个实体指称，平均每句话长度为 52 个单词。以一个比较典型的句子为例：

"Johnson，Young，Rudd，Young and Williams，live in Tacoma，Washington，31 August 2009。"

在句子中，有多个歧义性大的人名实体指称，无疑给消歧带来了很大的难处。因此，WP 数据集也具有一定的消歧难度。

总而言之，KORE50 数据集消歧难度高于 WP 数据集，而 CoNLL–YAGO 数据集的消歧难度相对而言最小。

6.4.2　实验设置

实验主要采用了两个评价指标来评价各个消歧系统的效率：① Precision，即准确率，等于所有文档中所有正确消歧的指称数与总指称数之比；② Macro–Precision，即每个文档平均的消歧准确率。此外，关于权重分配参数，根据不同的数据集，需要相应地进行训练或者调试才能得到最优的结果。对于 CoNLL–YAGO 数据集，通过在训练集上的实验发现，采用以下的权重分配达到最好的消歧效果：

$$p_1 = 0.24, \quad p_2 = 0.20, \quad p_3 = 0.16, \quad p_4 = 0.23$$
$$p_5 = 0.17, \quad p_6 = 0.50, \quad p_7 = 0.50, \quad p_8 = 0.50$$

而对于 WP 数据集及 KORE50 数据集，经过多次实验，发现如下参数设置能够取得最好的实验结果：

$$p_1 = 0.27, \quad p_2 = 0.13, \quad p_3 = 0.28, \quad p_4 = 0.23$$
$$p_5 = 0.09, \quad p_6 = 0.50, \quad p_7 = 0.50, \quad p_8 = 0.50$$

6.4.3　总体结果

接下来，主要分析本章所提出的方法与其他的方法在 CoNLL–YAGO、KORE50、WP 数据集上的运行结果，以及在 CoNLL–YAGO 数据集上各个所选特征对消歧结果的影响。

本章中选用的比较对象为 AIDA 和 AIDA-light，在 CoNLL-YAGO 以及 WP 数据集中采用 Precision 和 Macro-Precision 两个指标来进行衡量。而由于 KORE50 数据集中的每个文档均只有长度很短的一句话，计算每个文档的平均消歧准确度没有太大的意义。

表 6.2 展示了准确性指标的实验结果，加粗数字代表相应的方法在特定数据集上取得的效果在所有方法中是最佳的。而表 6.3 则展示了消歧系统效率（运行时间）的结果比较，加粗数字代表在给定数据集上相对而言最短的运行时间。注意到由于每次消歧过程的时间可能存在差异，表 6.3 中的数据都是取 10 次实验结果的平均值。

表 6.2　实验结果（单位：%）

数据集	衡量指标	AIDA	AIDA-light	本章方法
CoNLL	Precision	82.5	84.8	**85.9**
	Macro-Precision	81.9	83.7	**84.9**
KORE50	Precision	**61.8**	48.6	52.8
WP	Precision	84.4	84.2	**84.9**
	Macro-Precision	83.9	83.7	**84.2**

表 6.3　运行时间对比分析（单位：ms）

数据集	AIDA	AIDA-light	本章方法
CoNLL	2 380 576	**51 428**	63 554
KORE50	601 142	**9 940**	10 310
WP	2 315 745	43 404	**42 850**

从表 6.3 中可以容易地看出，通过在实体指称侧添加连接边进而重新构造指称-实体依赖图以及人工的优化参数权重分配，本章方法能够在 CoNLL 数据集以及 WP 数据集上取得比 AIDA 和 AIDA-light 更好的效果。主要原因在于引入了领域作为新的特征并且在指称侧添加连边，进一步完善了依赖图的构成，通过更为完善的特征集合提高消歧准确率。如 6.1 节举出的例子中，"Apple" 被识别为简单指称，进而确定 computer science 这个领域；而 "Steve" 和 "Stanford" 这两个指称的候选实体数会因为此领域的限制而大大减少，并在消歧后得到更准确的结果。

而在 KORE50 数据集上，同样地，本章方法与 AID-Alight 相比仍有提升，但整体效果不如 AIDA。这是因为 KORE50 的句子都偏短，平均每句只有 3 个指称，因此很多句子的领域无法得到确认。另外，通过寥寥无几的简单指称对应的实体所确定的文本领域，有可能是不准确的，不但不会提升整个消歧准确性，反而会导致准确度的下降。举例来说，KORE50 数据集中有如下内容：

"Haug congratulated Red Bull."

整句仅四个单词，包括"Haug"和"Red Bull"这两个待消歧的指称。对这句话来说，不存在简单指称，因此无法确定领域特性。而在整个数据集中，也只有在这个文档中"Haug"和"Red Bull"共现，因此无法建立指称侧的连边。总而言之，本节方法在这样的文本上无法发挥其优势，进而无法明显提高消歧结果，反而会因为选取的特性没有 AIDA 详尽而导致较差的结果。

6.4.4　特征比较实验及结果

本节主要展示不同的特征对 CoNLL 数据集实验结果的影响，进而可以分析得到各个特征的重要程度。本节分别考虑 8 种特征，包括实体指称关联度（MentionCoh）、实体类别一致性（CateCoh）、实体上下文一致性（EntityCoh）、名字串相似度（NameSim）、多指称联合推断概率（MentionPR）、实体−领域相关度（Rel）、实体流行度（Pop）、上下文信息相似度（ContextSim）。具体来说，以上述的最优配置为基础，分别将各个特征的权重赋值为零，然后得到相应的实验结果。从图 6.3 和图 6.4 中可以看出，当去掉实体流行度（Pop）特征时，消歧准确度下降的幅度最为明显，分别为 0.024（Precision）和 0.042

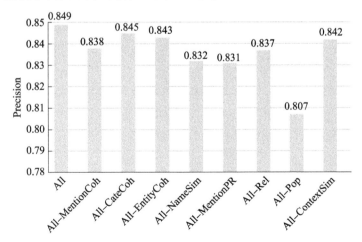

图 6.3　去掉各个特征对 Precision 的影响

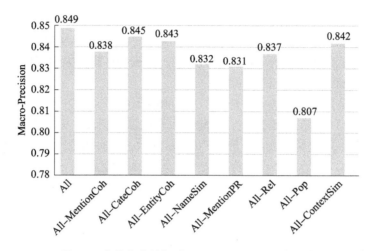

图 6.4　去掉各个特征对 Macro-Precision 的影响

（Macro-Precision）。由此可见，实体流行度特征对于消歧过程来说至关重要。实体流行度刻画的主要是同名实体在整个网络文本中出现的频率。

　　而当流行度较大时，此同名实体在文本集合中出现的概率也较高，进而使得消歧结果的概率也较大。因此实体流行度能够很大程度上决定最后消歧的结果。相对而言，实体上下文一致性（EntityCoh）、实体类别一致性（CateCoh）以及上下文信息相似度（ContextSim）这几个特征对实验结果的影响并不是很大，原因在于实体指称周围信息以及候选实体的文档信息还不够全面，对整个消歧的帮助没有预想的那么大。而本节新引入的两个特征，实体指称关联度（MentionCoh）以及实体-领域相关度（Rel），在所有的特征当中的重要水平处于中等位置。具体来说，去掉了实体指称关联度之后，Precision 指标下降了 0.01 而 Macro-Precision指标下降了 0.011。而去掉实体-领域相关度之后，Precision 指标下降了 0.012 而Macro-Precision 指标也下降了 0.012。从中可以看出通过引入领域的概念以及考虑实体指称侧的关系，对最后的实验结果有较大影响。

6.5　本章小结

　　本章提出了一种改进的面向领域的实体消歧方法，通过将整个消歧过程划分为两个阶段来提升系统工作效率，并引入领域的概念进一步丰富特征集。

为实现集体消歧，将实体指称、候选实体和它们之间的关系以图的形式表示，并设计添加指称-指称边来间接优化算法的处理顺序。整个问题最终被转化成寻找密集子图问题，并采用近似算法来解决上述 NP-难问题。真实公开评测数据集上的实验结果证实，改进的方法能够提升现有命名实体消歧系统的消歧准确度。下一步，计划主要考虑和解决两方面的问题：一方面是，采用机器学习的方法来得到最佳的权重分配，进一步提升消歧效果。注意到在本实验中，各特征的权重参数是人工确定的，因此与最佳的权重分配方案有一定的差距。可通过在训练集上对整个消歧框架进行训练，得到各参数的取值。另一方面是，尝试将命名实体消歧运用到新兴实体发现的框架中，进而服务整个知识发现过程。在新兴实体发现的过程中，一个重要的环节是判断某新出现实体指称在知识库中是否有对应实体。这样一个判断过程，如果有高效的实体消歧方法进行支撑，能够大大提高准确性和效率。

参考文献

刘峤, 李杨, 段宏, 等, 2016a. 知识图谱构建技术综述 [J]. 计算机研究与发展, 53(3)：582–600.

刘峤, 钟云, 李杨, 等, 2016b. 基于图的中文集成实体链接算法 [J]. 计算机研究与发展, 53(2)：270–283.

赵军, 刘康, 周光有, 等, 2011. 开放式文本信息抽取 [J]. 中文信息学报, 25(6)：98–111.

Alhelbawy A, Gaizauskas R J, 2014. Graph ranking for collective named entity disambiguation[C]. Annual Meeting of the Association for Computational Linguistics, Baltimore.

Chen Z, Ji H, 2011. Collaborative ranking: A case study on entity linking[C]. Conference on Empirical Methods in Natural Language Processing, Edinburgh.

Cucerzan S, 2007. Large-scale named entity disambiguation based on Wikipedia data[C]. Joint Conference on Empirical Methods in Natural Language Processing and Computational Natural Language Learning, Prague.

Dredze M, McNamee P, Rao D, et al., 2010. Entity disambiguation for knowledge base population[C]. Conference on Computational Linguistics, Beijing.

Han X, Zhao J, 2009. NLPR_KBP in TAC 2009 KBP track: A two-stage method to entity linking[C]. Text Analysis Conference, Gaithersburg.

Hoffart J, Seufert S, Nguyen D B, et al., 2012. KORE: Keyphrase overlap relatedness for entity disambiguation[C]. ACM International Conference on Information and Knowledge Management, Maui.

Hoffart J, Yosef M A, Bordino I, et al., 2011. Robust disambiguation of named entities in text[C]. Conference on Empirical Methods in Natural Language Processing, Edinburgh.

Kulkarni S, Singh A, Ramakrishnan G, et al., 2009. Collective annotation of Wikipedia entities in web text[C]. International Conference on Knowledge Discovery and Data Mining, Paris.

Nguyen D B, Hoffart J, Theobald M, et al., 2014. AIDA–light: High–throughput named–entity disambiguation[C]. Workshop on Linked Data on the Web co–located with the 23rd International World Wide Web Conference, Seoul.

Shaalan K, 2014. A survey of arabic named entity recognition and classiffcation[J]. Computational Linguistics, 40(2): 469–510.

Shen W, Wang J, Han J, 2015. Entity linking with a knowledge base: Issues, techniques, and solutions[J]. IEEE Transactions on Knowledge and Data Engineering, 27(2): 443–460.

Sozio M, Gionis A, 2010. The community–search problem and how to plan a successful cocktail party[C]. International Conference on Knowledge Discovery and Data Mining, Washington.

Suchanek F M, Weikum G, 2013. Knowledge harvesting in the big–data era[C]. ACM SIGMOD International Conference on Management of Data, New York.

Zhang W, Sim Y C, Su J, et al., 2011a. Entity linking with effective acronym expansion, instance selection, and topic modeling[C]. International Joint Conference on Artificial Intelligence, Barcelona.

Zhang W, Tan C L, Su J, et al., 2011b. I2R–NUS–MSRA at TAC 2011: Entity linking[C]. Text Analysis Conference, Gaithersburg.

Zheng Z, Li F, Huang M, et al., 2010. Learning to link entities with knowledge base[C]. Human Language Technologies: Conference of the North American Chapter of the Association of Computational Linguistics, Los Angeles.

第7章 面向含噪数据的中文领域关系抽取

当关系抽取技术应用于某一特定领域，例如中文领域，文本稀疏性便成为一个值得注意的问题。为缓解这一问题，远程监督被引入到关系抽取任务中。但是，这同时会带来噪声数据。文本稀疏性和数据含噪是中文自然语言处理领域一直面临的严峻挑战，正因如此，中文知识图谱的发展相对落后。为了解决这些挑战，本章提出了互补卷积神经网络（complementary convolutional neural network，com-CNN），并在此基础上，融合具有注意力机制的多实例学习方法（multiple instance learning，MIL），以获得高度全面的特征来抽取关系，并减少句子级噪声引起的负面影响。本章的模型从关系实例的两种不同表示形式捕获信息，即原始单词序列（raw word sequence，RWS）和多重依赖路径（multiple dependency path，MDP），并使它们能够相互补充。为了更好地结合原始单词序列和多重依赖路径，本章设计了一种灵活的特征融合方法。此外，为了缓解文本稀疏引起的注意力机制过度拟合的问题，本章利用实体信息指导分配句袋中多个实例的注意力得分，以减轻标签错误数据的影响。

7.1 问题背景

目前，许多大型知识图谱已手动或自动构建起来，例如 Freebase（Bollacker et al., 2008）、DBpedia（Auer et al., 2007）和 YAGO（Suchanek et al., 2007）。但是，尽管英文知识图谱的事实非常丰富，在其他语言的知识图谱中（如中文知识图谱），这些事实性知识却较为稀疏。因此，为了丰富中文知识图谱，人们致力于通过关系抽取从非结构化文本中获取结构化知识（Bunescu et al., 2005b; Zelenko et al., 2003）。

监督学习通过训练关系分类器抽取实体间的语义关系[①]，但这种方法依赖大量的人工标注数据进行学习（Xiao et al., 2016; Xu et al., 2015a; Zeng et al., 2014），需要大量的劳力和时间。为降低成本，远程监督的概念被提出用于自动构建训练数据集。远程监督基于一种启发式假设，自动将知识图谱与文本进行对齐（Xiao et al., 2016; Xu et al., 2015a; Mintz et al., 2009）。该假设定义为：如果知识图谱中存在有效的关系实例 $r(h,t)$，则全部提及实体 h 和 t 的句子都标记为关系 r，这些句子构成一个实例袋。如图 7.1 中的示例，如果通过远程监督对数据进行启发式标记，这种假设会产生大量的含噪实例。正如示例中的第二个句子，其并未描述"马维欣"和"冯光荣"的夫妻关系，这样的训练数据将会损害关系抽取模型的性能。

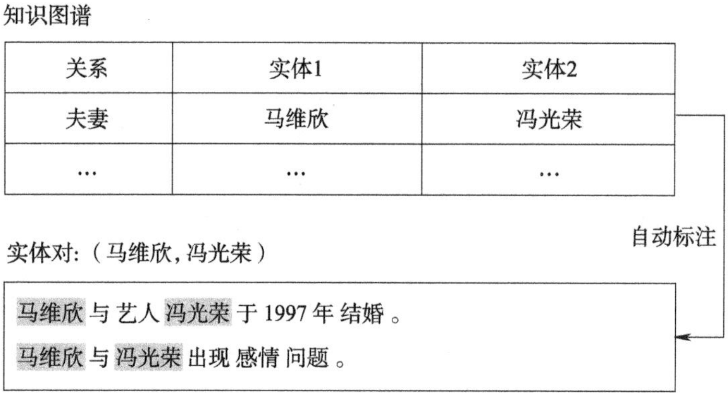

知识图谱

关系	实体1	实体2
夫妻	马维欣	冯光荣
...	...	...

自动标注

实体对:（马维欣,冯光荣）

马维欣 与艺人 冯光荣 于 1997 年 结婚 。

马维欣 与 冯光荣 出现 感情 问题 。

图 7.1　远程监督自动标注数据过程

总而言之，监督学习的性能很大程度上取决于手动标注的训练数据，而远程监督的关系抽取可以自动生成训练数据，但自然地会引入标注错误的实例，训练数据的质量令人担忧。近年来，关系抽取模型通过一些改进来平衡这两个方面，通常包括两个步骤：①利用远程监督生成（可能含噪的）训练数据；②利用监督学习关系抽取模型过滤数据，然后训练分类器。大多数现有研究都集中在改进步骤②，利用多实例学习（multiple instance learning）（Zeng et al., 2015; Hoffmann et al., 2011; Riedel et al., 2010; Mintz et al., 2009）或者注意力机制（Ji et al., 2017; Lin et al., 2016）等方法。此外，词级注意力也被用于突出显示与预测关系相关的关键词，并且弱化不相关词的影响（Luo et al., 2018;

[①] 目前，可通过在预定义的关系集合上进行多分类的方式实现关系抽取。

Qu et al., 2018）。与这些工作不同，另一部分监督关系抽取研究从语法分析树中提取最短依赖路径（shortest dependency path，SDP）（Yu et al., 2016; Xu et al., 2016, 2015b; Liu et al., 2015），该语法分析树可利用词之间的依赖关系来预测语义关系，该方法已被证明对关系抽取有效。

概括来说，基于神经网络的关系抽取模型，建立在通用知识图谱产生的大规模训练数据基础上。但是，稀疏性问题通常存在于中文领域的文本和知识图谱中，这种稀疏性指代描述某一实体对的样本较少和涉及某一关系的实体较少，这使得中文领域的关系抽取具有挑战性。就此而言，基于中文稀疏文本的关系抽取模型仍需从两个方面进行探索：

（1）远程监督关系抽取系统中的选择性注意力机制旨在拟合句袋中多个含噪的句子（或单词）上的权值概率分布。句子级注意力为含噪句袋中的每个句子分配了权重，该权重表示句子对目标关系的贡献。然而，当在中文领域仅可获得有限训练数据情况下，基于选择性注意力的关系抽取模型容易过拟合，甚至降低模型性能。

（2）基于最短依存路径的关系抽取模型旨在消除句子中的无关词汇，保留与实体相关的关键信息。但是，最短依存路径可能会删除关联的谓词，尤其是在中文文本中（Fan et al., 2018），因为它会从原始文本中删除过多的补充词。在这样的情况下，关系抽取模型可能无法找到实体之间的依存关系。

为此，需要在稀疏训练数据下重新审视中文领域关系抽取的两个挑战。

（1）句子级降噪：为有效地消除句子级噪声，本章提出了一种实体集成注意力多实例学习方法，以更好地为多个实例分配权重并动态排除噪声。实体信息的集成增强了从稀疏文本派生的特征，并捕获了更有价值的特征来训练关系抽取模型，从而提高鲁棒性。

（2）词级降噪：词级降噪的目的是从原始单词序列中删除无关紧要的词。因此，本章设计了一种新颖的去噪结构，即多重依赖路径（将在 7.3 节正式定义），以捕获谓词和其他关键字。多重依赖路径删除原始单词序列中实体对之间多余的单词，保留用于预测语义关系的重要线索。但是，有时此类信息仅可作为补充特征（Liu et al., 2015），因此，本章将原始单词序列和多重依赖路径互相补充，获得更全面的特征，用于关系抽取。

在这两个设计的基础上，对于中文关系抽取，本章提出了一种新颖的互补卷积神经网络模型（com–CNN），模型结构如图 7.3 所示，模型使用：①两个卷积神经网络分别编码原始单词序列和多重依赖路径，其中多重依赖路径被用于去除词级的噪声；②实体集成注意力多实例学习方法捕获关键实例，并在句子级别进行降噪。由于原始单词序列和多重依赖路径彼此高度互补，因此它们通过融合层进行组合，以捕获远距离关系而不会丢失语义信息。

本章的贡献包括以下三点：

（1）设计了一种新依存路径结构，即多重依存路径，并在神经网络结构上引入实体集成的注意力多实例学习，分别用于词级和句子级的降噪；

（2）构建了一个名为互补卷积神经网络（com-CNN）的新模型，该模型结合了原始单词序列和多重依存路径的补充信息，以便更好地预测远距离关系而不丢失语义信息；

（3）进行了全面的评估和验证实验，实验结果揭示了本章模型的有效性以及两种去噪策略的重要性。

7.2 相关工作

近年来，关系抽取的学术研究大多集中在基于神经网络的监督式关系抽取（Xiao et al., 2016; Xu et al., 2015a; Zeng et al., 2014）和远程监督式关系抽取（Lin et al., 2016; Zeng et al., 2015; Mintz et al., 2009），并取得了优异的抽取效果。本节介绍与中文领域关系抽取紧密相关的工作，包括：基于监督学习的关系抽取方法、基于依存路径的关系抽取方法、基于远程监督的关系抽取方法和面向含噪文本的关系抽取方法。

7.2.1 基于监督学习的关系抽取方法

根据文本表示，传统的监督关系抽取模型可分为基于特征的模型（Kambhatla, 2004）和基于核的模型（Bunescu et al., 2005a）。然而，它们在经过自然语言处理工具的特征提取后，会遭受错误累积影响。为自动提取语义特征，研究人员使用神经网络编码纯文本，包括递归神经网络（Socher et al., 2012）和卷积神经网络（Miwa et al., 2016）。这些神经网络模型将单词序列的嵌入表示作为输入，并进行端到端的关系抽取。为捕获结构信息，Zeng 等（Zeng et al., 2015）、Lin 等（Lin et al., 2016）、Ji 等（Ji et al., 2017）采用分段卷积神经网络（piece-wise CNN, PCNN）嵌入句子，其性能显著优于基于特征的方法（Surdeanu et al., 2012; Hoffmann et al., 2011; Riedel et al., 2010; Mintz et al., 2009）。这些神经网络可以有效编码句子并识别实体之间的关系。考虑到卷积神经网络卓越的性能和较低的时间成本，本章利用卷积神经网络来生成文本表示。

7.2.2　基于依存路径的关系抽取方法

与文献（Zeng et al., 2014）不同，一些研究采用最短依存路径（shortest dependency path，SDP）作为输入以进行关系抽取（Xu et al., 2016, 2015b）。Xu 等（Xu et al., 2015b）认为，最短依存路径上的单词保留了与目标关系最相关的信息，减少了无用噪声。他们利用 LSTM 网络沿最短依存路径编码单词、单词之间的依存关系以及语言信息用于提取语义特征。为了探索更多信息表示，Xu 等（Xu et al., 2016）建议将最短依存路径中的每个单词与其对应的依赖子树进行组合，以增强从最短依存路径生成的语义表示。尽管如此，最近一项工作（Fan et al., 2018）发现，实体对的关联谓词在最短依存路径中经常丢失，因此根节点增强依存路径（root augmented dependency path，RADP）被提出，可保留依存路径中的关联谓词[①]。但是，考虑到谓词不一定与目标关系有关，本章设计了一个称为多重依存路径（multiple dependency path，MDP）的新路径结构（将在 7.3 节正式进行介绍）以捕获原始单词序列中所有与实体相关的词并缓解噪声单词。

7.2.3　基于远程监督的关系抽取方法

有监督的训练需要人工标注的文本，这导致这些方法费时费力。为了避免时间和人工成本，Mintz 等（Mintz et al., 2009）首先为关系抽取提出了一种新范式，即远程监督，它使用 Freebase 提供监督信号。基于直觉，若某三元组存在于 Freebase 中，那么提及该三元组两个实体的句子在一定程度上描述了它们在 Freebase 中的关系，因此，通过启发式地使文本与 Freebase 对齐可以生成大量弱标注数据。显然，这种启发式对齐会带来噪声，这会影响关系抽取器的性能（Feng et al., 2018; Zeng et al., 2015）。

7.2.4　面向含噪文本的关系抽取方法

远程监督假设不可避免地会伴随错误标注问题。为了解决假阳性句子的影响，Riedel 等（Riedel et al., 2010）、Hoffmann 等（Hoffmann et al., 2011）和 Surdeanu 等（Surdeanu et al., 2012）在远程监督下将关系抽取任务定义为多实

---

① 节点增强的依赖路径被定义为两个子路径的组合，一个从头实体到根词，另一个从根词到尾实体。在 RADP 的实现中，仅存在一个子路径，因为根词在依赖关系解析树中没有父节点。

例学习问题。多实例学习用于处理一个实例袋，这些实例用单个标签进行弱标注（Ilse et al., 2018）。多实例学习有两种主要方法，即实例级多实例学习和向量级多实例学习。前者根据查询标签从实例袋中选择最佳训练实例，而后者则将实例的向量表示进行合并来提取实例袋级特征（Feng et al., 2017; Zhu et al., 2017）。

Zeng 等（Zeng et al., 2015）采用的实例级别的至少一次多实例学习方法（at-least-one MIL），该方法不包含全局自适应参数，该方法在训练过程中直接从含噪的实例袋中选择最佳实例，并在测试阶段汇总所有实例的预测结果，取其中最优的预测结果。本质上，Lin 等（Lin et al., 2016）和 Ji 等（Ji et al., 2017）都采用了基于神经网络的向量级多实例学习方法。Lin 等（Lin et al., 2016）提出了对多个实例的平均注意力和选择性注意力，以捕获所有句子中包含的信息。平均注意力在句子的向量上采用平均池化，而选择性注意力则学习为实例分配权重，并获得向量表示的加权和。选择性注意机制具有可训练的参数，这些参数学习适应噪声上的概率分布并动态弱化噪声句子。

此外，由于句子的异质性，Luo 等（Luo et al., 2018）和 Qu 等（Qu et al., 2018）利用词级的注意力来强调对预测关系较重要的单词，而忽略不相关的单词。Qu 等（Qu et al., 2018）利用两个实体的词向量之差作为属性来解决上下文特征稀疏性问题，即某些实例袋中没有实例表达该弱标签的情况。

然而，上述模型基于足够的训练数据构建，因此在从稀疏域文本中提取关系事实时不一定有效。数据的稀疏性使注意力机制无法很好地泛化含噪句子（或词）上的概率分布。本章的研究旨在解决这些挑战。

7.3　模型方法

本节首先介绍一些预备知识，包括任务定义、多重依存路径获取和模型概述，接着提出了基于带有实体集成注意力多实例学习的 com-CNN 模型，该模型集成了原始单词序列和多重依存路径的语义特征，用于实例袋级关系预测。

7.3.1　预备知识

1）问题定义

有监督的关系抽取可被视为一个多分类问题，其定义如下：

> **定义 1** [关系抽取] 给定描述实体对 (h, t) 的句子 X，关系抽取可认为是获得 (h, t) 的关系 $r_i \in R$，其中 $R = \{r_1, r_2, \cdots, r_n\}$，$n$ 是关系类别的数量。

与有监督关系抽取任务相比，远程监督关系抽取任务可以被认为是基于含噪训练数据的多分类问题。具体来说，考虑一个包含 N 个实例袋的含噪训练集 $\mathscr{D}_{\text{train}}$。每个实例袋 $\mathscr{D}_i \subset \mathscr{D}_{\text{train}}$ 由描述同一实体对 (h, t) 的所有实例组成，其中 h 和 t 分别是关系实例的头尾实体[①]。实例袋中的每个实例包含两个部分——原始单词序列（raw word sequence，RWS）x_i^w 和多重依存路径（multiple dependency path，MDP）x_i^s，其中 x_i^s 是与 x_i^w 对应的 MDP。含噪的训练集可以表示为 $\mathscr{D}_{\text{train}} = \{\mathscr{D}_1, \mathscr{D}_2, \cdots, \mathscr{D}_N\}$，其中 $\mathscr{D}_i = \{(X^w, X^s)^j\}_{j=1}^{|\mathscr{D}_i|}$，其中 $(X^w, X^s) = (\{x_1^w, x_2^w, \cdots, x_m^w\}, \{x_1^s, x_2^s, \cdots, x_m^s\})$。

因此，给定一个描述实体对 (h, t) 的实例袋 $\mathscr{D}_i$，含噪的关系抽取任务的目的是获得关系 $r \in R$，其中 $R = \{r_1, r_2, \cdots, r_n\}$，$n$ 是关系类别数量，即估计概率 $f_\theta(r | \mathscr{D}_i)$。为方便描述，下面的描述省略了表示实例袋索引的下标 i。

2）多重依存路径获取

与英文不同，中文文本的相邻词之间没有定界符。现有中文自然语言处理研究主要基于字向量或基于词向量（Rönnqvist et al., 2017; Xu et al., 2017）。由于本章的关系抽取模型基于词向量，因此使用 LTP 分词工具[②] 对原始文本进行分词，切分过程需要引入外部词典，词典中包含数据涉及的所有实体，确保实体不被切分，保留实体的完整信息。根据 RWS，可以通过 pyltp 解析工具[③] 生成依存关系树。为了实现词级降噪，本章设计的依存路径的新结构定义如下。

---

① 关系实例指一个三元组，包含两个实体和一个关系。

② 网址：http://www.ltp-cloud.com/。

③ 网址：https://pyltp.readthedocs.io/zh_CN/latest/。

> **定义2** [多重依存路径] 多重依存路径（MDP）是实体对之间所有路径的集合，每条路径包含两条子路径。每一条子路径是句子中某一个词在依存树中到两个实体的最短路径。

图7.2中所示的依存分析树样例对比了提取MDP、SDP和RADP（Fan et al., 2018）的具体方法。在示例1中，尽管RADP捕获了谓词"是"，但它丢失了表示目标关系"同事"的关键字"领导"。在示例2中，由于SDP过度移除单词，因此SDP中仅保留了两个实体。基于这些观察，本章设计了新的依赖路径结构MDP，以保留两个目标实体之间的所有依存路径。与MDP相比，SDP和

示例1：

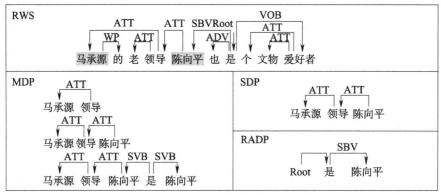

示例2：

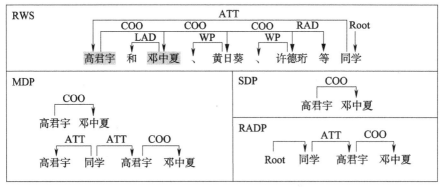

图7.2 从句法分析树中分别获取最短依存路径（SDP）、根节点增强依存路径（RADP）和多重依存路径（MDP）样例对比

RADP 仅从 RWS 中提取一条路径,两者可视作 MDP 的一种特例,即 MDP 是目标实体对所涉及的依存路径结构的通用形式。此外,MDP 的另一个优点是,它消除了噪声词,同时保留了与两个实体相关的所有词。也就是说,MDP 是一种既可以减轻词级噪声,又可以保留句子中的所有关键字的有效结构。为了方便 CNN 从 MDP 中提取特征,实现过程将 MDP 中的所有依存路径进行串联,作为 MDP 模块的最终输入。

3)模型概述

如图 7.3 所示,$\{x_1^w, x_2^w, \cdots, x_M^w\}$ 是实例袋中多个实例的 RWS 集合,M 是实例的数量,$\{x_1^s, x_2^s, \cdots, x_M^s\}$ 是相对应的 MDP 集合,图 7.3(b) 表示卷积神经网络提取有效特征的过程,图 7.3(c) 展示了实体集成的注意力多实例学习方法。本章提出的模型 com-CNN 由五个部分组成——嵌入层、两个单独的 CNN 层、融合层、注意力模块和全连接层。RWS 和 MDP 均用作关系实例的神经网络输入,其中 $X^w = \{x_1^w, x_2^w, \cdots, x_M^w\}$ 用于 RWS 模块,而 $X^s = \{x_1^s, x_2^s, \cdots, x_M^s\}$ 用于 MDP 模块。对于训练集中的每个实例袋,训练过程分为四个步骤:①先将

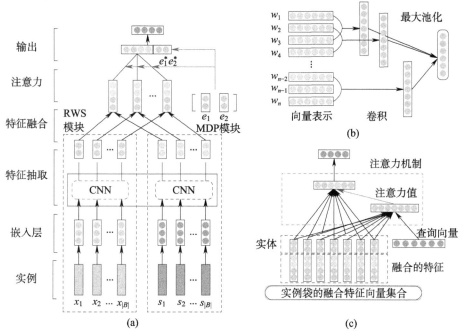

图 7.3　com-CNN 整体框架

RWS 和 MDP 转换为向量表示形式输入到神经网络；②然后，两个单独的 CNN 分别在 RWS 和 MDP 的嵌入上进行操作，以产生词汇和句法特征；③考虑到 RWS 和 MDP 之间的互补性，经过 CNN 特征提取后采用融合层，以合并来自两个模块的特征；④最后，将实例袋中的融合特征向量与实体特征的加权总和组合在一起，以在全连接层中预测关系类型。

与传统关系抽取模型相比，com-CNN 利用 RWS 和 MDP 来预测关系。一方面，RWS 将所有信息保留在原始文本中，同时还包含许多不重要的词，这些词对于长距离预测关系很有害。另一方面，MDP 从 RWS 中删除了可能为噪声的词，但在某种程度上丢失了补充信息。RWS 和 MDP 从两个不同的角度呈现了一个关系实例的语义信息，这两者对于关系抽取任务都是有用的。接下来，对模型分层介绍。

7.3.2　嵌入表示

在训练关系抽取模型之前，利用表示学习方法将词（实体）映射为低维向量。在学习过程中，将词和实体视为同样的单元，在以下各部分中都称为"词"。对于 RWS 和 MDP，采用不同的方式对其进行编码。为清晰起见，下面省略了词序的索引。

1）原始词序列嵌入

RWS 中的每个词向量可视为由三个部分组成的单元：词向量、位置向量和词性标签向量。RWS 的词向量由 Skip-Gram 模型（Mikolov et al., 2013）训练获得。位置向量由当前词到两个实体的相对距离决定。如图 7.4 所示，从词"领导"到实体"马承源"和"陈向平"的相对距离为 3 和 −1。由于每个词有两个位置特征，因此初始化两个位置嵌入矩阵。词性标签向量初始化为单位向量。通过索引矩阵，可以将 RWS 中的词 x^w 转换为词向量、位置向量和词性标签向量的串联，表示为 $x^x = [v_{word} : v_{pos} : v_{tag}]$[①]。词向量的长度是 $d^x = d_w + 2d_p + d_t$，其中，d_w、d_p 和 d_t 分别是词向量、位置向量和词性标签向量的维度。

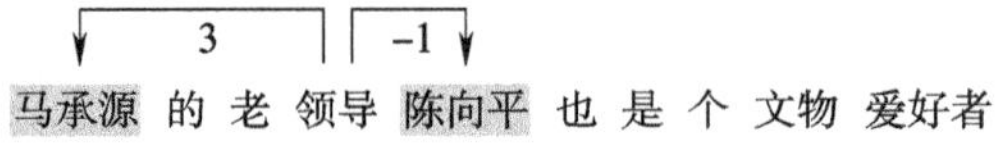

图 7.4　词到两个实体的相对距离说明

---

① [:]代表水平串联；[,] 表示垂直串联。

2）多重依存路径嵌入

MDP 中的词向量由五部分串联表示：词向量、依存关系向量、依存方向向量、位置向量和词性标签向量。在这些组成单元中，词向量、位置向量和词性标签向量的定义和初始化方法与 RWS 相同。此外，依存关系是指在依存图中，从父节点到子节点的弧上标签，其嵌入矩阵通过随机初始化确定。依存方向共有三种标签："←""→"和"—"，均由单位向量表示。沿 MDP 的每个词 w^s 都将转换为 $x^s = [v_{\text{word}} : v_{\text{rel}} : v_{\text{dir}} : v_{\text{pos}} : v_{\text{tag}}]$，$x^s$ 的维度为 $d^s = d_w + d_r + d_d + 2d_p + d_t$，其中，$d_r$ 和 d_d 对应于依存关系和依存方向的向量维度。

最后，RWS 和 MDP 将所有词的表示连接起来，并将它们表示为向量序列 $\{x_1^x, x_2^x, \cdots, x_M^x\}$ 和 $\{x_1^s, x_2^s, \cdots, x_M^s\}$。这些向量序列传入下一层以进行特征提取。

7.3.3　卷积和最大池化

由于 CNN 的卓越性能和时间效率（Han et al., 2018），com-CNN 采用两个独立的 CNN 分别用于处理 RWS 和 MDP。实际上，其他神经网络（例如循环神经网络）也可以用作实例编码器。两个 CNN 具有相同的机制。本节以 RWS 为例，说明如何在此层中提取特征。

模型的输入为 $\{x_1^x, x_2^x, \cdots, x_M^x\}$，其中 x_i^x 是 RWS 中第 i 个词的向量表示。$X_{i:j}$ 表示词向量的串联 $[x_i^x, x_{i+1}^x, \cdots, x_j^x]$。卷积核的权重矩阵表示为 $W \in \mathbb{R}^{k_w \times d^x}$，其中 k_w 是窗口大小。卷积操作本质上是 W 与 $X_{(j-k_w+1):j}$ 之间的点积，可以获得向量 $h_j' \in \mathbb{R}^{M-k_w+1}$：

$$h_j' = W \otimes X_{(j-k_w+1):j} \tag{7.1}$$

其中，$1 \leqslant j \leqslant M - k_w + 1$。

一般地，为了从原始数据中充分提取有效特征，网络会使用多个卷积核，对应的权重矩阵表示为 $\{W_1, W_2, \cdots, W_n\}$。每个卷积操作表示为

$$h_{ij}' = f(W_i \otimes X_{(j-k_w+1):j}) \tag{7.2}$$

其中，$1 \leqslant i \leqslant n$；$1 \leqslant j \leqslant M - k_w + 1$。$f(\cdot)$ 是 ReLU 激活函数。最终产生的向

量序列为 $\{\{h'_{1j}\}_{j=1}^{M-k_w+1}, \{h'_{2j}\}_{j=1}^{M-k_w+1}, \cdots, \{h'_{nj}\}_{j=1}^{M-k_w+1}\}$。

对于 $\{h'_{ij}\}_{j=1}^{M-k_w+1}$，使用最大池化提取最有效的特征。最大池化的定义为

$$h_i^x = \max(h'_{ij})(1 \leqslant j \leqslant M - k_w + 1) \tag{7.3}$$

其中，向量 $h_i^x \in \mathbb{R}^n$ 表示 RWS 的句子级特征。类似地，MDP 模块产生的特征向量为 $h_i^s \in \mathbb{R}^n$。

为了充分利用 RWS 和 MDP 之间的补充信息，添加了一个融合层用于组合来自关系实例两种不同表示形式的特征，对 RWS 和 MDP 的联合作用进行建模，以识别目标关系。通过以下联合获得融合特征向量：

$$h_i^{xs} = [h_i^x : h_i^s] \tag{7.4}$$

对于每个实例袋 $\mathscr{D}$，所有实例的最终融合特征向量集由 $\{h_1^{xs}, h_2^{xs}, \cdots, h_{|\mathscr{D}|}^{xs}\}$ 表示。

7.3.4 实体集成的注意力多实例学习方法

为了解决文本稀疏情况下的句子级噪声问题，本章为 com-CNN 模型设计了实体集成的注意力多实例学习方法，其架构如图 7.3(c) 所示。有 N 个实例袋 $\mathscr{D} = \{\mathscr{D}_1, \mathscr{D}_2, \cdots, \mathscr{D}_N\}$，实例袋包含 $|\mathscr{D}_i|$ 个实例。融合的特征向量集由 $\{h_1^{xs}, h_2^{xs}, \cdots, h_{|\mathscr{D}_i|}^{xs}\}$ 表示。多实例学习的目标是学习预测具有多个实例的实例袋的标签。实例袋的特征向量是所有实例向量的加权和：

$$h^{xs} = \sum_{j=1}^{|\mathscr{D}_i|} \beta_j h_j^{xs} \tag{7.5}$$

其中，β_j 被定义为

$$\beta_j = \frac{\exp(u_j)}{\sum_k \exp(u_k)} \tag{7.6}$$

$$u_j = [h_j^{xs} : h_{e_1} : h_{e_2}]Ah_r \tag{7.7}$$

其中，A 是权重对角矩阵；h_r 是目标关系 r 的查询向量。A 和 h_r 在训练前随机初始化，并不断优化。h_{e_1} 和 h_{e_2} 是实体向量，由 Word2Vec 工具[①] 预训练得到。式 (7.7) 可以测量实例以及实体对与关系 r 的相关性。此外，整合实体信息可以增强实例袋的特征。实例袋的混合特征计算为

$$h = [h^{xs} : h_{e_1}^* : h_{e_2}^*] \tag{7.8}$$

其中，$h_{e_1}^*$ 和 $h_{e_2}^*$ 是通过线性投影的实体嵌入。最后，将实例袋级特征向量 h 传送到全连接层进行分类。

7.3.5 Softmax 输出

模型应用 softmax 分类器来计算可能预测为每种关系类型的概率值。全连接层的最终输出定义为

$$h_o = W_u h + b \tag{7.9}$$

其中，$W_u \in \mathbb{R}^{n_r \times (n+2k_w)}$ 是参数矩阵；$b \in \mathbb{R}^{n_r}$ 是参数矩阵的偏差；$h_o \in \mathbb{R}^{n_r}$ 的每一个维度对应于一种关系类型的分数，其中 n_r 是所有关系类型的数量。

实现时，在全连接层中使用 Dropout 防止过拟合问题（Hinton et al., 2012）。隐藏层的单元在前向计算中按比例 p 随机停止工作，以防止特征解码器的共同适应问题。式 (7.9) 可重写为

$$h_o = W_u(h \cdot u) + b \tag{7.10}$$

其中，u 的每一个元素是概率为 p 的伯努利随机变量。

在测试阶段，将学习到的特征向量按 p 进行缩放，即 $\hat{h} = ph$，并将缩放后的表示用于关系分类（Hinton et al., 2012）。

实例袋为关系 r 的条件概率定义为

$$p_\theta(r|\mathscr{D}_i) = \frac{\exp(h_{o_r})}{\sum_{j=1}^{n_r} \exp(h_{o_j})} \tag{7.11}$$

---

① 网址：http://code.google.com/p/word2vec/。

其中，h_{o_r} 表示实例袋与关系 r 匹配的程度；θ 是模型中所有参数的集合。

模型优化过程采用交叉熵作为目标函数：

$$\mathcal{L}(\theta) = -\sum_{i=1}^{N} \ln f_\theta(r|\mathcal{D}_i) \tag{7.12}$$

为了优化提出的模型，使用随机梯度下降法迭代更新 θ 直至收敛，以最小化损失函数。

7.4 实验与分析

本节进行了大量实验，目的是证明所提出模型的有效性并提供对模型效果的全面分析。本节首先介绍数据集和评估指标，然后描述实现细节和比较方法，最后给出实验结果并进行综合分析。

7.4.1 数据集介绍

本节在两个中文数据集上进行了实验。第一个数据集 Wiki 由 Fan 等（Fan et al., 2018）构建。他们使用远程监督将娱乐领域的知识图谱（Fan et al., 2017）与中文维基百科中的文本对齐。该数据集包含句子级别的噪声。该数据集有 5 种关系类型，其中包括用于表示负例的特殊类型"NA"，这表示实体对之间不存在任何关系。为了进一步展示 com-CNN 在关系抽取上的有效性并研究多实例学习方法对手动注释数据集的影响，本章利用了从百度百科上收集的另一个数据集 Baike[①]。尽管数据是手动标注的，但错误的人工标注仍会带来句子级的噪声。Baike 数据集定义了 7 种关系类型，包括关系"NA"。由于这两个数据集没有明确的训练-验证-测试划分，因此将 Wiki 和 Baike 中的所有实体对按照 70%、15% 和 15% 随机划分为训练集、验证集和测试集。这样，可以确保在训练集、验证集和测试集之间不存在重叠的实体对。表 7.1 中列出了两个数据集的统计信息。本章研究通过这两个数据集来模拟标注数据稀疏领域的关系抽取任务。

根据先前的工作（Ji et al., 2017; Lin et al., 2016; Zeng et al., 2015），本节实

---

① 网址：https://github.com/celtics7/BaiduBaike。

表 7.1　数据集数据统计

数据集	划分	句子	实体对	实例
Wiki	训练	4669	2847	1787
	验证	935	677	415
	测试	857	652	380
Baike	训练	7147	5967	3908
	验证	1664	1483	959
	测试	1603	1397	919

验采用了保留评估和手动评估。此外，还使用不同的多实例学习方法探索了不同神经网络结构的性能，进行了 5 折交叉验证，进行了消融实验以证明每个模块的有效性，并通过 t-SNE 可视化方法进行了定性分析。最后，选择了一些案例来说明集成所有 RWS、MDP 和实体信息是成功的。实验使用多种指标（包括 P-R 曲线、AUC 值、最高 F1 点和 P@k 指标）评估了每个模型的性能。最佳结果以粗体显示，下划线表示次优结果。

7.4.2　实验设置

在实验时，本节在验证集上调整了模型的超参数。使用网格搜索来找到最佳参数，这些参数以粗体显示。选择随机梯度下降法的学习率 $\lambda \in \{0.1, 0.3, \mathbf{0.5}, 0.7\}$，CNN 的窗口大小 $k_w \in \{1, 2, \mathbf{3}, 4, 5\}$，RWS 的隐藏层维度 $d_{\mathrm{rws}} \in \{50, 100, \mathbf{150}, 200, 230\}$，MDP 隐藏层维度 $d_{\mathrm{mdp}} \in \{50, 100, \mathbf{150}, 200, 230\}$，批处理的大小 $k_{\mathrm{bs}} \in \{32, \mathbf{80}, 160, 240\}$。由于嵌入层的维数对结果影响很小，因此经验性地将 d_w 设置为 50，将 d_p 设置为 5，将 d_t 设置为 30，将 d_r 设置为 15。在本章中，使用 Word2Vec 工具[①] 对词嵌入进行了预训练。为了处理过度拟合问题，将隐藏单元随机停掉，概率为 $p = 0.5$。

为了评估本章提出模型的有效性，选择了四种先进的方法以及 com-CNN 的变体进行比较。

（1）CNN（Zeng et al., 2014）：对句子中每个词转换成词向量和位置向量作为输入，并使用 CNN 层对句子进行编码。

（2）PCNN（Zeng et al., 2015）：使用 CNN 层对实例进行编码，然后根据给定的实体对将句子分为三段。每个分段进行最大池化以捕获结构信息。

（3）CL（Fan et al., 2018）：是用于关系抽取的动态结构化神经网络的基础

---

① 网址：http://code.google.com/p/。

网络，它由 CNN 层和 LSTM 层组成。

（4）PCNN+WA+PF（Qu et al., 2018）：利用 CNN 层和分段式最大池化层作为编码器。词级注意力和属性特征用于解决句子的异质性和某些实例袋的特征稀疏性。

（5）com-CNN(RADP)：为了验证 MDP 相对于 RADP 的优越性，通过用 RADP 替换 MDP 模块的输入来构造一个比较变体。

7.4.3　保留评估

通过将预测与知识图谱中保留的相关事实进行比较，保留评估可以自动生成精确率和召回率。在 Wiki 数据集上测试时，CNN、PCNN、CL、PCNN+WA+PF 和本章所提出的com-CNN与ATT进行结合，因为Wiki是通过远程监督构建的，自然地会引入错误注释，对 com-CNN 与单实例学习（single instance learning，SIL）的结合也进行了评估。在 Baike 数据集上测试时，这些方法都用 SIL 结合进行测试，因为在人工标记的数据中几乎没有噪声。图 7.5 呈现了模型的 P-R 曲线，图 7.5(a) 展示了在 Wiki 数据集上的结果，图 7.5(b) 展示了在 Baike 数据集上的结果。为了清楚地显示结果，图中列出了它们的 AUC 值。

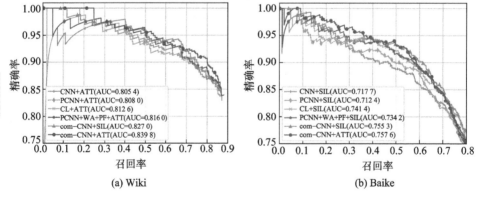

图 7.5　本章所提出的模型与基线的 P-R 曲线

从实验结果中，可以观察到以下信息：①在曲线的大部分区域，com-CNN+ATT（com-CNN+SIL）在 Wiki（Baike）数据集上进行测试时，在相同的召回点上实现了所有模型中最高的精确率。本章模型的优越性能说明，RWS、MDP 和实体对信息的组合可以产生更有用的特征，因此可以进行准确的关系预测。②在图 7.5(a) 中，com-CNN+SIL 的性能比 com-CNN+ATT 差，这表明尽管 Wiki 数据集中每个实例袋所包含的噪声实例比 NYT 数据集中的少，但多实例学习方法，尤其是 ATT，仍然可以减轻噪声的影响。在图 7.5(b) 中，com-CNN+ATT 的效果与 com-CNN+SIL 相似，因为 Baike 数据几乎没有噪声。③在 Riedel 等开发的数据集上进行测试时（Riedel et al., 2010），PCNN 优于 CNN。有趣的是，CNN 和 PCNN 在两个中文数据集上获得了近似的结果。这是因为 Wiki 和 Baike 中的文本比 NYT 语料库中的文本短，因此，尽管 CNN 的隐藏层大小小于 PCNN，CNN 仍可以完全捕获词汇特征。④由于语法和语义上下文特征的结合，CL 比 CNN 和 PCNN 产生更好的结果。PCNN+WA+PF 也是强有力的一种方法，表明词注意力可以捕获原始文本中重要的单词。与它们相比，本章的方法将 AUC 值增加了 1% 以上，表明 RWS 和 MDP 之间的互补可以更好地预测关系。

7.4.4　多实例学习方法对比

为了证明实体集成注意力多实例学习方法对领域关系抽取中的降噪作用，本节将其与其他两种多实例学习方法进行对比，即至少一个多实例学习方法（at-least-one multi-instance learning，ONE）和平均池化多实例学习方法（average-pooling multi-instance learning，AVE）。

1）至少一个多实例学习

对于实例袋 $\mathscr{D}_i$ 中的每个输入实例，由神经网络产生预测结果向量 h，向量集由 $\{h_1, h_2, \cdots, h_{|\mathscr{D}_i|}\}$ 表示。为了选择最佳实例，将一个实例袋关系为 r 的条件概率定义为

$$p_\theta(r|\mathscr{D}_i) = \max_{X \in \mathscr{D}_i} p_\theta(r|X) = \max_{X \in \mathscr{D}_i} \frac{\exp(h^r)}{\sum_{j=1}^{n_r} \exp(h^j)} \tag{7.13}$$

其中，h^r 表示实例 X 与关系 r 的匹配程度；θ 是模型中使用的所有参数集合。

2）平均池化多实例学习

对于平均池化池，模型将所有实例均等考虑，并将式(7.6)中的 β_j 直接定义为

$$\beta_j = \frac{1}{|\mathscr{D}_i|} \tag{7.14}$$

对于这两种多实例学习方法，使用相同的损失函数和优化方法。

本节将 CNN、PCNN、CL、PCNN+WA+PF、com−CNN(RADP) 和 com−CNN 分别与 SIL、ONE、AVE 和 ATT 结合，并在 Wiki 和 Baike 数据集上测试。表 7.2 中列出了不同模型的 AUC 值。对每个模型运行了五次，并给出了平均 AUC 值。

表 7.2　不同模型在与不同多实例学习方法结合时的 AUC 值

数据集	模型	SIL	ONE	AVE	ATT
	CNN	78.45	80.44	81.38	81.12
	PCNN	78.63	79.51	80.94	81.42
Wiki	CL	79.11	79.28	81.09	81.05
AUC/%	PCNN+WA+PF	78.43	78.65	80.67	81.20
	com−CNN(RADP)	80.43	82.08	82.53	83.56
	com−CNN	81.89	83.41	<u>83.72</u>	**84.31**
	CNN	71.86	72.13	72.22	72.78
	PCNN	70.98	71.17	71.34	71.06
Baike	CL	73.19	73.36	73.92	73.65
AUC/%	PCNN+WA+PF	73.13	73.11	73.36	73.18
	com−CNN(RADP)	73.24	73.30	73.99	73.85
	com−CNN	75.12	75.21	**75.34**	<u>75.24</u>

从结果可以看到：①在两个数据集上，所有模型都受益于多实例学习方法，这表明所有多实例学习方法都可以减轻实例袋中的噪声影响。②在 Wiki 上，发现结合 ATT 的模型比结合 AVE 和 ONE 的模型具有更好的性能，因为 Wiki 是通过远程监督构造的，ATT 可以更好地处理噪声。③但是，在 Baike 上，不同的多实例学习方法效果非常相似，因为 Baike 数据手动标注，比 Wiki 噪声要少。此外，在 Baike 数据集上，可以注意到带有 ATT 的模型通常无法胜过结合 AVE 的模型，尽管它们之间的差距仅有不到 0.4%。通过观察 Baike 的数据，可以发现只有 14% 的实体对包含多个实例。因此，ATT 模块很容易导致过拟合。另一个原因是，Baike 训练数据的质量较高，导致 ATT 方法和 AVE 方法的结果相似。④在这两个数据集上，com−CNN 的完整实现均优于具有 SIL 和结合三种不同多实例学习方法的 com−CNN(RADP) 模型，超过其 AUC 值约 1 个百分点。这证明了 MDP 优于 RADP，因为 MDP 在依赖关系解析树中维护了与实体相关的所有词以预测关系。⑤com−CNN 与 SIL、ATT、AVE 和 ONE 的组合分别优于 CNN、PCNN、CL 和 PCNN+WA+PF 与 SIL 和三种多实例学习方法的组合，在两个数据上的 AUC 值分别提升 1 ~ 4 个百分点。这表明可以通过

RWS 和 MDP 之间的相互补充以及实体信息的集成获得更全面的语义特征用于关系抽取。

7.4.5　交叉验证

为了检验本章模型的稳健性，在 Wiki 和 Baike 两个数据集上进行了 5 折交叉验证。先将训练集和测试集合并在一起，然后均等分为五个子集，每一折验证选择其中四个子集作为训练集，最后一个子集用于测试。选择 CL 和 PCNN+WA+PF 作为对比方法，因为它们在所有基线中都表现更好。表 7.3 展示了 CL+ATT、PCNN+WA+PF+ATT 和 com−CNN+ATT 在 Wiki 数据集上的效果，以及 CL+SIL、PCNN+WA+PF+SIL 和 com−CNN+SIL 在 Baike 数据集上的效果。

表 7.3　在 Wiki 和 Baike 数据集上的 5 折交叉验证实验（Std 表示标准差）

数据集	模型	CL+ATT	PCNN+WA+PF+ATT	com−CNN+ATT
Wiki AUC/%	fold 1	87.11	87.37	**88.72**
	fold 2	85.15	87.25	**87.98**
	fold 3	84.96	86.35	**87.27**
	fold 4	85.25	85.75	**86.09**
	fold 5	88.71	88.05	**89.68**
	Mean	86.23	86.95	**87.95**
	±Std	±1.63	±1.09	**±1.37**

数据集	模型	CL+SIL	PCNN+WA+PF+SIL	com−CNN+SIL
Baike AUC/%	fold 1	71.23	71.37	**72.16**
	fold 2	73.11	72.40	**74.19**
	fold 3	72.18	71.36	**72.47**
	fold 4	71.13	71.04	**74.50**
	fold 5	71.62	71.44	**74.51**
	Mean	71.85	71.52	**73.57**
	±Std	±0.81	±0.51	**±1.15**

从表 7.3 中可以看出，在每一折验证中，本章所提出的模型都比 CL 和 PCNN+WA+PF 获得更高的 AUC 值。在 Wiki 数据集上，com−CNN+ATT 的 AUC 值比 CL+ATT 高 1.72%，比 PCNN+WA+PF+ATT 高 1.00%。在 Baike 数据集上，

com-CNN+SIL 比 CL+SIL 高 1.72%，比 PCNN+WA+PF+SIL 高 2.05%。也就是说，对于不同的训练和测试集，所提模型均显示出稳定的更优异的性能。这是因为 RWS 和 MDP 的互补可以提取更多的信息特征用于关系预测，而实体特征能够更好地处理实例或实例袋的上下文特征稀疏问题。

7.4.6　消融实验

为了显示每个模块的贡献，本节进行了以下消融实验。本章所提出模型包括两个独立的模块，即 RWS 模块和 MDP 模块，每个模块都可以直接用于关系提取。因此，他们也被作为对比模型进行评估。此外，模型集成实体特征以指导注意力分数的计算，并解决了上下文特征稀疏问题。实体对向量也可以用作关系抽取的特征。

表 7.4 列出了三个模块和本章模型的精确率（precision，P）、召回率（recall，R）、最高 F1 值和 AUC 值。在评估过程中，在 Wiki（Baike）数据集上的所有测试方法应用 ATT（SIL）方法。从结果可以得出以下结论：①模型的每个模块都具有预测关系的能力。其中，RWS 模块表现最佳，因为它包含句子中的所有信息。由于实体的特征有限，EP 的性能与其他方法相差很多。MDP 表现中等，因为它仅捕获与实体相关的词，并可能在某种程度上导致信息丢失。②在这两个数据集上，com-CNN 模型在所有指标上均优于 EP、MDP 和 RWS 模块，这表明关系实例的不同表示形式的组合可以让它们相互补充。可以注意到，与 EP 和 MDP 模块相比，RWS 模块对 com-CNN 的整体性能贡献更大。

表 7.4　消融实验

数据集	模型	P/%	R/%	F1/%	AUC/%
Wiki	EP	63.68	86.43	73.33	66.72
	MDP	80.53	78.46	79.48	74.69
	RWS	**87.37**	81.37	84.26	80.51
	com-CNN	87.11	**88.27**	**87.68**	**84.31**
Baike	EP	50.28	52.01	51.13	38.65
	MDP	69.17	72.47	70.78	61.55
	RWS	77.32	**79.28**	78.29	74.40
	com-CNN	**80.08**	78.29	**79.17**	**75.12**

为了显示从由不同模块产生的向量表征，在图 7.6 中可视化了实例袋的

向量。Wiki 数据集中的所有实例袋都使用不同方法编码为特征向量。然后，通过 t-SNE 方法将所有特征向量映射到二维空间。从可视化中，可以观察到 com-CNN 的实例向量生成了最好的簇，这些簇更加容易被划分开。

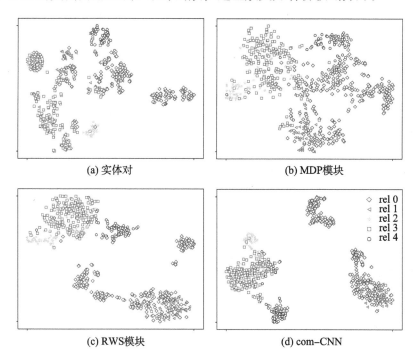

图 7.6　由 EP、RWS、MDP 和 com-CNN 获取的实例袋向量对比

7.4.7　人工评估

由于现有知识图谱的不完整性，远程监督数据集可能存在假阴性，保留评估可能精度低于实际情况。为了解决这个问题，三个研究方向为自动知识图谱构建的硕士生对预测结果进行了手动评估。在 Wiki 数据集上，评估人员选择置信度得分排名前 100、200 和 300 的正例实体对，并检查两个实体是否确实具有该关系。在 Baike 数据集上，测试集中的三元组会自动检查排名靠前的 100、300 和 500 个正例实体对，因为 Baike 的测试集大于 Wiki，因此从 Baike 中选择了更多正实例来报告 P@k 值。结果显示在表 7.5 中。

表 7.5 不同关系抽取模型的 P@k 值

Wiki 数据集			
模型	P@100/%	P@200/%	P@300/%	Mean/%
CNN+ATT	97.00	95.50	94.33	95.61
PCNN+ATT	97.00	97.50	94.33	96.28
CL+ATT	97.00	96.00	92.00	95.00
PCNN+WA+PF+ATT	98.00	98.00	93.67	96.56
com−CNN+ATT	**98.00**	**98.50**	**96.33**	**97.61**
Baike 数据集			
模型	P@100/%	P@300/%	P@500/%	Mean/%
CNN+SIL	**99.00**	93.33	90.20	94.17
PCNN+SIL	97.00	93.66	91.80	94.15
CL+SIL	98.00	93.33	93.20	94.84
PCNN+WA+PF+SIL	98.00	94.33	93.60	95.31
com−CNN+SIL	98.00	**94.67**	**93.80**	**95.49**

从表 7.5 可以看到：①对于所有 k 值，尽管对比方法达到了非常高的精确率，但 com-CNN 在几乎所有设定下的性能都比对比方法好。这表明，来自关系实例不同表示的信息集成对于提取关系更为有效。②在 Wiki 数据集上，com-CNN 的平均 P@k 值优于所有竞争方法超过 1%。在 Baike 数据集上，com-CNN 优于 CNN、PCNN 和 CL 约 1%，而 PCNN+WA+PF 的性能与 com-CNN 相近。③可以注意到，所有对比方法与 com-CNN 在两个数据集上都获得相似的 P@100 值。但是，随着 k 的增大，对比方法的性能逐渐比 com-CNN 的差距变大。该观察结果表明 com-CNN 比所有对比方法都更加稳定。

7.5 本章小结

本章提出了一种互补卷积神经网络（com-CNN），以结合关系实例的两种不同表示形式。一方面，原始单词序列保留了原始文本的所有信息，但存在无用的单词。另一方面，多重依存路径捕获谓词序列，这是对预测目标关系有效的指示符，但在从原始单词序列中删除噪声单词的过程中会丢失补充信息。观察到它们之间的互补性，设计了一种新颖的结构以融合这两个不同角度的特征。考虑到领域文本的稀疏性限制了注意力机制的性能，因此利用实体集成的注意力多实例学习方法减轻远程监督带来的句子级噪声。为了显示本章模型的有效性，将模型与最新方法和几种变体进行实验比较。在领域关系抽取的情况下，本章验证了实体集成注意力多实例学习的优越性。消融研究表明，每个模块和组件都有助于模型的整体性能。但是，在该问题设定下，关系抽取问题被定义为一个多类别多分类问题，模型性能对数据均衡性敏感，对于一些仅含有更少量标注数据的新兴类型无法有效抽取。因此，后续可以将关系抽取定义到少样本学习框架下，对长尾关系类别进行处理。

参考文献

Auer S, Bizer C, Kobilarov G, et al., 2007. DBpedia: A nucleus for a web of open data[C]. The 6th International Semantic Web Conference and the 2nd Asian Semantic Web Conference, Busan.

Bollacker K D, Evans C, Paritosh P, et al., 2008. Freebase: A collaboratively created graph database for structuring human knowledge[C]. ACM SIGMOD International Conference on Management of Data, SIGMOD 2008, Vancouver.

Bunescu R C, Mooney R J, 2005a. A shortest path dependency kernel for relation extraction[C]. Human Language Technology Conference and Conference on Empirical Methods in Natural Language Processing, Vancouver.

Bunescu R C, Mooney R J, 2005b. Subsequence kernels for relation extraction[C]. Neural Information Processing Systems, Vancouver.

Fan Y, Wang C, Zhou G, 2018. Exploratory neural relation classification for domain knowledge acquisition[C]. The 27th International Conference on Computational Linguistics, Santa Fe.

Fan Y, Wang C, Zhou G, et al., 2017. DKGBuilder: An architecture for building a domain knowledge graph from scratch[C]. Database Systems for Advanced Applications–22nd International Conference, Suzhou.

Feng J, Zhou Z, 2017. Deep MIML network[C]. The 31st AAAI Conference on Artificial Intelligence, San Francisco.

Feng J, Huang M, Zhao L, et al., 2018. Reinforcement learning for relation classi-fication from noisy data[C]. The 32ed AAAI Conference on Artificial Intelligence (AAAI–18), New Orleans.

Han X, Liu Z, Sun M, 2018. Neural knowledge acquisition via mutual attention between knowledge graph and text[C]. The 32ed AAAI Conference on Artificial Intelligence (AAAI–18), New Orleans.

Hinton G E, Srivastava N, Krizhevsky A, et al., 2012. Improving neural networks by preventing co–adaptation of feature detectors[OL]. (2012–07–03) [2020–12–22]. https:// arxiv.org/ abs/ 1207.0580.

Hoffmann R, Zhang C, Ling X, et al., 2011. Knowledge–based weak supervision for information extraction of overlapping relations[C]. The 49th Annual Meeting of the Association for Computational Linguistics: Human Language Technologies, Portland.

Ilse M, Tomczak J M, Welling M, 2018. Attention–based deep multiple instance learning[C]. The 35th International Conference on Machine Learning, Stockholm.

Ji G, Liu K, He S, et al., 2017. Distant supervision for relation extraction with sentence–level attention and entity descriptions[C]. The 31st AAAI Conference on Artificial Intelligence, San Francisco.

Kambhatla N, 2004. Combining lexical, syntactic, and semantic features with maximum entropy models for information extraction[C]. The 42nd Annual Meeting of the Association for Computational Linguistics, Barcelona.

Lin Y, Shen S, Liu Z, et al., 2016. Neural relation extraction with selective attention over instances[C]. The 54th Annual Meeting of the Association for Computational Linguistics, Berlin.

Liu Y, Wei F, Li S, et al., 2015. A dependency–based neural network for relation classification[C]. The 53rd Annual Meeting of the Association for Computational Linguistics, Beijing.

Luo X, Zhou W, Wang W, et al., 2018. Attention–based relation extraction with bidirectional gated recurrent unit and highway network in the analysis of geological data[J]. IEEE Access, 6: 5705–5715.

Mikolov T, Chen K, Corrado G, et al., 2013. Efficient estimation of word representations in vector space[C]. The 1st International Conference on Learning Representations, Scottsdale.

Mintz M, Bills S, Snow R, et al., 2009. Distant supervision for relation extraction without labeled data[C]. Joint Conference of the 47th Annual Meeting of the Association for Computational Linguistics and 4th International Joint Conference on Natural Language Processing of the AFNLP, Singapore.

Miwa M, Bansal M, 2016. End–to–end relation extraction using LSTMs on sequences and tree structures[C]. The 54th Annual Meeting of the Association for Computational Linguistics, Berlin.

Qu J, Hua W, Ye Y, et al., 2018. Distant supervision for neural relation extraction integrated with word attention and property features[J]. Neural Networks,100: 59–69.

Riedel S, Yao L, McCallum A, 2010. Modeling relations and their mentions without labeled text[C]. The European Conference on Machine Learning and Principles and Practice of Knowledge Discovery in Databases, Barcelona.

Rönnqvist S, Schenk N, Chiarcos C, 2017. A recurrent neural model with attention for the recognition of chinese implicit discourse relations[C]. The 55th Annual Meeting of the Association for Computational Linguistics, Vancouver.

Socher R, Huval B, Manning C D, et al., 2012. Semantic compositionality through recursive matrix–

vector spaces[C]. The 2012 Joint Conference on Empirical Methods in Natural Language Processing and Computational Natural Language Learning, Jeju Island.

Suchanek F M, Kasneci G, Weikum G, 2007. Yago: A core of semantic knowledge[C]. The 16th International Conference on World Wide Web, Banff.

Surdeanu M, Tibshirani J, Nallapati R, et al., 2012. Multi−instance multi−label learning for relation extraction[C]. The 2012 Joint Conference on Empirical Methods in Natural Language Processing and Computational Natural Language Learning, Jeju Island.

Xiao M, Liu C, 2016. Semantic relation classification via hierarchical recurrent neural network with attention[C].The 26th International Conference on Computational Linguistics, Osaka.

Xu J, Wen J, Sun X, et al., 2017. A discourse−level named entity recognition and relation extraction dataset for chinese literature text[OL]. (2017−11−19) [2020−12−22]. https://arxiv.org/abs/1711.07010.

Xu K, Feng Y, Huang S, et al., 2015a. Semantic relation classification via convolutional neural networks with simple negative sampling[C]. The 2015 Conference on Empirical Methods in Natural Language Processing, Lisbon.

Xu Y, Mou L, Li G, et al., 2015b. Classifying relations via long short term memory networks along shortest dependency paths[C]. The 2015 Conference on Empirical Methods in Natural Language Processing, Lisbon.

Xu Y, Jia R, Mou L, et al., 2016. Improved relation classification by deep recurrent neural networks with data augmentation[OL]. (2016−10−13) [2020−12−22]. https://arxiv.org/abs/1601.03651.

Yu J, Jiang J, 2016. Pairwise relation classification with mirror instances and a combined convolutional neural network[C]. The 26th International Conference on Computational Linguistics, Osaka.

Zelenko D, Aone C,Richardella A, 2003. Kernel methods for relation extraction[J]. Journal of Machine Learning Research, 3: 1083−1106.

Zeng D, Liu K, Chen Y, et al., 2015. Distant supervision for relation extraction via piecewise convolutional neural networks[C]. The 2015 Conference on Empirical Methods in Natural Language Processing, Lisbon.

Zeng D, Liu K, Lai S, et al., 2014. Relation classification via convolutional deep neural network[C]. The 25th International Conference on Computational Linguistics, Dublin.

Zhu W, Lou Q, Vang Y S, et al., 2017. Deep multi−instance networks with sparse label assignment for whole mammogram classification[C]. Medical Image Computing and Computer Assisted Intervention − MICCAI 2017 − 20th International Conference, Quebec City.

第8章 基于远程监督的少样本关系抽取方法

传统的有监督关系抽取模型将任务定义为多类分类问题，因此无法抽取训练期间未见过的新关系。少样本学习的最新发展提供了一种可行的方式，通过几个标注实例适应新的关系类型。但是，该方法也需要一定量的训练数据才能学习到性能较好的关系抽取元模型，这也会消耗一定的人工。这一问题启发令人想到远程监督方法，该方法可以自动生成训练数据。为此，本章提出研究在远程监督下的少样本抽取任务。由于远程监督自然会引入标签错误的训练实例，以减轻负面影响，本章将多种多实例学习方法整合到经典的原型网络中，可以实现句子级的降噪。在实验中，本章在少样本学习的 *N*–way *K*–shot 设定下评估本章的模型和对比方法。实验结果表明本章的模型具有更好的效果。

8.1 问题背景

关系抽取的主流工作是在有监督学习下进行的，这需要大规模和高质量的训练数据（Zeng et al., 2015, 2014）。但是，人工标注数据的获取非常昂贵。最近的文献诉诸远程监督（Riedel et al., 2010; Mintz et al., 2009）来解决训练数据的稀疏性问题。在远程监督中，假定知识图谱中的某一实体对存在语义关系，那么描述该实体对的全部句子都可以标注为该关系类别。使用这种（不完全正确的）启发式对齐策略，大规模训练数据可以自动构建，但是不可避免地会引入标签错误。如图 8.1 所示，由于三元组（黎明，主演，原振侠）存在于知识图谱中，因此提及实体对（黎明，原振侠）的所有句子都分配了"主演"这一关系标签。实际上，第一个句子并不能表达目标关系，称为假阳性实例，而第二个句子获得了正确的标签，称为真实的阳性实例。因此，一些工作致力于抑制这种假阳性实例的影响（Wu et al., 2019; Qin et al., 2018; Ji et al., 2017）。这些模型在通用关系上表现良好，但是在对长尾关系进行抽取时性能严重下降。也就是说，即使远程监督可以生成大量的训练数据，这些数据在不同类型上的分布也不平衡。此外，它们无法识别训练中未曾见过的新关系，这会限制它们在测试中存在新关系类别的场景下的应用。

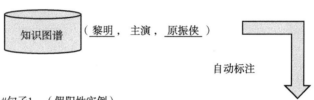

#句子1：（假阳性实例）
因当时电视剧《原振侠》的播映，唱片公司特意制作这张专辑，收录《原振侠》的主题曲和插曲，加上多首黎明曾演绎的电视剧或电影歌曲作精选。

#句子2：（真阳性实例）
而最为人熟悉者乃1993年黎明主演，改编自倪匡作品的电视剧《原振侠》。

图 8.1　由远程监督自动标注示例

最近，有部分文献（Gao et al., 2019; Han et al., 2018）试图将关系抽取定义到少样本学习框架下（Miller et al., 2000），该框架旨在通过很少的标注实例适应新类别。当前，在少样本分类任务上已经有了很多研究。早期的研究是对模型用适当体量的常见类别实例进行预训练，接着通过迁移学习（Donahue et al., 2014; Caruana, 1994）进行微调。此后，度量学习被提出，以将不同类别的实例投影到距离空间中（Snell et al., 2017; Vinyals et al., 2016），其中相似的类彼此靠近放置。最近，基于优化的元学习得以快速发展，其具有从先前经验中学习并推广到新知识的快速学习能力，例如文献（Finn et al., 2017; Ravi et al., 2017）。这些模型，尤其是原型网络，在多个基准数据集上均取得了可喜的结果，但几乎所有模型都专注于图像处理。本章将继续探讨如何利用少样本学习方法解决自然语言处理领域的关系抽取问题。

图 8.2 展示了少样本关系抽取的一个示例，之前的方法仅选择一条数据作为查询，选择的查询可能为一个假阳性标注文本，从而导致其无法正确进行分类。为解决这一问题，本章采用一个实例袋作为查询。对于查询，此方法旨在根据每个关系的一些支持实例，将查询分类到正确的关系上。尽管少样本学

习在预测新的关系时需要较少的训练示例，但是训练一个性能令人满意的少样本关系抽取元模型仍需要一定规模的标注数据。具体来说，FewRel 数据集（Han et al., 2018）通过人工标注被用于关系抽取任务的研究。值得注意的是，FewRel 是通过众包构建的，因此，需要远远大于 64×700 的标注量，其中 64 和 700 分别指训练数据中关系类别的数量和每个类别的标注实例数。

支持集:

关系1：主演

#实例1：2011年底，电视剧《黑狐》在各大卫视台播出，李曼饰演的女地下党员俞梅亦引人关注。

#实例2：不过，1978年在柯俊雄主演的《黄埔军魂》客串演出。

…

关系2：演唱

#实例1：

…

其他关系

…

查询集：（黎明，原振侠）真实标签：主演

之前的方法：

#实例：因当时电视剧《原振侠》的播映，唱片公司特意制作这张专辑，收录《原振侠》的主题曲和插曲，加上多首黎明曾演绎的电视剧或电影歌曲作精选。

本章方法：

#实例1：因当时电视剧《原振侠》的播映，唱片公司特意制作这张专辑，收录《原振侠》的主题曲和插曲，加上多首黎明曾演绎的电视剧或电影歌曲作精选。

#实例2：而最为人熟悉者乃1993年黎明主演，改编自倪匡作品的电视剧《原振侠》。

图 8.2　少样本关系抽取示例

　　总之，远程监督可以生成大规模数据，但存在长尾关系和标签错误；同时，少样本关系抽取能够通过很少训练样本的学习去识别新关系，但仍需要一定量的人工进行数据标注。因此，本章考虑到远程监督和少样本学习的优势，将它们结合起来，以互补这两种范式的缺陷。远程监督和少样本关系抽取的组合构造了一种全自动的关系抽取模型，该模型可以提取两个实体之间的语义关系。

本章研究在远程监督下的少样本关系抽取。在实现过程中，收集了现有的远程监督数据，这些数据是存在噪声的。从图 8.2 中的示例中可以看到，在远程监督下的少样本关系抽取任务中，支持集和查询集实际上都是嘈杂的。如果像以前的研究（Fan et al., 2019; Gao et al., 2019; Han et al., 2018）一样，将单个假阳性实例作为查询样本进行采样，则无法将其分类到支持集中合适的关系类别上。因为最后需要通过最小化查询的预测损失来优化少样本分类模型，所以在查询采样过程中，错误标签的实例将不可避免地误导优化过程。为了解决这个问题，拟遵循至少一次假设，并以实例袋作为查询：

> **定义 3** [至少一次假设] 如果在一个现有知识图谱中，两个实体存在语义关系，则提及这两个实体的所有句子中，至少一句表达该语义关系。

> **定义 4** [实例袋] 提及某特定实体对的全部句子构成一个实例袋。

基于至少一次假设，实例袋包含足够的语义信息来表达目标实体之间的关系。因此，选择实例袋作为查询可以缓解误导优化过程的问题，该误导是由于实例标签错误而引起的。此外，为了减轻实例袋中错误信息的影响，本章模型采用多实例学习方法（multiple instance learning，MIL）实现句子级降噪。

在先前对少样本关系抽取的研究中，原型网络（prototypical networks，PN）通过测量查询与原型之间的距离来进行分类，并取得了不错的效果（Han et al., 2018）。经典的原型网络方法（Snell et al., 2017）首先将所有实例编码到统一的向量空间中，然后将每个关系类别的所有支持实例的向量均值作为关系原型向量。但是，从远程监督数据中采样的标签错误的支持实例可能会导致原型出现巨大偏差。在这方面，本章构思了一种基于注意力的多实例学习方法，该方法包括两个步骤。

（1）查询集降噪。如上所述，如果不幸选择一个错误标注的实例作为查询，会对优化少样本学习模型产生负面影响。因此，本章模型将实例袋作为查询，该实例袋提供了足够的信息以供少样本学习模型识别实体对之间的关系。此外，在产生信息丰富的查询特征向量的同时，还通过自注意力动态降噪。

（2）支持集降噪。当为每个关系选择支持集中的支持实例时，为缓解由于标注错误的支持实例而导致原型出现特征偏离的问题，利用支持实例级别的注意力来生成更具代表性的原型。

在以前的研究中，Gao 等（Gao et al., 2019）已经研究了支持实例级别的注意力，以增强原型网络对支持集中噪声的鲁棒性。但是，本章的工作在以下两个方面与文献（Gao et al., 2019）不同：①Gao 等（Gao et al., 2019）将文本的多样性视为噪声，而在本章的研究中，噪声是支持集中（即错误标签的实例）自然由远程监督带来的，这种噪声解决起来更具挑战性；②如上所述，Gao 等（Gao et al., 2019）选择单个实例作为查询，在使用远程监督数据进行训练时，会对少样本学习模型的优化过程产生负面影响。不同的是，本章模型用实例袋作为查询，并采用多实例学习方法对实例袋进行降噪。

综上所述，本章研究提出在远程监督下进行少样本关系抽取的任务，其技术贡献至少包括三个方面：

（1）本章使用现有的远程监督数据适应少样本学习场景，这为少样本关系抽取提供了一种全自动的方式来获取大规模的潜在无偏见的训练数据。

（2）本章在原型网络的基础上，构想了一种基于注意力的多实例学习方法，该方法可以在支持和查询实例级别上减少噪声并强调关键实例。

（3）在远程监督数据上，对提出的任务和方法进行了经验评估，综合结果证明，本章提出的模型在 N-way K-shot 设置下优于对比方法。

8.2　相关工作

本章的工作主要与远程监督和少样本学习的关系抽取有关。两方面的相关工作介绍如下。

8.2.1　基于远程监督的关系抽取方法

现有的大多数关系抽取研究都集中在有监督学习（Nguyen et al., 2015; Zeng et al., 2014）或远程监督学习（Lin et al., 2016; Zeng et al., 2015）的神经网络模型上。监督学习需要大量标注数据，而获取这些数据会非常昂贵。因此，许多监督学习的关系抽取模型都遭受数据不足的困扰（dos Santos et al., 2015; Zeng et al., 2014）。远程监督（distant supervision, DS）是一种解决方法（Mintz et al., 2009），它可以在不需要人工标注的情况下，生成大量的训练数据。然而，它不可避免地会带来标注错误数据，而且对长尾关系的覆盖仍然很少。Riedel 等

（Riedel et al., 2010）将远程监督下的关系抽取定义为多实例学习问题，以减轻标注错误的影响，从而取得显著的改进。

在此工作的基础上，其他基于特征的方法被提出（Surdeanu et al., 2012; Hoffmann et al., 2011）以更好地处理远程监督带来的噪声。此外，代表性的神经模型包括以下文献（Feng et al., 2018; Lin et al., 2016; Zeng et al., 2015）。其中，Zeng 等（Zeng et al., 2015）对远程监督数据进行了至少一次多实例学习。为了充分利用实例袋中的信息，Lin 等（Lin et al., 2016）提出对实例进行选择性关注，以动态移除嘈杂的样本。最近，强化学习（Feng et al., 2018; Zeng et al., 2018）和生成对抗网络（Qin et al., 2018）与这些模型相结合，进一步减轻了噪声。这些模型将关系抽取定义为一个多分类问题，因此只能提取有限的关系类别。本章的工作与远程监督相关，主要区别在于本章的方法是在少样本学习框架下制定的，该方法可以在测试中对新的关系类型进行分类，进而解决长尾关系问题。

8.2.2　基于少样本学习的关系抽取方法

尽管现有模型性能还令人满意，但上述模型在处理训练样本较少的关系方面显示出局限性。少样本学习为识别新关系类别的问题提供了一种可行的解决方案，它可以根据少量训练样本适应新类别的特征。致力于迁移学习方法的许多工作，通过用常见类别的大量实例进行预训练，再用新类别的少量数据进行微调来推广到新概念（Donahue et al., 2014; Bengio, 2012; Caruana, 1994）。一些元学习模型通过设计特殊的记忆单元（Mishra et al., 2018; Munkhdalai et al., 2017; Santoro et al., 2016）来实现快速学习。另一组研究集中在基于优化的方法上，例如直接生成模型参数或预测参数的更新梯度（Al-Shedivat et al., 2018; Finn et al., 2017）。之后，度量学习的概念被提出，它将实例投影到统一的特征空间中，其中具有相同类的实例彼此相邻放置（Vinyals et al., 2016; Koch et al., 2015）。原型网络是度量学习模型的一个典型代表，该网络也在文献（Gao et al., 2019; Han et al., 2018）中得到了应用。

如第 8.1 节中所述，Han 等（Han et al., 2018）首先定义了少样本关系抽取的任务，并通过众包创建了用于评估任务的数据集 FewRel。Fan 等（Fan et al., 2019）基于 FewRel 提出了具有精细特征的边界距离原型网络。Wu 等（Wu et al., 2020）提出了一种动态原型选择方法，该方法应用注意力机制充分捕获支持集中的信息。Gao 等（Gao et al., 2019）观察到文本比图像的表示更加灵活，更嘈杂，设计了更精细的原型网络。具体来说，他们的模型基于 FewRel，通过以一定的概率将每个支持实例替换为具有不同关系标签的随机实例来引入噪声。相比之下，本章要解决的噪声问题，即标注错误的实例，是在远程监督下自然引入的，相对而言更具挑战性。

8.3 模型方法

如图 8.3 所示，该模型基于原型网络（prototypical network，PN），并结合了基于注意力的多实例学习，其中，X^s 和 X^q 分别表示支持实例和查询实例，h^s 和 h^q 是 X^s 和 X^q 对应的嵌入向量表示。在本章中，实例通过卷积神经网络（CNN）编码后，输入到原型网络。接下来，先对本章任务进行形式化定义，再对所提模型进行详细介绍。

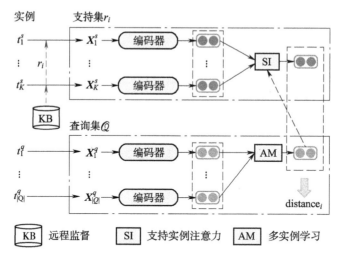

图 8.3 远程监督下的少样本关系抽取框架

8.3.1 预备知识

基于多实例学习的远程监督下的少样本关系抽取目的是获得一个映射方程：

$$f : (R, \mathcal{S}, \mathcal{Q}) \to r \qquad (8.1)$$

给定训练数据 $\mathcal{D}$，$\mathcal{D}$ 是根据远程监督假设利用现有知识图谱自动构建的数据集。具体来说，$R = \{r_1, \cdots, r_i, \cdots, r_m\}$ 是关系类别集合，$1 \leqslant i \leqslant m$，$m = |R|$，$|\cdot|$ 表示一个集合的基数。$\mathcal{D} = \{\mathcal{D}_{r_1}, \cdots, \mathcal{D}_{r_i}, \cdots, \mathcal{D}_{r_m}\}$，其中，$\mathcal{D}_{r_i}$ 是远程监督标注的实例袋。$\mathcal{S}$ 表示支持集，也就是

$$\mathcal{S} = \{(X_1^{r_1}, X_2^{r_1}, \cdots, X_{n_1}^{r_1}), \cdots, (X_1^{r_m}, X_2^{r_m}, \cdots, X_{n_m}^{r_m})\} \qquad (8.2)$$

其中，关系 r_i 包含 n_i 个支持实例，每一个支持实例均从 $\mathcal{D}_{r_i}$ 中随机选择。$\mathcal{Q} = \{X_1^q, \cdots, X_{|\mathcal{Q}|}^q\}$（$|\mathcal{Q}| \geqslant 1$）为查询集，是一个关于某实体对的实例袋。

查询集 $\mathcal{Q}$ 是本章模型与之前传统少样本关系抽取（Fan et al., 2019; Gao et al., 2019; Han et al., 2018）最根本的区别。由于远程监督的数据存在错误标注的情况，如果还采用之前的方法，一旦假阳性实例被采样为查询，那么模型的训练过程一定会受到该错误标注实例的影响，因为错误标注实例的语义与正确标注实例的含义相差甚远。为了克服这个问题，本章采用将实例袋作为查询的办法，描述同一个实体对的全部句子由远程监督标注为 r，用于代替单个的查询实例。通过这样做，模型可以获得充分的信息去识别关系 r。在测试阶段，训练好的模型可以为查询预测最相关的语义关系类别，查询可以是单实例，也可以是多实例。

8.3.2　句子编码器

该模块用于提取实例的语义特征。给定一个句子 $X = \{x_1, x_2, \cdots, x_n\}$，首先将原始文本转换为低维向量表示，然后将其输入神经网络以获得特征向量。

1）嵌入层

在本章方法中，通过查找预训练的词向量表（Pennington et al., 2014）将离散的单词标记映射到低维向量。因此，句子 X 中的单词 x_i 被转换为嵌入向量 $v_{\text{word}} \in \mathbb{R}^{d_w}$。此外，与之前的章节类似，在词嵌入的基础上还合并了位置特征，位置特征对关系抽取作用显著（Zeng et al., 2014）。对于词 x_i，与两个实体的相对距离有两个。因此，随机初始化两个位置嵌入矩阵，并且可以通过在嵌入表中查找，将每个距离转换为 k_p 维的向量 $v_{\text{pos}}^j \in \mathbb{R}^{d_p}$，$j \in \{1, 2\}$。然后，将词嵌入和位置特征串联作为神经网络的输入，即

$$\boldsymbol{x}_i = [\boldsymbol{v}_{\text{word}} : \boldsymbol{v}_{\text{pos}}^1 : \boldsymbol{v}_{\text{pos}}^2] \in \mathbb{R}^{d_w + 2d_p} \tag{8.3}$$

当将所有词的向量表示收集在一起时，获得输入嵌入矩阵 $\boldsymbol{X} = \{\boldsymbol{x}_1, \boldsymbol{x}_2, \cdots,$ $\boldsymbol{x}_n\}$。获得句子的表示 $\boldsymbol{X}$ 之后，可以将其输入到标准卷积神经网络中进行特征提取。

2）编码层

本章模型使用卷积神经网络作为实例编码器，因为卷积网络具有出色的编码能力和计算效率。$\boldsymbol{X}_{i:j}$ 是词向量 $[\boldsymbol{x}_i : \boldsymbol{x}_{i+1} : \cdots : \boldsymbol{x}_j]$ 的串联。当卷积网络的滑动过滤器窗口大小为 k_w 时，其权重矩阵由 $\boldsymbol{W} \in \mathbb{R}^{k_w \times (d_w + 2d_p)}$ 表示。卷积运算是在 $\boldsymbol{W}$ 和 $\boldsymbol{X}_{(j-d_w+1):j}$ 之间取点积，并生成向量 $h' \in \mathbb{R}^{n-k_w+1}$。通常需要多个过滤器来提取更多信息，相应的权重矩阵由 $\{\boldsymbol{W}_1, \cdots, \boldsymbol{W}_i, \cdots, \boldsymbol{W}_d\}$ 表示。每个卷积运算都可以表示为

$$h'_{ij} = \boldsymbol{W}_i \otimes \boldsymbol{X}_{(j-k_w+1):j} \tag{8.4}$$

其中，d 是过滤器的数量，$1 \leqslant i \leqslant d$，$1 \leqslant j \leqslant n - k_w + 1$。

然后，对卷积结果进行最大池化操作，以提取每个维度上最突出的特征，即

$$h_i = \text{ReLU} \left(\max_{1 \leqslant j \leqslant n-k_w+1} (h'_{ij}) \right) \tag{8.5}$$

其中，ReLU 是激活函数。因此，最终由卷积神经网络的最大池化层生成实例的特征向量 $\boldsymbol{h}^i \in \mathbb{R}^d (i \in \{s, q\})$，其中，$\boldsymbol{h}^s$ 表示支持实例的特征向量，$\boldsymbol{h}^q$ 是查询实例的特征向量。

3）带有注意力的多实例学习方法

错误标签的实例对学习、评估查询以及原型都是有害的。因此，本章构思了一个基于注意力的多实例学习单元来减轻影响。图 8.4 比较了本章模型与经典原型网络（Snell et al., 2017）在选择支持实例和查询实例的区别，之前的工作将所有支持实例看作是同等的，而本章的方法对于不同实例给予不同的关注。此外，之前的方法无法处理假阳性实例，而本章的方法通过选择实例袋作为查询解决了这一问题。从中可以看出，如果将一个错误标注实例作为查询样

本，则以前的方法无法处理这种情况。此外，支持实例的平均选择是固定的而不是灵活的，这限制了给定查询时对支持实例的适当选择。

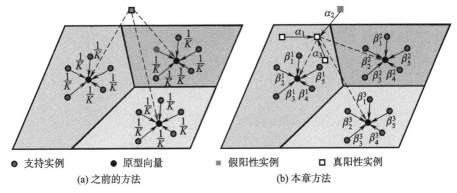

● 支持实例　　● 原型向量　　■ 假阳性实例　　□ 真阳性实例

(a) 之前的方法　　　　　　　　　(b) 本章方法

图 8.4　支持集和查询集中的实例选择

给定一组 Q 的特征向量，即 $\boldsymbol{H} = \{\boldsymbol{h}_1^q, \cdots, \boldsymbol{h}_{|Q|}^q\} \in \mathbb{R}^{|Q| \times d_c}$，本章方法利用了基于注意的池化操作来处理实例袋中的多个实例。本章使用一种自注意力方法（Vaswani et al., 2017），其定义为

$$\boldsymbol{Q} = \mathrm{softmax}\left(\frac{(\boldsymbol{H}\boldsymbol{W}^1 + \boldsymbol{b}^1)(\boldsymbol{H}\boldsymbol{W}^2 + \boldsymbol{b}^2)^{\mathrm{T}}}{\sqrt{d_c}}\right) \tag{8.6}$$

其中，$\boldsymbol{W}^1$、$\boldsymbol{W}^2 \in \mathbb{R}^{d_c \times d_c}$ 和 $\boldsymbol{b}^1$、$\boldsymbol{b}^2 \in \mathbb{R}^{d_c}$ 是两个线性投影层的可学习参数，而 softmax($\cdot$) 是 softmax 函数。$\boldsymbol{Q} \in \mathbb{R}^{|Q| \times |Q|}$ 是通过让每个实例相互关注而产生的。接着，对 $\boldsymbol{Q}$ 的每一行取平均值，以生成查询集中每个实例的注意力得分：

$$\alpha_i = \frac{\exp(q_i)}{\sum_{k=1}^{|Q|} \exp(q_k)} \tag{8.7}$$

$$q_k = \frac{\sum_{j=1, j \neq k}^{|Q|} \boldsymbol{Q}_{kj}}{|Q|} \tag{8.8}$$

这样，查询实例的选择将以查询集中的高质量实例为指导。

然后，查询集向量表示形式是通过加权形式合并查询实例的特征向量获得的，即

$$\hat{\boldsymbol{h}}^q = \sum_{i=1}^{|\mathcal{Q}|} (\alpha_i \boldsymbol{h}_i^q) \tag{8.9}$$

本章还尝试其他多实例学习方法，包括在多个实例上进行最大池化，定义为

$$\hat{\boldsymbol{h}}_j^q = \max_{1 \leqslant i \leqslant |\mathcal{Q}|} \boldsymbol{H}_{ij} \tag{8.10}$$

然后将所有维度连接起来获得查询特征向量 $\hat{\boldsymbol{h}}^q$。

另一种多实例学习方法将所有查询实例向量取均值：

$$\hat{\boldsymbol{h}}^q = \frac{1}{|\mathcal{Q}|} \sum_{i=1}^{|\mathcal{Q}|} \boldsymbol{h}_i^q \tag{8.11}$$

此外，本章还设计了一种感知机池化方法，通过以下方式产生权重值：

$$\alpha_i = \frac{\exp(\boldsymbol{v}^{\mathrm{T}} \boldsymbol{h}_i^q)}{\sum_{k=1}^{|\mathcal{Q}|} \exp(\boldsymbol{v}^{\mathrm{T}} \boldsymbol{h}_k^q)} \tag{8.12}$$

其中，$\boldsymbol{v}^{\mathrm{T}} \in \mathbb{R}^{d_c}$ 是一个参数向量。最终的查询向量可以通过式 (8.9) 得到。

4）支持实例级注意力

类似于查询集的情况，远程监督也会导致在给定查询集时，支持集中的实例对于学习原型特征并不是同样有用。受到文献（Gao et al., 2019）启发，本章也通过这种方式为每一个关系类型生成一个原型向量：

$$\hat{\boldsymbol{h}}^s = \sum_{i=1}^{|\mathcal{S}_r|} (\beta_i \boldsymbol{h}_i^s) \tag{8.13}$$

它是所有支持实例的加权和，权重 β_i 是根据查询集计算的，因为支持实例的重要性因查询而异。因此，β_i 被定义为

$$\beta_i = \frac{\exp(q_i)}{\sum_{k=1}^{|\mathcal{S}_r|} \exp(q_k)} \tag{8.14}$$

$$q_k = \|\sigma(\boldsymbol{h}_k^s \boldsymbol{W}^s \odot \hat{\boldsymbol{h}}^q \boldsymbol{W}^s)\|_1 \tag{8.15}$$

其中，$\|\cdot\|_1$ 是一范数；$\sigma(\cdot)$ 是双曲正切函数；$\boldsymbol{W}^s$ 是可学习矩阵；$\boldsymbol{y}^q$ 是根据式 (8.9) 生成的查询集的特征向量。

本章提出的基于注意力的多实例方法具有两个优点。首先，它具有灵活性的特点，可以为查询实例袋中的实例分配不同的权重，从而为实例袋级分类生成更有效的查询向量。此外，查询集中和支持集中的不同注意力具有解释性。应将较高的注意权重分配给真阳性的实例，而假阳性实例得到较低的分数。

8.3.3 原型网络

原型网络的基本思想是分别使用各自的支持集生成一个关系的原型向量。给定查询集 $\mathcal{Q}$，分别计算查询特征向量 $\hat{\boldsymbol{h}}^q$ 与所有原型之间的距离。然后，如果距离 r_i 的原型距离最小，则查询集所涉及的实体对被分类为 r_i，查询 $\mathcal{Q}$ 属于 r_i 的概率为

$$p(r_i|\mathcal{Q}) = \frac{\exp(-\|\hat{\boldsymbol{h}}_i^s - \hat{\boldsymbol{h}}^q\|_2^2)}{\sum_{j=1}^m \exp(-\|\hat{\boldsymbol{h}}_j^s - \hat{\boldsymbol{h}}^q\|_2^2)} \tag{8.16}$$

为训练该模型，使用交叉熵损失作为最小化优化目标：

$$\mathcal{L}(\theta) = -\sum_j \ln p(r_i|\mathcal{Q}_j; \theta) \tag{8.17}$$

其中，θ 是模型使用的所有可训练参数集合。在模型优化过程中，利用随机梯度下降法来最大化目标函数，不断迭代更新模型中使用的参数直到收敛。

8.4 实验与分析

本节首先介绍实验所用的数据和对比的方法，然后描述了模型的实现细节。本节呈现了充分对比实验结果和典型的定性分析，以证明本章模型的有效性和可解释性。

8.4.1　数据集介绍

由于当前并没有公开可用的中文远程监督少样本关系抽取数据，因此，本节实验所用数据通过将现有关系抽取数据整合并重新组织后，用于远程监督少样本关系抽取的研究。本节实验所用的训练数据与第 7 章实验数据类似，其中，训练数据来自两部分，一部分与第 7 章实验训练数据一致，另一部分来自远程监督标注的数据，经过处理后保留 22 种关系类型，至此，训练集共包含 89 种关系类型。测试集与第 7 章保持一致，本节实验并未在远程监督数据上进行测试，因为远程监督存在噪声，即错误标注数据，在这种数据上测试，并不能体现模型的真实效果，而第 7 章中的测试数据为人工标注数据，可以真实体现模型的分类准确率。

本章对模型的总体性能在 N–way K–shot 设定下进行测试，为了验证本章模型所采用的多实例学习方法，本节将本章方法与其他多实例方法进行对比分析，此外，还通过可视化方法将不同多实例学习模型学习得到的查询表示进行对比，通过案例分析对本章模型的灵活性和可解释性进行阐释。

8.4.2　实验设置

对于句子编码器的词嵌入层，实验采用预训练的 BERT 词向量（Devlin et al., 2018）。对于位置向量和 CNN 结构，采用报告（Zeng et al., 2014）中的参数。其余参数通过微调获得，最优参数用下划线标出，初始的学习率 $\lambda \in \{0.01, \underline{0.1}, 0.3, 0.5\}$，学习衰减率 $\gamma \in \{0.01, \underline{0.1}, 0.3, 0.5\}$，也就是说，每经过 s 步，λ 乘以参数 γ，此处 $s = 5\,000$。训练 8 个轮次，每个轮次进行 2 000 个训练迭代。测试阶段选择 3 000 个批次，预测的准确率作为评价指标。

用 AMProto 表示本章所提基于注意力多实例学习方法的原型网络，使用了最大池化、平均池化、感知机池化的方法分别表示为 Proto+MAX、Proto+AVE 和 Proto+PER。对比方法包括以下几种。

（1）MetaNet（Munkhdalai et al., 2017）：在一个基础学习器之上使用一个高层的元学习器监督训练过程，元学习通过产生快速权值，帮助模型通过少量支持实例泛化至新类别上。

（2）SNAIL（Mishra et al., 2018）：首先将每一个支持实例与它的标签耦合，然后将所有支持实例-标签对和查询串联为一个序列。时序卷积神经网络和注意力机制从支持实例中学习经验，对查询进行预测。

（3）MAML（Finn et al., 2017）：是一种与模型无关的元学习算法，可以与不同的问题兼容。算法最大化新任务损失函数的灵敏性，这样一来，当参数发生细微变化时，可以更大程度地改善任务损失。

（4）Proto（Snell et al., 2017）：首先通过一个嵌入方程将所有的实例映射至一个统一的向量空间，通过将支持实例的嵌入表示均值求和获得每个类别的原型向量，模型根据查询到每个原型向量的距离，将其分到距离最近的那一类中。

（5）Proto+Self（Wu et al., 2020）：通过采用自注意力的方法动态计算原型向量，再利用原型网络对查询进行分类。

（6）Proto+HATT（Gao et al., 2019）：在原型网络的基础上设计了一种混合注意力方法，包括两部分：一部分为特征注意力，用于强调特征向量的重要维度；另一部分为支持实例级注意力，根据查询衡量支持实例的重要程度，生成更有代表性的原型向量。

8.4.3　总体结果

本节实验仍采用 N-way K-shot 设定对模型进行评测，其中 $N \in \{5, 10\}$，$K \in \{5, 10\}$。每个模型在五个随机种子下进行测试，平均准确率和方差用于报告模型性能。因为本章工作是对带有远程监督训练数据下的少样本关系抽取的初步探索，此前并未有针对这一问题精心设计的模型，所以上述模型仍选择单个实例作为查询，但是在测试阶段，对一个实例袋所有实例进行测试，选择具有最高置信分数的类别作为该实例袋的最终预测。在对比方法中，MetaNet、SNAIL、MAML 和 Proto 不能解决实例级的噪声，Proto+Self 和 Proto+HATT 通过注意力机制可以解决支持集上的噪声，但是不能解决查询为负阳性的情况。

表 8.1 为不同模型的准确率和方差，从结果中可以看到：①所有基于原型

表 8.1　不同少样本关系抽取模型在 N-way K-shot 设定下的准确率和方差

模型	5-way 5-shot	5-way 10-shot	10-way 5-shot	10-way 10-shot
MetaNet	53.84 ± 0.78	63.44 ± 0.63	41.52 ± 0.51	45.76 ± 0.73
SNAIL	55.65 ± 0.45	62.31 ± 0.57	41.06 ± 0.41	44.84 ± 0.39
MAML	62.27 ± 0.42	67.35 ± 0.26	47.32 ± 0.42	50.97 ± 0.57
Proto	63.13 ± 0.37	68.26 ± 0.31	48.57 ± 0.40	52.91 ± 0.27
Proto+Self	64.24 ± 0.19	69.23 ± 0.34	49.74 ± 0.28	53.84 ± 0.31
Proto+HATT	64.53 ± 0.28	69.47 ± 0.15	50.20 ± 0.17	53.97 ± 0.35
AMProto	**67.12 ± 0.13**	**72.23 ± 0.25**	**53.46 ± 0.29**	**55.87 ± 0.36**

的方法要比其他的方法效果要好，即 MetaNet、SNAIL 和 MAML。在这些对比方法中，Proto+HATT 是最强大的对比方法，由于模型中的混合注意力可以动态强调支持实例和特征维度的作用；②AMProto 要比其他基于原型网络的少样本关系抽取方法效果好，说明了 AMProto 在远程监督下的少样本关系抽取任务上具有更好的鲁棒性，因为 AMProto 引入了基于注意力的多实例学习方法，可以有效解决假阳性查询实例的问题。

8.4.4 多实例学习方法对比

为了验证基于注意力多实例学习方法的有效性，本节实验将基于注意力多实例学习方法替换为其他多实例学习方法 [参见式 (8.10)、式 (8.11) 和式 (8.12)]，构建模型变种 Proto+MAX、Proto+AVE 和 Proto+PER。在本节实验中，所有的模型采用实例袋作为查询进行训练和测试，测试实例袋可以仅包含一条实例。

表 8.2 中列举了不同模型的准确率结果，从结果可以看到：①基于注意力的多实例学习方法要比其他的多实例学习方法效果更好，由于自注意力可以在查询实例袋中找到高质量的实例，引导更好的实例选择。此外，由于查询集与支持集之间的交互，一个更有信息含量的查询向量可以帮助生成更有代表性的原型向量；②三种对比多实例学习方法性能类似，由于它们都不能有效解决在查询实例袋中为多个实例分配权值的问题，继而，查询实例袋中存在的噪声会影响支持实例的选择，影响原型向量的生成。

表 8.2　不同多实例学习方法的少样本关系抽取模型在 N-way K-shot 下的准确率和方差

模型	5-way 5-shot	5-way 10-shot	10-way 5-shot	10-way 10-shot
Proto+MAX	64.31 ± 0.40	70.43 ± 0.28	51.75 ± 0.34	54.65 ± 0.21
Proto+AVE	65.28 ± 0.38	71.04 ± 0.19	50.86 ± 0.25	53.22 ± 0.16
Proto+PER	66.52 ± 0.22	71.18 ± 0.26	52.35 ± 0.17	54.29 ± 0.39
AMProto	$\mathbf{67.12 \pm 0.13}$	$\mathbf{72.23 \pm 0.25}$	$\mathbf{53.46 \pm 0.29}$	$\mathbf{55.87 \pm 0.36}$

8.4.5 实例袋向量表示可视化

本节实验可视化地分析不同多实例学习方法的预测性能，可以看到 Proto+MAX、Proto+AVE 和 Proto+PER 效果比 AMProto 差，因为 AMProto 可以更好地在查询实例袋中选择高质量的实例生成查询特征向量。为了验证这一

问题，本节实验选择了两种关系类型的 400 个查询实例袋，将它们进行编码
后，映射至二维空间，可视化结果如图 8.5 所示，从可视化结果中可以看到：
①Proto+MAX、Proto+AVE 和 Proto+PER 的特征向量分布仅存在很微小的差
别；②对比之下，因为基于注意力的多实例学习方法和支持实例级注意力的
交互，AMProto 生成的特征向量更容易被线性划分；③通过 AMProto 和其他多
实例学习方法的对比，可以说明本章提出的基于注意力的多实例学习方法可
以学习得到更具有区分度的查询实例袋特征表示。

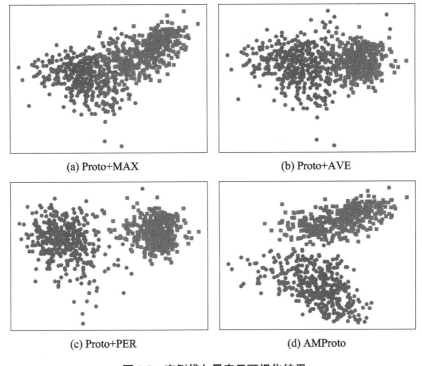

(a) Proto+MAX　　　　　　　　　　(b) Proto+AVE

(c) Proto+PER　　　　　　　　　　(d) AMProto

图 8.5　实例袋向量表示可视化结果

8.5　本章小结

本章的研究联合了远程监督和少样本学习的优势，探索了一个新的任务，
远程监督下的少样本关系抽取。由于观察到远程监督下的关系抽取中的特殊

挑战，本章在原型网络的基础上，构思了一种基于注意力的多实例学习方法，用于解决支持集和查询集中的错误标注数据问题。其他的多实例学习方法，例如最大池化、平均池化和感知机池化也被作为基线，在本章中进行了测试。实验结果显示本章所探索任务的可行性，以及本章模型的优越性。从实验结果可以看出，本章的方法在远程监督少样本关系抽取这一具有挑战性的任务上具有更好的鲁棒性。本章的研究在经典的 N-way K-shot 设定下进行测试，可以从非结构化文本数据中抽取三元组用于知识图谱的自动扩展。

参考文献

Al-Shedivat M, Bansal T, Burda Y, et al., 2018. Continuous adaptation via meta-learning in nonstationary and competitive environments[C]. The 6th International Conference on Learning Representations, Vancouver.

Bengio Y, 2012. Deep learning of representations for unsupervised and transfer learning[C]. Unsupervised and Transfer Learning-Workshop held at ICML 2011, Bellevue.

Caruana R, 1994. Learning many related tasks at the same time with backpropagation[C]. Advances in Neural Information Processing Systems 7, Denver.

Devlin J, Chang M, Lee K, et al., 2018. BERT: Pre-training of deep bidirectional transformers for language understanding[C]. The 2019 Conference of the North American Chapter of the Association for Computational Linguistics: Human Language Technologies, Minneapolis.

Donahue J, Jia Y, Vinyals O, et al., 2014. DeCAF: A deep convolutional activation feature for generic visual recognition[C]. The 31th International Conference on Machine Learning, Beijing.

dos Santos C N, Xiang B, Zhou B, 2015. Classifying relations by ranking with convolutional neural networks[C]. The 53rd Annual Meeting of the Association for Computational Linguistics and the 7th International Joint Conference on Natural Language Processing of the Asian Federation of Natural Language Processing, Beijing.

Fan M, Bai Y, Sun M, et al., 2019. Large margin prototypical network for few-shot relation classification with fine-grained features[C]. The 28th ACM International Conference on Information and Knowledge Management, Beijing.

Feng J, Huang M, Zhao L, et al., 2018. Reinforcement learning for relation classification from noisy data[C]. The 32nd AAAI Conference on Artificial Intelligence, New Orleans.

Finn C, Abbeel P, Levine S, 2017. Model-agnostic meta-learning for fast adaptation of deep networks[C]. The 34th International Conference on Machine Learning, Sydney.

Gao T, Han X, Liu Z, et al., 2019. Hybrid attention-based prototypical networks for noisy few-shot relation classification[C]. The 33rd AAAI Conference on Artificial Intelligence, Honolulu.

Han X, Zhu H, Yu P, et al., 2018. FewRel: A large-scale supervised few-shot relation classification dataset with state-of-the-art evaluation[C]. The 2018 Conference on Empirical Methods in Natural Language Processing, Brussels.

Hoffmann R, Zhang C, Ling X, et al., 2011. Knowledge-based weak supervision for information extraction of overlapping relations[C]. The 49th Annual Meeting of the Association for Computational Linguistics: Human Language Technologies, Portland.

Ji G, Liu K, He S, et al., 2017. Distant supervision for relation extraction with sentence-level attention and entity descriptions[C]. The 31st AAAI Conference on Artificial Intelligence, San Francisco.

Koch G, Zemel R, Salakhutdinov R, 2015. Siamese neural networks for one-shot image recognition[C]. The 32nd International Conference on International Conference on Machine Learning, Lille.

Lin Y, Shen S, Liu Z, et al., 2016. Neural relation extraction with selective attention over instances[C]. The 54th Annual Meeting of the Association for Compu-tational Linguistics, Berlin.

Miller E G, Matsakis N E, Viola P A, 2000. Learning from one example through shared densities on transforms[C]. 2000 Conference on Computer Vision and Pattern Recognition, Hilton Head.

Mintz M, Bills S, Snow R, et al., 2009. Distant supervision for relation extraction without labeled data[C]. The 47th Annual Meeting of the Association for Computational Linguistics and the 4th International Joint Conference on Natural Language Processing of the AFNLP, Singapore.

Mishra N, Rohaninejad M, Chen X, et al., 2018. A simple neural attentive meta-learner[C]. The 6th International Conference on Learning Representations, Vancouver.

Munkhdalai T, Yu H, 2017. Meta networks[C]. The 34th International Conference on Machine Learning, Sydney.

Nguyen T H, Grishman R, 2015. Relation extraction: Perspective from convolutional neural networks[C]. The 1st Workshop on Vector Space Modeling for Natural Language Processing, Denver.

Pennington J, Socher R, Manning C D, 2014. Glove: Global vectors for word representation[C]. The 2014 Conference on Empirical Methods in Natural Language Processing, Doha.

Qin P, Xu W, Wang W Y, 2018. Robust distant supervision relation extraction via deep reinforcement learning[C]. The 56th Annual Meeting of the Association for Computational Linguistics, Melbourne.

Ravi S, Larochelle H, 2017. Optimization as a model for few-shot learning[C]. The 5th International Conference on Learning Representations, Toulon.

Riedel S, Yao L, McCallum A, 2010. Modeling relations and their mentions without labeled text[C]. Machine Learning and Knowledge Discovery in Databases, European Conference, Barcelona.

Santoro A, Bartunov S, Botvinick M, et al., 2016. Meta-learning with memory-augmented neural networks[C]. The 33nd International Conference on Machine Learning, New York.

Snell J, Swersky K, Zemel R S, 2017. Prototypical networks for few-shot learning[C]. Annual Conference on Neural Information Processing Systems 2017, Long Beach.

Surdeanu M, Tibshirani J, Nallapati R, et al., 2012. Multi-instance multi-label learning for relation extraction[C]. The 2012 Joint Conference on Empirical Methods in Natural Language Processing and Computational Natural Language Learning, Jeju Island.

Vaswani A, Shazeer N, Parmar N, et al., 2017. Attention is all you need[C]. Annual Conference on Neural Information Processing Systems 2017, Long Beach.

Vinyals O, Blundell C, Lillicrap T, et al., 2016. Matching networks for one shot learning[C]. Annual Conference on Neural Information Processing Systems 2016, Barcelona.

Wu L, Zhang H, Yang Y, et al., 2020. Dynamic prototype selection by fusing attention mechanism for few-shot relation classification[C]. Lecture Notes in Computer Science: Intelligent Information and Database Systems-12th Asian Conference, Phuket.

Wu S, Fan K, Zhang Q, 2019. Improving distantly supervised relation extraction with neural noise converter and conditional optimal selector[C]. The 33rd AAAI Conference on Artificial Intelligence, Honolulu.

Zeng D, Liu K, Chen Y, et al., 2015. Distant supervision for relation extraction via piecewise convolutional neural networks[C]. The 2015 Conference on Empirical Methods in Natural Language Processing, Lisbon.

Zeng D, Liu K, Lai S, et al., 2014. Relation classification via convolutional deep neural network[C]. The 25th International Conference on Computational Linguistics, Dublin.

Zeng X, He S, Liu K, et al., 2018. Large scaled relation extraction with reinforcement learning[C]. The 32nd AAAI Conference on Artificial Intelligence, New Orleans.

第9章 基于迁移排序模型的三元组抽取技术

　　三元组抽取是知识结构化的关键步骤，它从非结构化文本语料库中提取结构化信息。传统的抽取方法使用实体抽取和关系分类的途径分别抽取实体和关系，忽略了这两个任务之间的联系。近年来，基于神经网络的实体关系抽取联合方法被提出，该方法可以同时进行实体和关系的抽取，相比于传统的管道式抽取方法取得了较好的效果。现阶段大量的语句中包含不止一个三元组，而当前的联合抽取方法很难从单一的句子中抽取多个三元组。受基于迁移的知识嵌入模型启发，本章提出了一种基于迁移排序模型的三元组抽取技术（jointly extracting multiple triplets with multilayer translation constraints，TME），该模型能够很好地发现语句中包含的多个三元组，提高非结构化知识抽取的可行性和效能。本章首先对三元组抽取的问题进行描述，并介绍三元组抽取的相关工作，随后对多三元组抽取模型进行建模和分析，最后通过实验来验证多三元组抽取算法的有效性。

9.1　问题背景

　　三元组抽取的主要任务是从非结构化数据中同时抽取实体及实体间的关系。传统模型分别使用实体抽取（Shaalan, 2014）和关系分类（Rink et al., 2010）抽取实体和关系，产生最后的三元组。然而，这种模块化的方法不能充分捕捉并利用实体抽取和关系分类任务之间的相关性，极易造成误差传递（Li et al., 2014）。

　　为了克服这些缺点，研究者们提出了联合抽取模型，即同时抽取实体和关系，但其中大多数是基于特征的模型（Miwa et al., 2014; Chan et al., 2011; Kate et al., 2010; Yu et al., 2010），需要大量人工干预和监督的自然语言处理工具来构建多元化、复杂化的特征。最近，一些神经网络模型被提出用于联合抽取实体和关系。Zheng 等（Zheng et al., 2017a）利用双向长短期记忆网络来学习联合的隐藏特征，随后用长短期记忆网络抽取实体，用卷积神经网络抽取关系。Miwa 等（Miwa et al., 2016）采用端到端的模型抽取实体，在此基础上利用依赖树抽取关系。上述方法首先识别实体，然后为每一对可能抽取的实体选择一个语义关系，在这种情况下，关系分类器的精度相对较低[①]，但召回率较高，因为它被许多属于其他种类的实体对所误导。同时，有些模型只能抽取出有限的目标关系。Zheng 等（Zheng et al., 2017b）把联合抽取问题转化成标注问题，用一个统一的标注方案标注实体和关系标签，利用端到端的模型来解决这个问题。然而，在这个模型中，每一个实体在每个句子中都被限制只涉及一个关系。Katiyar 等（Katiyar et al., 2017）也采用双向长短期记忆网络抽取实体，并引入一种注意力机制抽取关系。模型假定一个实体只能与句子中的一个前置实体相关，忽略了与一个实体相关联的多个关系，在这种情况下，关系分类任务执行的精度相对较高，但召回率较低，因为关系分类的候选范围是有限的。

综上所述，现有联合抽取模型或是在不实用约束下抽取有限的关系（一句话中只有一个关系，一个实体只关联到一个前置实体），或是简单生成大量候选实体对进行关系分类（所有可能的实体对关系）。主要原因在于其忽视了现存大型语料库中常见的多三元组影响，例如在 *New York Times* 数据集中（Riedel et al., 2010），37.4% 的句子都包含多个关系。以图 9.1 中的新闻句为例。与实体 "Paris" 相关的有两个三元组，即（Donald Trump, Arrive in, Paris）和（Paris, Located in, France）。然而，上述所有模型都无法完全捕捉到它们。Zheng 等（Zheng et al., 2017b）假设一个实体 "Paris" 只属于一个三元组，如果一个实体包含在多个三元组中，第二个三元组就会被忽略。Katiyar 等（Katiyar et al., 2017）捕捉一个实体和其一个前置实体的关系，在这种情况下，从 "Paris" 到 "Donald Trump" 和到 "France" 的关系都不会被发现。同时，Miwa 等（Miwa et al., 2016）；Zheng 等（Zheng et al., 2017a）认为，每一个实体对之间都存在一种关系。故而，大量实体对会被归到一个称为 "其他" 的类中，但 "其他" 的特征在分类器训练中不会被学习，因此，噪声实体 "Elysee Palace" 和类似（"Donald Trump" "Elysee Palace"）之间不存在的关系会对分类器造成混淆，进而导致无法正确检测/选择多三元组的目标关系。本章旨在识别和解决多三元组抽取问题。

针对多三元组抽取问题，本章采用以下三种策略：①准确识别可能涉及目

[①] 在关系分类的过程中，其他关系（other relation）意味着实体对之间不存在关系，或者存在某个不需要考虑的关系。

标关系的候选实体；②学习每个句子中实体和关系的完整特征；③减轻"其他"关系对关系分类的影响并增强分类器的训练。

本章提出了一种新颖的多三元组联合抽取模型 TME，通过在每个句子中自适应地抽取实体和其包含的多个关系，从而实现多三元组抽取。

为区分候选实体，联合抽取模型设计使用位置、类型和关系三部分标注方案来描述句子中每个单词的特征（图 9.1）。位置属性描述每个实体中词的位置，类型属性表示实体类型，关系属性表示实体是否涉及关系。进行标注时，在传统词向量的基础上，联合抽取模型利用双向长短期记忆网络学习实体特征，然后用条件随机场来标记句子中的词。进行关系抽取时，联合抽取模型使用外部嵌入无关句来描述关系的特征，并要求实体和关系形成正确的三元组 (e_h, e_t, r)，并满足迁移约束 $e_h + r \approx e_t$。为了减少双向长短期记忆网络中实体特征的偏差，联合抽取模型对双向长短期记忆网络中的实体关系进行约束也就是需要满足 $\vec{e}_h + r \approx \vec{e}_t$ 和 $\overleftarrow{e}_h + r \approx \overleftarrow{e}_t$，如图 9.2 所示。为训练该模型，引入一种负采样策略，方法是利用排序对关系进行分类。

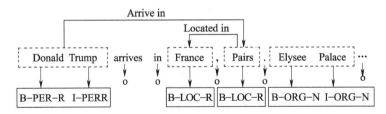

图 9.1　三段式标签方法示例

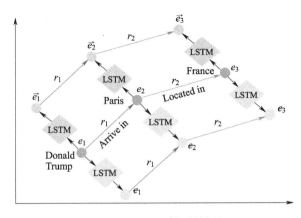

图 9.2　多层迁移模型的框架

本章主要创新点概括如下：

（1）本章提出一个联合实体关系抽取模型（TME）来进行多三元组抽取——采用基于多层迁移的联合抽取模型来保存非结构化文本中实体的关系特征；

（2）本章设计了一个三部分的标注方案，严格区分候选实体的关系属性，能够减少无关实体的噪声，提高抽取性能；

（3）联合抽取模型利用对候选关系进行排序来执行关系抽取任务，并利用定向的关系特征向量引入负采样进行模型训练；

（4）通过在真实数据集上的广泛实验，TME 在单个和多个三元组抽取任务中的表现均超过了其他同类算法。

9.2 相关工作

本节从联合三元组抽取、实体抽取和关系分类三个方面讨论相关工作。

9.2.1 基于实体关系联合抽取的方法

除第 3.1 节提到的抽取模型（Katiyar et al., 2017；Ren et al., 2017；Zheng et al., 2017a, 2017b；Miwa et al., 2016），还存在大量相关的联合抽取工作，Roth 等（Roth et al., 2004）和 Yang 等（Yang et al., 2013）设计了整数线性规划模型来处理这个问题。Kate 等（Kate et al., 2010）用卡片金字塔语法分析来联合抽取实体和关系。Singh 等（Singh et al., 2013）则使用了概率图模型。上述模型都是利用特征来联合抽取实体和关系，难以在大规模数据集上应用。

另一种策略采用实体抽取和关系分类依次进行的方法来完成三元组抽取，但这种策略设计存在缺陷，误差会随着任务积累传递，对准确率和召回率都产生了影响。除此之外，单独抽取实体和关系忽略了实体和关系之间的相关性，很难提高抽取精度。下面分别介绍两个子任务的相关工作。

9.2.2 基于实体抽取的方法

大多数实体抽取模型都基于统计或基于神经网络模型。隐马尔可夫模型（hidden Markov models，HMM）（Passos et al., 2014）和条件随机场（CRF）（Finkel et al., 2005; McCallum et al., 2003）是两种典型的基于统计的模型，方法假定实体标签之间有一定的相关性。基于神经网络模型（Hammerton, 2003）从每个单词中抽取隐藏特征来识别实体。近年来，研究者利用神经网络模型结合条件随机场来进行实体抽取的相关工作也取得了较好效果，例如 CNN+CRF（Collobert et al., 2011）和 BiLSTM–CRF（Lample et al., 2016）。

9.2.3　基于关系分类的方法

传统基于特征（Rink et al., 2010）和基于核的（Zhang et al., 2006）方法常用于抽取关系。然而，上述两种类型的方法都存在低效和可移植性差的问题。随后，神经网络模型被提出用于抽取实体之间的关系，例如卷积神经网络（dos Santos et al., 2015）和循环神经网络（门控循环单元和长短期记忆网络）（Zhang et al., 2015）。除此之外，为了更好地捕捉序列和依赖特征，注意力机制（Wang et al., 2016; Shen et al., 2016）和最短依赖树（Xu et al., 2015）也被用来改进性能。

9.3　模型方法

本节主要介绍提出的新模型方法，包括用于获取实体特征的三部分标注方案、捕获关系特征的多层迁移模型和使用负采样训练的基于边缘的关系排序损失。

9.3.1　模型框架

现有的许多联合抽取模型都基于假设 1。

> **假设 1**（三元组抽取）如果一个句子包含两个以上的实体，那么任何一对实体之间都可能存在一个关系。

根据假设 1，对于任意一个句子 X，自然可以想到以下的联合抽取流程：①抽取句子中的实体；②为句子中的每一对实体抽取一个关系。但是，当一个实体与另一个实体没有关系或有多个关系时，这种抽取流程是有缺陷的，会导致抽取的精度和召回率急剧下降。为解决这个问题，本章提出一种联合抽取的框架 TME，如图 9.3 所示，该框架能够在步骤①没有不实用的约束下产生候选实体对，同时避免无关的实体参与步骤②，具体分为四个方面：

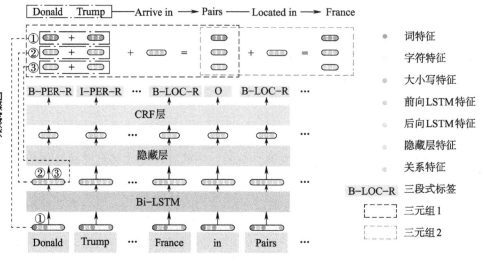

图 9.3　TME 模型框架

（1）本章提出一个特征共享的神经网络来联合抽取实体关系，其中，双向长短期记忆网络和条件随机场用于抽取实体特征并为每一个实体打上一个标签；

（2）针对联合抽取的需求，本章提出一种三部分的标注方案以区分一个实体是否涉及一个关系；

（3）本章提出一种多层基于迁移的关系抽取模型来处理不同实体对之间复杂的关系特征；

（4）本章利用一个基于边缘的评分函数区分正样例和负样例，以便达到更好的训练结果。

9.3.2　实体抽取模块

本节首先介绍一些实体抽取的前期工作，它们是实体关系联合抽取模型的基础。双向长短期记忆网络结合条件随机场在很多实体抽取任务中起到了良好的效果（Lample et al., 2016），可以用于捕获一个句子中不同单词之间的相关性。模型包含三层——嵌入层、双向长短期记忆网络和条件随机场。

1）嵌入层

对于一个输入序列 $X = (x_1, x_2, \cdots, x_s)$，其中 n 表示序列的长度。对于句子中的每一个单词 $x \in X$，本章构建一个由三部分组成的向量 $\boldsymbol{x} = [\boldsymbol{v}_{\text{word}}; \boldsymbol{v}_h; \boldsymbol{v}_a]$，其中，$\boldsymbol{v}_{\text{word}}$ 表示语义级的特征；$\boldsymbol{v}_h$ 表示字符级的特征；$\boldsymbol{v}_a$ 用来表示大小写的

特征；其维度分别是 d_w、d_o 和 d_c。字符级特征 $\boldsymbol{v}_h$ 的作用是尽可能全面地抽取出单词的特征，具体来讲，联合抽取模型将单词中的每一个字符向量输入到一个双向长短期记忆网络中，然后将第 n 个输出向量作为单词总体的字符级特征 $\boldsymbol{v}_h$，其中 n 表示词中字符的长度，因此输入向量的总长度 $d_i = d_w + d_o + d_c$。双向长短期记忆网络具体公式如下：

$$i_t = \sigma(\boldsymbol{W}_{xi}\boldsymbol{x}_t + \boldsymbol{W}_{hi}\boldsymbol{h}_{t-1} + \boldsymbol{W}_{ci}\boldsymbol{c}_{t-1} + \boldsymbol{b}_i) \tag{9.1}$$

$$\boldsymbol{f}_t = \sigma(\boldsymbol{W}_{fi}\boldsymbol{x}_t + \boldsymbol{W}_{hf}\boldsymbol{h}_{t-1} + \boldsymbol{W}_{cf}\boldsymbol{c}_{t-1} + \boldsymbol{b}_f) \tag{9.2}$$

$$\boldsymbol{c}_t = \boldsymbol{f}_t\boldsymbol{c}_{t-1} + i_t \tanh(\boldsymbol{W}_{xc}\boldsymbol{x}_t + \boldsymbol{W}_{hc}\boldsymbol{h}_{t-1} + \boldsymbol{b}_c) \tag{9.3}$$

$$\boldsymbol{o}_t = \sigma(\boldsymbol{W}_{xo}\boldsymbol{x}_t + \boldsymbol{W}_{ho}\boldsymbol{h}_{t-1} + \boldsymbol{W}_{co}\boldsymbol{c}_{t-1} + \boldsymbol{b}_o) \tag{9.4}$$

$$\boldsymbol{h}_t = \boldsymbol{o}_t \tanh(\boldsymbol{c}_t) \tag{9.5}$$

其中，i_t、$\boldsymbol{f}_t$、$\boldsymbol{o}_t$、$\boldsymbol{c}_t$ 分别表示 t 时刻的输入门、遗忘门、输出门和记忆单元；σ 表示激活函数；$\boldsymbol{W}_x$、$\boldsymbol{W}_h$、$\boldsymbol{W}_c$ 表示权重矩阵；$\boldsymbol{b}_i$、$\boldsymbol{b}_f$、$\boldsymbol{b}_c$、$\boldsymbol{b}_o$ 表示偏置项。上述所有参数都需要在训练中获得最终的结果。为了便于表示，下面都用 LSTM$(i_t, \boldsymbol{h}_{t-1})$ 来简要表示长短期记忆网络模型。

2）双向长短期记忆网络层

双向长短期记忆网络的主要作用是为了抽取语句中的潜在特征。在嵌入层中，嵌入模型可以获得每个词的向量并作为一个序列 $\{\boldsymbol{x}_i\}_{i=1}^n$ 输入到双向长短期记忆网络中，其中 $\boldsymbol{x}_i \in \mathbb{R}^{d_i}$。在双向长短期记忆网络中包含两个长短期记忆网络结构，一个抽取前向隐藏特征 $\vec{\boldsymbol{h}}_t$，另一个抽取反向隐藏特征 $\overleftarrow{\boldsymbol{h}}_t$，双向长短期记忆网络可以表示如下：

$$\begin{aligned} \vec{\boldsymbol{h}}_t, \vec{\boldsymbol{c}}_t &= \text{LSTM}(i_t, \vec{\boldsymbol{h}}_{t-1}, \vec{\boldsymbol{c}}_{t-1}) \\ \overleftarrow{\boldsymbol{h}}_t, \overleftarrow{\boldsymbol{c}}_t &= \text{LSTM}(i_t, \overleftarrow{\boldsymbol{h}}_{t+1}, \overleftarrow{\boldsymbol{c}}_{t+1}) \end{aligned} \tag{9.6}$$

合并正向和反向的隐藏层特征可以得到输出 $\boldsymbol{h}_t = [\vec{\boldsymbol{h}}_t, \overleftarrow{\boldsymbol{h}}_t]$；用一个激活函数来提取 $\vec{\boldsymbol{h}}_t$ 和 $\overleftarrow{\boldsymbol{h}}_t$ 的特征，然后将其映射到一个 d_l 维的空间中：

$$\boldsymbol{h}_l = \tanh(\boldsymbol{W}_l \tanh(\boldsymbol{W}_t \boldsymbol{h}_t + \boldsymbol{b}_t) + \boldsymbol{b}_l) \tag{9.7}$$

其中，d_l 是需要识别的实体类型的个数；$\boldsymbol{W}_l$ 和 $\boldsymbol{W}_t$ 是特征矩阵；$\boldsymbol{b}_t$ 和 $\boldsymbol{b}_l$ 是偏置项。

3）条件随机场层

对于每一个双向长短期记忆网络输出的特征，模型用条件随机场来识别序列每一个位置的具体标签 y_t，和其他模型相比（Ling et al., 2015），条件随机场能够较好地考虑不同标签之间的依赖关系，并以此提高实体抽取的准确率。具体来讲，模型将双向长短期记忆网络层的输出 $\boldsymbol{h}_l$ 合并作为一个序列输入到条件随机场模型中，其中 $\boldsymbol{H}$ 的大小为 $n \times d_l$，$p_{i,j}$ 表示句子中第 i 个单词被识别为第 j 个标签的概率，对一个预测序列 $\boldsymbol{Y} = (y_1, y_2, \cdots, y_{n-1}, y_n)$，条件随机场的得分函数定义如下：

$$f(\boldsymbol{X}, \boldsymbol{y}) = \sum_{i=0}^{s+1} T_{y_i, y_{i+1}} + \sum_{i=1}^{s} L_{i, y_i} \tag{9.8}$$

其中，$\boldsymbol{T}$ 表示一个转移矩阵；$T_{i,j}$ 表示第 i 个标签转移到第 j 个标签的概率；y_0 和 y_{n+1} 分别表示起始和结束位置的标签。接着联合抽取模型利用一个归一化函数 Softmax 来计算序列 $\boldsymbol{Y}$ 的概率：

$$p(\boldsymbol{Y}_i | \boldsymbol{X}) = \frac{\mathrm{e}^{f(\boldsymbol{X}, \boldsymbol{Y}_i)}}{\sum_j \mathrm{e}^{f(\boldsymbol{X}, \boldsymbol{Y}_j)}} \tag{9.9}$$

9.3.3　三部分标注方案

在传统实体抽取的过程中（Zheng et al., 2017b），模型只需要识别实体所属的类型，完全忽略了实体之间的关系，给后续的关系识别带来了很大的困难。为此本章提出了一种三部分标注方案，该方法能够在识别实体的过程中较好地保存实体所蕴含的关系属性，提高实体关系联合抽取的准确率。

具体来讲，对于语句中每一个单词，联合抽取模型需要为其打上一个三部分的标签，这个标签用来标识实体的三种属性——位置属性、类型属性和关系属性。

1）位置属性（position part，PP）

在位置属性部分，本章用 "BIO" 来标识实体中每一个单词的位置信息。"B"

表示单词位于实体中第一个位置；"I"表示该单词位于实体非第一的位置；"O"表示该单词不属于任何实体。

2）类型属性（type part，TP）

在类型属性部分，本章将单词和实体类型联系起来，例如，在图 9.1 中，"PER"代表人；"LOC"代表地点；"ORG"代表组织机构。

3）关系属性（relation part，RP）

在关系属性部分，本章用"RN"来区别实体是否涉及某一个关系，其中"R"表明该实体涉及句子中的关系；"N"表示实体不涉及任何关系。

图 9.1 是一个具体的样例，其中句子包含四个实体和两个目标关系。以"Donald Trump"为例，"Donald"是实体"Donald Trump"的第一个词，它的类型是"Person"，并且与其他实体存在关系。因此，"Donald"的三段标签是"B-PER-R"。类似地，Trump 的标签是"I-PER-R"。和"Donald Trump"不同，"Elysee Palace"不涉及任何实体，因此"Elysee"和"Palace"的标签分别是"B-ORG-N"和"I-ORG-N"。

相比于传统的"BILOU"[(begin, inside, last, outside, unit)，其中，begin 代表命名实体的开始单词，inside 代表内部单词，last 代表最后一个单词，outside代表外部正则词，unit 代表某个单词为命名实体] 标注方案（Miwa et al., 2016; Li et al., 2014），三部分标注方案能够同时描述每个实体的位置、类型和关系信息。三部分标注方案的主要优势是能够有效清除噪声实体并提高多三元组的抽取效率（Miwa et al., 2016），这是其与方案（Zheng et al., 2017b）的主要区别。具体的多三元组抽取过程将在 9.3.4 节中详细介绍。

9.3.4　多层迁移模型

本节提出了一种基于多层迁移的关系抽取模型。首先介绍联合抽取模型相关的基本概念。

1）相关概念

对于任意一个输入序列 X，$\{w_i\}_{i=1}^{n}$ 表示该序列对应的向量序列，$\vec{H} = (\vec{h}_1, \vec{h}_2, \cdots, \vec{h}_n)$ 表示前向长短期记忆网络的输出序列，$\overleftarrow{H} = (\overleftarrow{h}_1, \overleftarrow{h}_2, \cdots, \overleftarrow{h}_n)$ 表示后向长短期记忆网络的输出序列，T、E 和 R 分别表示三元组集合，实体集合和关系集合，τ 表示一个具体的三元组 $(e_1, e_2, r) \in T$，其中 e_1、$e_2 \in E$，$r \in R$。对于序列 X 中的任意实体 e，$e = (x_i, \cdots, x_{i+j}, \cdots, x_{i+e_l})$，其中 i 表示实体的第

一个词在序列 X 中的位置，j 表示实体的第 j 个词，e_l 表示实体中包含词的数量。联合抽取模型对实体中词向量求和得到最终的实体表示向量：

$$h_e = \sum_{k=i}^{i+e_l} w_k, \quad \vec{h}_e = \sum_{k=i}^{i+e_l} \vec{h}_k, \quad \overleftarrow{h}_e = \sum_{k=i}^{i+e_l} \overleftarrow{h}_k \tag{9.10}$$

其中，h_e、$\vec{h}_e$ 和 $\overleftarrow{h}_e$ 分别表示实体在嵌入层和双向长短期记忆网络层的表示向量。

2）基本框架

对于序列中的任意三元组 $\tau = (e_1, e_2, r) \in T$，联合抽取模型通过向量求和的方法获得嵌入层中头实体的向量 h_{e_1} 和尾实体的向量 h_{e_2}，并根据其对应的关系 r 生成相对应的关系向量 h_r。为同时获得实体和关系的表示向量，首先假设 h_{e_1} 加上 h_r 和向量 h_{e_2} 比较相近，即 $h_{e_1} + h_r \approx h_{e_2}$。其得分函数可以表示如下：

$$f(\tau) = -\left\| h_{e_1} + h_r - h_{e_2} \right\|_2^2 \tag{9.11}$$

类似地，模型可以获得头尾实体在双向长短期记忆网络层中的表示向量 $\vec{h}_{e_1}$、$\vec{h}_{e_2}$、$\overleftarrow{h}_{e_1}$ 以及 $\overleftarrow{h}_{e_2}$，并期望双向长短期记忆网络层中的实体表示向量同样满足约束 $\vec{h}_{e_1} + h_r \approx \vec{h}_{e_2}$ 和 $\overleftarrow{h}_{e_1} + h_r \approx \overleftarrow{h}_{e_2}$。因此双向长短期记忆网络层的得分函数可以表示如下：

$$\begin{aligned} \vec{f}(\tau) &= -\left\| \vec{h}_{e_1} + h_r - \vec{h}_{e_2} \right\|_2^2 \\ \overleftarrow{f}(\tau) &= -\left\| \overleftarrow{h}_{e_1} + h_r - \overleftarrow{h}_{e_2} \right\|_2^2 \end{aligned} \tag{9.12}$$

9.3.5 模型的训练和抽取

模型的损失函数 $\mathscr{L}$ 分为两部分，即实体损失函数 $\mathscr{L}_e$ 和关系损失函数 $\mathscr{L}_r$。

1）实体损失函数

在实体抽取的损失函数 $\mathscr{L}_e$ 中，本章认为，对于一个序列 X，其对应的正确标签序列 Y 拥有最高的条件概率 $p(Y|X)$，具体公式表示如下：

$$\mathcal{L}_e = \ln(p(Y|X)) = f(X, Y) - \ln\left(\sum_{y \in Y} e^{f(X, y)}\right) \tag{9.13}$$

实体抽取的损失函数 $\mathcal{L}_e$ 的主要目的是获得正确的标签识别序列。

2）关系损失函数

为更好训练关系抽取模型，首先需要构建一个负样本集合 T'。负样本集合是由正确三元组生成。对于一个三元组 (e_1, e_2, r)，本章利用一个随机的关系 $r' \in R$ 来替代原有正确的关系 r。负三元组集合 T' 表示如下：

$$T' = \{(e_1, e_2, r')|r' \in R, r' \neq r\} \tag{9.14}$$

为了训练关系向量并正确区分正三元组和负三元组，联合抽取模型在嵌入层和双向长短期记忆网络层上同时采用基于边缘损失函数（margin-based ranking loss function）来对模型进行训练，损失函数越大模型的训练效果越好。嵌入层的损失函数 $\mathcal{L}_{em}$ 可以表示如下：

$$\mathcal{L}_{em} = \sum_{\tau \in T} \sum_{\tau' \in T'} \text{ReLu}(f(\tau) + \gamma - f(\tau')) \tag{9.15}$$

其中，$\gamma > 0$ 是限制正负例三元组的超参数，$\text{ReLu} = \max(0, x)$（Glorot et al., 2011）是一种激活函数。类似地，前向和后向的长短期记忆网络层的损失函数可以表示如下：

$$\begin{aligned}
\overrightarrow{\mathcal{L}} &= \sum_{\tau \in T} \sum_{\tau' \in T'} \text{ReLu}(\overrightarrow{f}(\tau) + \gamma - \overrightarrow{f}(\tau')) \\
\overleftarrow{\mathcal{L}} &= \sum_{\tau \in T} \sum_{\tau' \in T'} \text{ReLu}(\overleftarrow{f}(\tau) + \gamma - \overleftarrow{f}(\tau'))
\end{aligned} \tag{9.16}$$

合并嵌入层和双向长短期记忆网络的损失函数，获得最终的关系损失函数 $\mathcal{L}_r$ 并表示如下：

$$\mathcal{L}_r = \mathcal{L}_{em} + \overrightarrow{\mathcal{L}} + \overleftarrow{\mathcal{L}} \tag{9.17}$$

合并实体抽取损失函数 $\mathcal{L}_e$ 和关系抽取的损失函数 $\mathcal{L}_r$，最终的损失函数可以表示如下：

$$\mathscr{L} = \mathscr{L}_e + \lambda \mathscr{L}_r \tag{9.18}$$

其中，λ 是权重超参数来衡量实体关系抽取的权重。

3）三元组抽取

完成模型训练之后，利用训练好的模型对三元组进行抽取。联合抽取模型首先利用最大得分函数来获取输入序列 X 的标签序列 Y，其标记过程可以表示如下：

$$\hat{Y} = \arg\max_j f(X, Y_j) \tag{9.19}$$

利用标记序列 $\hat{Y}$，在序列中，每一个单词都对应一个三部分的标记。模型选取具有关系属性为"R"的实体来生成候选实体，并构成候选实体集合：

$$\hat{E} = \{\hat{e}_1, \cdots, \hat{e}_i, \cdots, \hat{e}_m\} \tag{9.20}$$

其中，m 表示候选实体的个数。对于任意一个候选实体对 $(\hat{e}_i, \hat{e}_j)$，模型生成其对应的候选三元组集合：

$$\tilde{T} = \{\tilde{\tau} = (\hat{e}_i, \hat{e}_j, r) | r \in R\} \tag{9.21}$$

并利用得分函数 f_c 来计算每一个候选三元组的得分：

$$f_c(\tilde{\tau}) = f(\tilde{\tau}) + \overrightarrow{\tau}(\tilde{\tau}) + \overleftarrow{f}(\tilde{\tau}) \tag{9.22}$$

对于每一个实体对，模型只选取一个三元组 $\hat{\tau}$：

$$\hat{\tau} = \arg\max_{\tilde{\tau} \in \hat{T}} f_c(\tilde{\tau}) \tag{9.23}$$

如果该三元组的得分 $f_c(\hat{\tau})$ 大于关系阈值 δ_r，那么 $\hat{\tau}$ 就作为该实体对的候选三元组，否则认为该实体对之间没有关系。关系阈值 δ_r 的大小通过在模型训练过程得到。随后联合抽取模型依据得分 $f_c(\hat{\tau})$ 对所有的候选三元组排序，并选取 top-n 个三元组为正确抽取的三元组，并以此为依据和测试集中的正确三元组进行比较。在每一个句子中，只有当抽取的三元组实体名称、实体位置，以及对应关系完全一致时，才认为该抽取的三元组是正确的三元组。

4）讨论分析

总的来说，和其他模型相比，基于多层迁移的实体关系联合抽取模型 TME 具有以下四方面优势。

（1）在文献（Zheng et al., 2017b）中，每一个实体只能拥有一个关系，相比较而言 TME 可以为每一个实体自适应地选取多个关系。例如，实体 "Paris" 和 "Donald Trump" 有 "Arrive in" 的关系，并同时和实体 "France" 有 "Located in" 的关系。也就是说，在 TME 中，只需要同时满足 "Donald Trump" + "Arrive in" ≈ "Paris" 和 "Paris" + "Located in" ≈ "France"，两个约束条件就可以为实体 "Paris" 同时抽出上述两个三元组。

（2）基于迁移的关系抽取方法能够在抽取关系的同时保持实体的位置信息。例如，如果改变三元组（Paris，France，Located in）中实体的位置。也就是 "France" + "Located in" ≈ "Paris"，这个三元组在联合抽取模型中是一个负三元组。因此 TME 不需要利用额外的信息来标识位置信息，具有更强的适应性（Zheng et al., 2017b）。

（3）和现有的基于神经网络的关系抽取算法相比较而言，TME 利用排序的方法来抽取正确的关系，这种方法能够有效地减小 "其他" 关系对模型的影响，并且更容易对负样本进行训练。

（4）和模型 CoType（Ren et al., 2017）相比，TME 只利用了语句的信息来抽取三元组，因此在现实中具有更强的适应性和可扩展性。

9.4　实验与分析

本节在相同的实验环境下来实现 TME 和其他实体关系抽取模型，然后通过分析对比实验结果来证明联合抽取模型的可行性和有效性。

9.4.1　数据集介绍

和文献（Riedel et al., 2010）中的实验数据集类似，本节利用 NYT-single 和 NYT-multi 两个数据集进行实验。

（1）NYT-single 包含 *New York Times* 1987～2007 年的部分文章，总计包含 235 000 个句子。模型通过去重的方法过滤无效的和重复的句子，最终得到 67 000 个句子。在测试集中一共包含 395 个句子，其中大多数句子都只包含一个三元组。

（2）NYT-multi 是一个从 NYT 数据集中衍生出的新的数据集，该数据集的主要目的是为了进行多三元组抽取。本节从 NYT 的训练集中任意取出 1 000 条句子作为测试集，并把剩余部分作为训练集。不同于 NYT 数据集，在 NYT-multi 的测试集中，39.1% 的句子包含超过一个三元组。

数据集的具体情况在表 9.1 中展示。

表 9.1　数据集统计信息

数据集	训练集	测试集	三元组	实体	关系
NYT-single	235 983	395	17 663	67 148	24
NYT-multi	63 602	1 000	17 494	25 894	24

9.4.2　实验设置

为了更好地体现模型的优势，将联合抽取模型 TME 和以下几个模型进行比较：

（1）FCM（Gormley et al., 2015）采用基于神经网络的语言模型来进行组合向量；

（2）DS+logistic（Mintz et al., 2009）首先利用远程监督的方法来抽取句子实体，接着构建一个多分类器来抽取实体之间的关系；

（3）LINE（Tang et al., 2015）在特征型二分图上利用具有边缘采样的二阶近似模型来抽取实体关系；

（4）MultiR（Hoffmann et al., 2011）利用远程监督技术在具有噪声的数据集上训练模型并得到了较好的效果；

（5）DS-Joint（Li et al., 2014）利用结构化的传感网络来同时抽取实体和关系的指称项；

（6）CoType（Ren et al., 2017）利用上下文特征以及实体关系之间的相关性来联合抽取实体和关系；

（7）NTS-Joint（Zheng et al., 2017b）利用统一的标注方案（tagging scheme）来为句子中的每一个单词同时打上实体和关系标签。

除此之外，本章还与以下几个 TME 的变种模型进行比较：

（1）TME-RR 利用随机不变的关系向量 h_r 来训练模型；

（2）TME-MR 在嵌入层和双向长短期记忆网络层上采用不同的向量，即在双向长短期记忆网络层上采用额外关系向量 $(\vec{h}_r$ 和 $\overleftarrow{h}_r)$ 来约束实体的特征并在函数 $\vec{f}(\tau)$ 和 $\overleftarrow{f}(\tau)$ 中代替原有关系向量 h_r；

（3）TME-NS 移除模型的负采样过程，并产生新的损失函数。

与模型 NTS-Joint（Zheng et al., 2017b）类似，本章利用准确率（precision，P）、召回率（recall，R）以及 F1 值（F1-score，F1）来评价模型的有效性。

1）模型的参数选择

为了选取最优的参数，本节挑选词向量 d_w 的维度的取值范围是 $\{20, 50,$ $100, 200\}$，字符特征向量 d_o 的取值范围是 $\{5, 10, 15, 25\}$，大小写特征向量 d_c 的取值范围是 $\{1, 2, 5, 10\}$，正负样例三元组的边界 γ 的取值范围是 $\{1, 2, 5, 10\}$，权重超参数 λ 的取值范围是 $\{0.2, 0.5, 1, 2, 5, 10, 20, 50\}$。Dropout 比率设置为 $0 \sim 0.5$；随机梯度下降（stochastic gradient descent）（Amari, 1993）被用来使损失函数最优化。本章从测试集里任取 10% 的句子做验证集，剩下的被作为评价集。最优化的参数是 $\lambda = 10.0$，$\gamma = 2.0$，$d_w = 100$，$d_{ch} = 25$，$d_c = 5$，Dropout = 0.5。

2）嵌入层的预训练

在正式训练模型之前，本节利用 TransE（Bordes et al., 2013）对实体和关系的嵌入层进行训练，具体步骤如下：

（1）抽取出训练集中的实体关系以及三元组；

（2）生成负样本集合，并利用 TransE（Bordes et al., 2013）来训练每个实体 e 和关系 r 的向量；

（3）对于实体 e 中的每一个单词，它的向量 $x = h_e/e_l$，其中 e_l 是实体 e 的长度。如果词 x 出现在不同的实体中，该词向量 $x = \sum_i^n x_i/n$，其中 n 是词出现在不同实体中的次数。

其他在语句中的词向量用一个随机函数生成。

9.4.3　总体结果

从表 9.2 中可以看到不同模型在 NYT 数据集的抽取结果。与其他模型相比，TME（Top-1）取得了最好的抽取结果，其中 F1 评分增长到了 0.530，超过第二名的模型（NTS-Joint）7%；除此之外，和 NTS-Joint 模型相比较，TME 在召回率上提高了 17.1%，与此同时准确率只降低了 5.4%，证明基于多层迁移的实体关系抽取模型能够更准确地找出正确的三元组。

表 9.2　在数据集NYT − single 上的三元组抽取效果

方法	P	R	F1
FCM	0.553	0.154	0.240
DS+logistic	0.258	0.393	0.311
LINE	0.335	0.329	0.332
MultiR	0.338	0.327	0.333
DS−Joint	0.574	0.256	0.354
CoType	0.423	0.511	0.463
NTS−Joint	**0.615**	0.414	0.495
TME(Top−1)	0.583	0.485	**0.530**
TME(Top−2)	0.515	0.508	0.511
TME(Top−3)	0.458	**0.522**	0.489

　　为了进一步证明模型在多三元组抽取的效果，联合抽取模型在数据集 NYT−multi 上也进行了实验，并和其他模型进行了比较，具体的实验结果已经在 表 9.3 中展示，从表中可以看出 TME（Top−2）的 F1 值达到了 0.567，相比于模 型 NTS−Joint 涨幅为 36.7%。这组数据可以很好地证明 TME 在多三元组抽取上 的效果。TME 在 NYT−single 和 NYT−multi 数据集上都取得了较好的效果，但不 同的是在 NYT−multi 的最佳结果由 Top−2 取得而非 Top−1，可以进一步证明模 型可以在不同的数据集上选取不同的抽取策略以达到最好的抽取结果。

表 9.3　在数据集NYT − multi 上的三元组抽取效果

方法	P	R	F1
CoType	0.385	0.340	0.361
NTS−Joint	0.533	0.336	0.412
TME−MR	0.638	0.421	0.507
TME−RR	0.423	0.452	0.437
TME−NS	0.558	0.496	0.525
TME(Top−1)	**0.749**	0.436	0.551
TME(Top−2)	0.696	0.478	**0.567**
TME(Top−3)	0.631	**0.500**	0.558

1）成分分析

　　为了分析模型的每一个部分对总体的影响情况，联合抽取模型每次移除模 型的一个部件来探究其对效能的影响。在实验中，联合抽取模型主要探究字符向量、条件随机场、三部分标注方案和单层迁移模型对结果的影响，其中单层迁移模型分为两种情况：①移除嵌入层中的得分函数，用 $-f$ 表示；②移除双向长短期记忆网络层的得分函数用 $-\vec{f}-\overleftarrow{f}$ 表示。除此之外联合抽取模型也分析了预训练阶段和 Dropout 机制对结果的影响，具体的实验结果在表 9.4 中展示。

表 9.4　NYT – multi 数据集上 TME 模型的成分分析

模型	Top – 1			Top – 2			Top – 3		
	P	R	F1	P	R	F1	P	R	F1
TME–MR	0.692	0.385	0.495	0.638	0.421	0.507	0.575	0.438	0.498
TME–RR	0.478	0.417	0.445	0.423	0.452	0.437	0.365	0.462	0.408
TME–NS	0.687	0.419	0.520	0.558	0.496	0.525	0.448	0.523	0.483
TME	**0.749**	**0.436**	**0.551**	**0.696**	0.478	**0.567**	**0.631**	0.500	**0.558**
–TTS (–TP)	0.741	0.436	0.549	0.680	0.478	0.561	0.610	0.498	0.548
–TTS (–RP)	0.610	0.376	0.465	0.488	**0.484**	0.486	0.400	**0.547**	0.462
–TTS (–TP–RP)	0.575	0.353	0.438	0.474	0.468	0.470	0.391	0.531	0.450
–Character	0.723	0.428	0.538	0.663	0.472	0.552	0.597	0.497	0.542
–CRF	0.690	0.414	0.517	0.608	0.470	0.530	0.522	0.495	0.509
$-\vec{f}-\overleftarrow{f}$	0.552	0.310	0.398	0.521	0.368	0.431	0.468	0.399	0.431
$-f$	0.569	0.332	0.419	0.518	0.372	0.433	0.465	0.395	0.428
–Dropout	0.723	0.424	0.535	0.666	0.478	0.556	0.593	0.503	0.544
–Pretrain	0.686	0.411	0.514	0.613	0.466	0.530	0.539	0.495	0.516

相比于 TME-f，多层基于迁移的模型在 F1 值上有 28.0% 的性能提升，因此可以证明多层迁移模型在三元组抽取方面具有明显的优势。从 TME-TTS 的结果中可以看到，RP 和 TP 在三元组抽取方面具有积极作用。特别是在 Top-2 中，RP 的加入为模型的抽取精度带来 42.6% 的明显提高，与此同时召回率方面仅仅只下降了 1.3%，这一结果能够证明 RP 的特征能够有效过滤掉与目标关系不相关的实体。

2）超参数分析

除了成分分析之外，联合抽取模型也分析了不同 λ 值带来的影响，其准确率、召回率以及 F1 值的结果已经显示在图 9.4 中。从图 9.4 中可以看到，当 $\lambda > 20$ 或 $\lambda < 5$ 时，F1 值会有明显的下降。当 $\lambda = 10$，TME 在实体和关系抽取之间达到平衡，得到了最高的 F1 值。

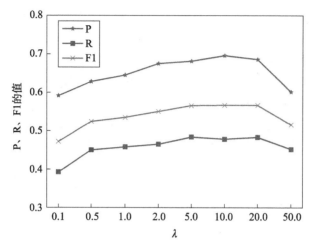

图 9.4　不同 λ 值上的实验结果

3）案例分析

表 9.5 展示了部分模型的抽取结果。在每个句子中，实线下划线表示预测的存在关系的实体，虚线下划线表示预测的不存在关系的实体。表中左侧的三元组表示正确的三元组，右侧为模型预测的三元组，其中实线下划线的三元组表示正确的且被预测出来的三元组。从表 9.5 中可以发现：①TME 可以对每个句子上的多三元组进行抽取。在抽取的过程中，不仅每个实体可以包含不同的关系（句子Ⅱ），而且每个句子可能包含多个不同实体对之间的同类关系（句子Ⅲ）；②在句子第一个和第二个样例中，不相关的实体"Iran"和"United States"被正确地识别出来，该案例可以证明 TTS 能够有效提高抽取精度。

表 9.5　TME（Top－3）模型在NYT－multi 数据集上的样例分析

句子 I	...President Jacques Chirac[PER] of France[LOC] and Chancellor Angela Merkel[PER] of Germany[LOC] to press for agreement on a Security Council resolution demanding that *Iran* [LOC] stop ...	
(Jacques Chirac, nationality, France) (Angela Merkel, nationality, Germany)	(Jacques Chirac, nationality, France) (Angela Merkel, nationality, Germany) (Jacques Chirac, nationality, Germany)	

句子 II	... grasping the critical need for the *United States*[LOC] to get Afghanistan[LOC] right, she moved to Kandahar[LOC] to help... Afghans for Civil Society, founded by the brother of Hamid Karzai[PER]...	
(Afghanistan, contains, Kandahar)		(Kandahar, contains, Hamid Karzai)
(Hamid Karzai, place_of_birth, Kandahar)		(Afghanistan, contains, Kandahar)
(Hamid Karzai, nationality, Afghanistan)		(Hamid Karzai, nationality, Afghanistan)
句子 III	... Across Iraq[LOC] , from Mosul[LOC] and Ramadi[LOC] to Basra[LOC] and Kirkuk[LOC], the lines of votes hummed with excitement, and with the hope that a permanent Iraqi government...	
(Iraq, contains, Mosul)		(Iraq, contains, Mosul)
(Iraq, contains, Ramadi)		(Iraq, contains, Basra)
(Iraq, contains, Basra)		(Iraq, contains, Ramadi)
(Iraq, contains, Kirkuk)		

9.5　本章小结

本章主要解决实体关系联合抽取中的多三元组抽取问题。针对现有模型忽略了实体间的复合关系，导致候选实体对的生成或者依赖不真实存在的约束，或者被忽略。本章设计了一个基于多层迁移的实体关系联合模型，该模型可以从一句话中抽取多三元组。通过利用 TTS 来同时描述句子中的实体关系特征，从而允许负样例策略来强化模型的训练。另外，在此框架下，联合抽取模型通过排序来实现关系抽取，该方法能够有效地过滤"其他"关系对抽取结果的影响。实验结果证明可以用来抽取句子中的多个三元组，和其他抽取模型相比在三元组抽取上具有明显的优势。

参考文献

Amari S, 1993. Backpropagation and stochastic gradient descent method[J]. Neurocomputing, 5(3): 185–196.

Bordes A, Usunier N, García-Durán A, et al., 2013. Translating embeddings for modeling multi-relational data[C]. Advances in Neural Information Processing Systems 26: 27th Annual Conference on Neural Information Processing Systems 2013, Lake Tahoe.

Chan Y S, Roth D, 2011. Exploiting syntactico-semantic structures for relation extraction[C]. The 49th Annual Meeting of the Association for Computational Linguistics: Human Language Technologies, Portland.

Collobert R, Weston J, Bottou L, et al., 2011. Natural language processing (almost) from scratch[J]. Journal of Machine Learning Research, 12: 2493-2537.

dos Santos C N, Xiang B, Zhou B, 2015. Classifying relations by ranking with convolutional neural networks[C]. The 53rd Annual Meeting of the Association for Computational Linguistics, Beijing.

Finkel J R, Grenager T, Manning C D, 2005. Incorporating non-local information into information extraction systems by gibbs sampling[C]. The 43rd Annual Meeting of the Association for Computational Linguistics, Michigan.

Glorot X, Bordes A, Bengio Y, 2011. Deep sparse rectifier neural networks[C]. The 14th International Conference on Artificial Intelligence and Statistics, Fort Lauderdale.

Gormley M R, Yu M, Dredze M, 2015. Improved relation extraction with feature-rich compositional embedding models[C]. The 2015 Conference on Empirical Methods in Natural Language Processing, Lisbon.

Hammerton J, 2003. Named entity recognition with long short-term memory[C]. The 7th Conference on Natural Language Learning, Edmonton.

Hoffmann R, Zhang C, Ling X, et al., 2011. Knowledge-based weak supervision for information extraction of overlapping relations[C]. The 49th Annual Meeting of the Association for Computational Linguistics: Human Language Technologies, Portland.

Kate R J, Mooney R J, 2010. Joint entity and relation extraction using card-pyramid parsing[C]. The 14th Conference on Computational Natural Language Learning, Uppsala.

Katiyar A, Cardie C, 2017. Going out on a limb: Joint extraction of entity mentions and relations without dependency trees[C]. The 55th Annual Meeting of the Association for Computational Linguistics, Vancouver.

Lample G, Ballesteros M, Subramanian S, et al., 2016. Neural architectures for named entity recognition[C]. The 2016 Conference of the North American Chapter of the Association for Computational Linguistics: Human Language Technologies, San Diego.

Li Q, Ji H, 2014. Incremental joint extraction of entity mentions and relations[C]. The 52nd Annual Meeting of the Association for Computational Linguistics, Baltimore.

Ling W, Dyer C, Black A W, et al., 2015. Finding function in form: Compositional character models for open vocabulary word representation[C]. The 2015 Conference on Empirical Methods in Natural Language Processing, Lisbon.

McCallum A, Li W, 2003. Early results for named entity recognition with conditional random fields, feature induction and web-enhanced lexicons[C]. The 7th Conference on Natural Language

Learning, Edmonton.

Mintz M, Bills S, Snow R, et al., 2009. Distant supervision for relation extraction without labeled data[C]. The 47th Annual Meeting of the Association for Computational Linguistics and the 4th International Joint Conference on Natural Language Processing of the AFNLP, Singapore.

Miwa M, Bansal M, 2016. End–to–end relation extraction using lstms on sequences and tree structures[C]. The 54th Annual Meeting of the Association for Computational Linguistics, Berlin.

Miwa M, Sasaki Y, 2014. Modeling joint entity and relation extraction with table representation[C]. The 2014 Conference on Empirical Methods in Natural Language Processing, Doha.

Passos A, Kumar V, McCallum A, 2014. Lexicon infused phrase embeddings for named entity resolution[C]. The 18th Conference on Computational Natural Language Learning, Baltimore.

Ren X, Wu Z, He W, et al., 2017. CoType: Joint extraction of typed entities and relations with knowledge bases[C]. The 26th International Conference on World Wide Web, Perth.

Riedel S, Yao L, McCallum A, 2010. Modeling relations and their mentions without labeled text[C]. Machine Learning and Knowledge Discovery in Databases, European Conference, Barcelona.

Rink B, Harabagiu S M, 2010. UTD: Classifying semantic relations by combining lexical and semantic resources[C]. The 5th International Workshop on Semantic Evaluation, Uppsala.

Roth D, Yih W, 2004. A linear programming formulation for global inference in natural language tasks[C]. The 8th Conference on Computational Natural Language Learning, Boston.

Shaalan K, 2014. A survey of arabic named entity recognition and classification[J]. Computational Linguistics, 40(2): 469–510.

Shen Y, Huang X, 2016. Attention–based convolutional neural network for semantic relation extraction[C]. International Conference on Computational Linguistics, Osaka.

Singh S, Riedel S, Martin B, et al., 2013. Joint inference of entities, relations, and coreference[C]. The 2013 Workshop on Automated knowledge base construction, San Francisco.

Tang J, Qu M, Wang M, et al., 2015. LINE: Large–scale information network embedding[C]. International Conference on World Wide Web, Florence.

Wang L, Cao Z, de Melo G, et al., 2016. Relation classification via multi–level attention CNNs[C]. The 54th Annual Meeting of the Association for Computational Linguistics, Berlin.

Xu Y, Mou L, Li G, et al., 2015. Classifying relations via long short term memory networks along shortest dependency paths[C]. The 2015 Conference on Empirical Methods in Natural Language Processing, Lisbon.

Yang B, Cardie C, 2013. Joint inference for fine–grained opinion extraction[C]. The 51st Annual Meeting of the Association for Computational Linguistics, Sofia.

Yu X, Lam W, 2010. Jointly identifying entities and extracting relations in encyclopedia text via a graphical model approach[C]. International Conference on Computational Linguistics, Beijing.

Zhang D, Wang D, 2015. Relation classification via recurrent neural network[OL]. (2015–12–25) [2019–07–17]. https://arxiv.org/abx/1508.01006.

Zhang M, Zhang J, Su J, 2006. Exploring syntactic features for relation extraction using a convolution tree kernel[C]. The Main Conference on Human Language Technology Conference of the North American Chapter of the Association of Computational Linguistics, New York.

Zheng S, Hao Y, Lu D, et al., 2017a. Joint entity and relation extraction based on a hybrid neural network[J]. Neurocomputing, 257: 59–66.

Zheng S, Wang F, Bao H, et al., 2017b. Joint extraction of entities and relations based on a novel tagging scheme[C]. The 55th Annual Meeting of the Association for Computational Linguistics, Vancouver.

第 10 章　融合对抗训练的端到端知识三元组联合抽取

知识三元组抽取包括实体抽取和实体之间的关系抽取。传统流水线式的实体关系抽取方法会导致误差传递，而已有的联合抽取没有充分考虑实体抽取与关系抽取之间的联系，从而降低抽取效果。针对上述问题，本章对知识三元组抽取方法进行了深入研究，提出了一种融合对抗训练的端到端知识三元组联合抽取方法。首先，本章采用了一种实体关系联合标注策略，通过端到端的神经网络抽取文本语义特征，并对文本进行自动标注；然后，模型在神经网络中加入自注意力机制增强对文本信息的编码能力，并通过引入带偏置项的目标函数提高对相关联实体的辨识能力。最后，模型融合了对抗训练以提高鲁棒性，改进抽取效果。在实验部分，采用四种分析方法和三种评价指标对模型性能进行综合评价分析，实验结果证明了模型在知识三元组抽取任务上的性能明显优于现有方法。

10.1　问题背景

本章所研究的知识三元组抽取其基本思路是从非结构化文本中抽取实体关系。具体而言，给定网页新闻文本"美国总统特朗普将访问史蒂夫·保罗·乔布斯创办的苹果公司"，知识三元组抽取技术可以自动抽取出（美国，国家—总统，特朗普）和（苹果公司，公司—创办者，史蒂夫·保罗·乔布斯）这两个三元组。其中，"国家—总统"和"公司—创办者"这两个关系属于预先定义好的关系标签（Nguyen et al., 2015）。

现有的知识三元组抽取方法可以分为两大类：流水线式方法和联合抽取

方法。其中，传统的流水线式方法先进行实体抽取（Shaalan, 2014）然后进行关系分类（Rink et al., 2010）。但这种方法存在误差传递、实体对冗余、忽视了两个子任务之间的联系等问题。而现有的联合抽取方法中，基于语法分析的方法依赖专家知识且工作量大，基于特征工程的方法依赖外部自然语言处理工具且需要复杂的特征设计，基于神经网络的方法虽克服了以上问题却没有充分利用实体与关系之间的联系而做到真正的联合。

本章的研究针对现有方法存在的问题建立联合模型。首先提出一种标注策略，以往常用的方法如 BILOU（Miwa et al., 2016; Rink et al., 2010）只对实体进行标注，没有将实体和关系进行关联，而本章提出的策略通过三段式的标注可以同时暗示分词的实体和关系属性，将联合抽取问题完全转化为端到端的序列标注问题。为实现输入文本的标注，本章搭建了基于长短期记忆网络（LSTM）的端到端模型框架，充分挖掘长短期记忆神经网络处理长序依赖问题的优势。编码层采用双向长短期记忆网络（bidirectional LSTM，Bi-LSTM）循环处理文本，充分考虑序列的上下文关联，可以对历史信息与未来信息进行平等处理，从而对长句更具有鲁棒性；解码层采用长短期记忆网络产生标签表示。在编码层与解码层之间，添加自注意力层为实体标签赋予更大的权重，同时对输入序列的远距离依赖关系建模，辅助模型对文本特征的综合性建模。此外，在端到端模型中，增加了一个带有偏置项的损失函数，该偏置项用于捕捉相关实体之间的联系。

尽管深度学习在很多计算机领域的任务上表现出色，Szegedy 等（Szegedy et al., 2014）发现深度神经网络存在弱点，他们证明了对模型的输入做一个刻意的微小扰动就可能导致具有高置信度的错误决策，对模型的实际应用造成威胁。Goodfellow 等（Goodfellow et al., 2015）提出了一种用于图像识别的对抗训练（adversarial training，AT）作为正则化方法。该方法将原样本与对抗样本混合输入模型，以增强模型的鲁棒性。本章尝试在模型训练时加入扰动作为对抗样本，将对抗样本和原有数据一起进行训练，产生正则化的效果，增强模型的鲁棒性，进而提高模型整体性能。

模型在远程监督产生的数据集 NYT（Riedel et al., 2010）上进行综合性的实验，实验结果表明本章的基于端到端标注的模型在诸多性能指标上优于现有的知识三元组抽取模型，从而验证了所提方法的有效性和优越性。

本章的主要贡献有三个方面。

（1）设计了一种标注策略。通过模型标注输入序列得到分词标签，将标签组合能够直接得到三元组抽取结果。通过这种策略，知识三元组抽取问题能够被完全转化为端到端的序列标注问题，从而做到了真正的联合抽取。

（2）搭建了基于长短期记忆网络的端到端框架用于输入文本的标注。采用双向长短期记忆网络编码、长短期记忆网络解码的架构处理文本，综合句子的上下文信息对句子进行标注，组合标注结果得到三元组信息。同时，在框架中增加自注意力层提高建模长文本的能力，并设计带偏置项的损失函数以充分利用相关联实体之间的联系。

（3）引入对抗训练作为模型训练的拓展。通过在网络底层添加扰动生成对抗样本，与原样本混合训练模型以提高模型对输入扰动的鲁棒性。

10.2　相关工作

知识三元组抽取就是从纯文本中得到三元组形式的知识。本章用 X 表示句子文本，将三元组表示为 (e_h, e_t, r)，其中，e_h 表示头实体，e_t 表示尾实体，r 表示 e_h 和 e_t 之间的关系（刘知远等，2016）。定义关系集合 $R = \{r_1, r_2, \cdots, r_n\}$，知识三元组抽取就是根据 X 和已定义的关系集合 R，得到 (e_h, e_t, r) 的过程。知识三元组抽取的两个子任务是实体抽取与关系抽取，其研究有两大主流方法：第一类是流水线式方法；第二类是联合学习方法。本节先介绍这两种主流方法，然后介绍本章所涉及的对抗训练方法。

10.2.1　流水线式方法

流水线式方法首先进行实体抽取（named entity recognition，NER），然后基于所识别的命名实体进行实体之间的关系学习（即关系抽取，relation extraction，RE）。传统的实体抽取模型是基于统计的，如隐马尔可夫模型（HMM）和条件随机场（CRF）模型（Luo et al., 2015; Passos et al., 2014）。最近，一些深度学习模型（Lample et al., 2016; Xu et al., 2016）被应用到实体抽取任务上，这些模型通常将实体抽取任务视为对分词的序列标注任务。对于实体关系学习，现有方法可分为基于人工特征的方法（Hasegawa et al., 2004; Kambhatla, 2004）和基于神经网络的方法（Zheng et al., 2016; dos Santos et al., 2015; Xu et al., 2015a; Xu et al., 2015b）。流水线式方法往往存在误差传递、实体对冗余和忽视两个子任务间联系等弊端。

10.2.2　联合学习方法

为克服以上弊端，联合抽取方法被提出，它用一个模型同时抽取实体和关系。目前主流的联合模型分为基于语法分析的模型（Kate et al., 2010; Finkel et al., 2009; Roth et al., 2002）、基于特征工程的模型（Ren et al., 2017; Rink et al., 2010）和基于神经网络的模型。与前两种模型相比，基于神经网络的模型不依赖外部自然语言处理工具，自动进行特征学习从而避免复杂的人工特征设计，不仅模型复杂度降低，抽取效果也有所提升。目前，基于神经网络的联合抽取方法主要分为基于参数共享的方法和基于标注策略的方法。Zheng 等（Zheng et al., 2016）提出了混合神经网络（hybrid neural network，HNN）模型，混合神经网络模型通过共享神经网络的底层表示来进行联合学习。Miwa 等（Miwa et al., 2016）提出的 SPTree 模型也是类似的思想。但参数共享的方法本质上还是分别进行两个子任务，仍会产生不存在确切关系的实体对这样的冗余信息。针对此，Katiyar 等（Katiyar et al., 2017）提出了一种 Gold standard 标注方案，并利用多层双向循环网络（multi-layer Bi-RNN）进行知识三元组抽取。Zheng 等（Zheng et al., 2017a）则利用标注策略将抽取问题转化为序列标注任务，并设计了神经网络框架用于序列标注，取得了更优的效果。但是，与本章策略不同，上述标注策略只关注实体标注，忽视了实体与关系之间的关联，也就无法实现真正的实体关系联合抽取。

10.2.3　对抗训练方法

对抗训练尽管在知识三元组抽取任务上神经网络表现出色，但 Szegedy 等（Szegedy et al., 2014）发现其存在弱点。他们将刻意的微小扰动输入模型，导致模型产生了高置信度的错误决策。Goodfellow 等（Goodfellow et al., 2015）将这个微小的扰动定义为对抗样本，并提出了对抗训练（AT）作为正则化方法。与其他正则化方法如 Dropout（Srivastava et al., 2014）产生随机噪声不同，对抗训练产生的扰动是容易被模型误分类的样例的变种形式。最近对抗训练越来越多地被应用于自然语言处理任务如文本分类（Miyato et al., 2017）、关系抽取（Wu et al., 2017）、POS 标注（Yasunaga et al., 2018）等任务。在知识三元组抽取任务上，Bekoulis 等（Bekoulis et al., 2018）曾将对抗训练加入到他们的联合学习模型中。实验表明，对抗训练的加入极大提升了模型的抽取效果。但本章是第一次将对抗训练用于端到端的序列标注模型。

10.3　模型方法

本节介绍提出的端到端知识三元组联合抽取的网络模型，整体结构如图 10.1 所示。模型包括五层，分别是表示层、双向长短期记忆网络编码层、自注意力层、长短期记忆网络解码层、Softmax 分类层。端到端知识三元组联合抽取模型首先利用表示层将输入文本转换成句子序列的向量表示，然后通过双向长短期记忆网络编码层和自注意力层充分提取文本的上下文信息，之后上下文特征经过长短期记忆网络解码层产生标签的向量表示序列，最后 Softmax 分类层根据向量对分词进行标签分类得到文本的标签序列。下面首先介绍本节采取的标注策略，接着阐述模型细节。

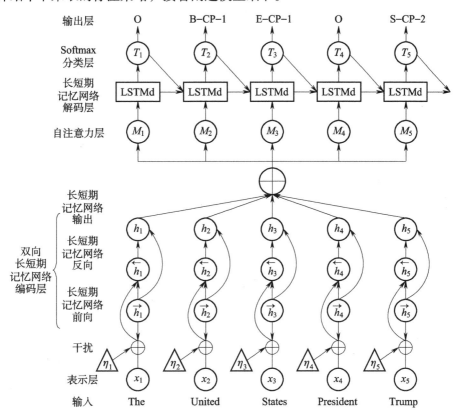

图 10.1　融合对抗训练的端到端知识三元组联合抽取模型结构图

10.3.1 标注策略

本小节介绍本章提出的标注策略以及如何通过标注策略将知识三元组抽取问题转化为序列标注问题。如图 10.2 展示了一个句子按照本节标注策略被标注的结果。

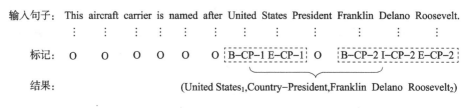

图 10.2 标记策略例子

文本中的每一个词都被赋予一个标签，这些标签暗示此分词与要抽取的知识三元组的关系。

其中，标签"O"代表"其他"（other），表示此词与被抽取的结果无关，不是头/尾实体。除了标签"O"，其他的标签都由三个分标签（如 B–CP–2）组成，这三个分标签分别是：分词在实体中的位置（如 B）、分词所属关系类型（如 CP）、分词所属关系角色（如 2）。接下来分别对三个分标签进行说明：

（1）分词在实体中的位置：本节考虑实体由一个或一个以上词构成，使用"BIES"（开头、内部、结尾、单独）标签方案来表示一个词在实体中的位置信息。其中，"B"即"开始"（begin），表示此词是实体成分且位于实体的开头位置；"I"即"内部"（inside），表示此词位于实体内部；"E"即"结尾"（end），表示词位于实体结尾；"S"即"单独"（single），表示此词单独就是一个实体指称。

（2）关系类型：分词构成的实体所属的关系类型是预先定义好的。本章实验部分使用 NYT 数据集（Riedel et al., 2010），数据集中关系集（Nguyen et al., 2015）是预定义的。

（3）关系角色：分词在关系中的角色信息由两个数字"1"和"2"表示。其中，"1"表示该分词在此关系类型中属于关系的头实体，"2"则表示尾实体。

抽取结果由三元组（实体 1，关系类型，实体 2）表示，"1"表示此实体是三元组的头实体，"2"是尾实体。

图 10.2 是一个展示本节标记策略的例子。输入句包含三元组：（United

States，Country–President，Franklin Delano Roosevelt），其中，"Country–President"是预定义的关系类型。词 "United" "States" "Franklin" "Delano" "Roosevelt"都与最终的抽取结果相关，因此它们都基于特殊的标记策略来标记。例如，词"United" 是与关系 "Country–President" 相关的头实体 "United States" 的第一个词，因此被标记为 "B-CP-1"。与最终抽取结果无关的词都被标记为 "O"。

与现有较常见的标注策略 BILOU（Miwa et al., 2016; Rink et al., 2010）不同，本节提出的三段式标签同时指示词所属的实体属性以及关系类型，在通过标注模型标注文本得到标签后，将有相同关系类型的两个实体标签与关系类型结合成一个三元组，再根据关系角色标签可知实体的位置（头或者尾），从而可以得到抽取结果。通过上述步骤，知识三元组抽取问题能够完全被转化为端到端的序列标注问题。

需要强调的是，如果一个句子包含两个或者多个具有相同关系类型的三元组，本节按照最邻近原则将每两个实体结合，构成一个三元组。同时，本节仅考虑一个实体属于一个三元组的情况。

接下来讲解模型如何实现上述标注。

10.3.2　表示层

表示层位于模型的底层，它的输入是原始句子序列，通过词向量表将其转换成表示句子信息的低维向量输入到下一层。

本节使用 Word2Vec 算法[①]（Mikolov et al., 2013）训练词向量得到词向量表。词向量表包含语料库中所有的分词，可由矩阵 $\mathbb{R}^{d \times |V|}$ 表示，其中，d 为词向量的维度，$|V|$ 代表词的个数。根据词向量表检索得到句子中每个词的向量的方法为：输入句子 X，其中包含 n 个词，句子符号化表示为 $X = \{x_i\}_{i=1}^{n}$；对于每一个词，首先转换成 one-hot 表示；根据 one-hot 表示在词汇表中进行检索，得到其词向量 x_i；此时，句子 X 转换成输入的向量表示：

$$X = \{x_1, x_2, \cdots, x_n\} \in \mathbb{R}^{d \times n} \tag{10.1}$$

接下来，将输出作为下一层的输入。

---

① 网址：https://code.google.com/archive/p/word2vec/。

10.3.3 双向长短期记忆网络编码层

双向长短期记忆网络编码层由两个平行的长短期记忆网络层组成，即前向长短期记忆网络层和反向长短期记忆网络层。每层都是由一系列循环连接的子神经网络组成，称为神经元，对应每个时间步长。双向长短期记忆网络中前向网络的神经元结构如图 10.3 所示。

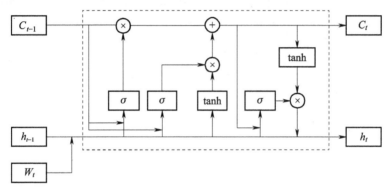

图 10.3　前向 LSTM 神经元结构图

长短期记忆网络通过遗忘门、输入门和输出门来对输入信息进行保护和控制。前向网络中，每次新输入一个分词特征向量 $\boldsymbol{x}_t$，并与上一时刻状态 $\boldsymbol{h}_{t-1}$ 共同产生下一时刻的状态 $\boldsymbol{h}_t$，其中，t 代表时间步长。隐藏状态 $\boldsymbol{h}_t$ 的计算方式如下：

$$
\begin{aligned}
\boldsymbol{i}_t &= \delta(\boldsymbol{W}_{xi}\boldsymbol{x}_t + \boldsymbol{W}_{hi}\boldsymbol{h}_{t-1} + \boldsymbol{W}_{ci}\boldsymbol{c}_{t-1} + \boldsymbol{b}_i) \\
\boldsymbol{f}_t &= \delta(\boldsymbol{W}_{xf}\boldsymbol{x}_t + \boldsymbol{W}_{hf}\boldsymbol{h}_{t-1} + \boldsymbol{W}_{cf}\boldsymbol{c}_{t-1} + \boldsymbol{b}_f) \\
\boldsymbol{z}_t &= \tanh(\boldsymbol{W}_{xc}\boldsymbol{x}_t + \boldsymbol{W}_{hc}\boldsymbol{h}_{t-1} + \boldsymbol{b}_c) \\
\boldsymbol{c}_t &= \boldsymbol{f}_t\boldsymbol{c}_{t-1} + \boldsymbol{i}_t\boldsymbol{z}_t \\
\boldsymbol{o}_t &= \delta(\boldsymbol{W}_{xo}\boldsymbol{x}_t + \boldsymbol{W}_{ho}\boldsymbol{h}_{t-1} + \boldsymbol{W}_{co}\boldsymbol{c}_t + \boldsymbol{b}_o) \\
\boldsymbol{h}_t &= \boldsymbol{o}_t\tanh(\boldsymbol{c}_t)
\end{aligned}
\tag{10.2}
$$

其中，$\boldsymbol{i}$、$\boldsymbol{f}$、$\boldsymbol{o}$ 分别为输入门、遗忘门、输出门；$\boldsymbol{b}$ 为偏置项；$\boldsymbol{W}_{(.)}$ 为参数矩阵。

前向长短期记忆网络层通过从词向量 $\boldsymbol{x}_1$ 到 $\boldsymbol{x}_t$ 考虑 $\boldsymbol{x}_t$ 的前文信息来编码

x_t。类似地，反向长短期记忆网络层从分词向量 x_n 到 x_t 考虑 x_t 的后文信息来编码，输出记为 $\overleftarrow{h}_t$。最后，联结 $\overleftarrow{h}_t$ 和 $\overrightarrow{h}_t$ 来表示第个分词编码后的信息，表示为

$$h_t = \left[\overleftarrow{h}_t : \overrightarrow{h}_t\right] \in \mathbb{R}^{2d_e} \tag{10.3}$$

其中，[:] 表示向量拼接；d_e 为单向长短期记忆网络维度。对于输入的 X，该层的输出为

$$H' = \{h'_1, h'_2, \cdots, h'_n\} \in \mathbb{R}^{2d_e \times n} \tag{10.4}$$

接下来，将输出作为下一层的输入。

10.3.4　自注意力层

双向长短期记忆网络神经网络，由于信息传递的容量以及梯度消失问题，只能够建模输入信息的局部依赖关系。为了能够增强模型建模长句的能力，本节增加自注意力层进一步编码输入文本。自注意力机制能够减少模型对外部信息的依赖，有助于捕捉文本内部信息的相互关联。

给定双向长短期记忆网络网络隐藏层输出，$H' = \{h'_1, h'_2, \cdots, h'_n\} \in \mathbb{R}^{2d_e \times n}$，自注意力层通过如下方式得到输入文本的综合编码信息：

$$f(H') = \tanh(H' W_{a1} H'^{\mathrm{T}} + b_{a1})$$
$$A = \mathrm{softmax}(f(H')) \tag{10.5}$$
$$H^m = AH' = \{h_1^m, h_2^m, \cdots, h_n^m\} \in \mathbb{R}^{2d_e \times n}$$

其中，W_{a1} 为权重矩阵；b_{a1} 为偏置项；$f(H')$ 表示输入文本各个词之间的相关性分数；A 代表分词之间的注意力权重；H^m 为输入文本的综合编码向量。接着将 H^m 输入解码层进行标签解码。

10.3.5　长短期记忆网络解码层

得到综合编码了上下文信息的序列后，本节也采用长短期记忆网络结构来产生标签序列，称为解码。解码层采用一个单向的长短期记忆网络层，称为 LSTMd 层，其结构如图 10.4 所示。

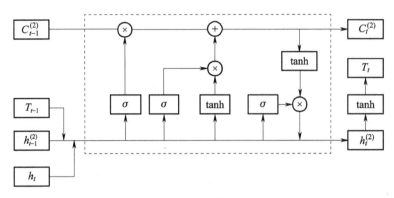

图 10.4 LSTMd 层神经元结构图

在检测词 x_t 的标签时，解码层的输入是：从双向长短期记忆网络编码层获得的词 x_t 的上下文表示向量 $\boldsymbol{h}_t^m \in \boldsymbol{H}^m$，预测的前一神经元的预测标签表示 $\boldsymbol{T}_{t-1}$，前一神经元值 $\boldsymbol{c}_{t-1}^{(2)}$，解码层前一隐层向量 $\boldsymbol{h}_{t-1}^{(2)}$，最终的输出是 x_t 预测标签的向量表示 $\boldsymbol{T}_t$，LSTMd 解码层的公式表示为

$$
\begin{aligned}
\boldsymbol{i}_t^{(2)} &= \delta(\boldsymbol{W}_{xi}^{(2)}\boldsymbol{h}_t + \boldsymbol{W}_{hi}^{(2)}\boldsymbol{h}_{t-1}^{(2)} + \boldsymbol{W}_{ti}\boldsymbol{T}_{t-1} + \boldsymbol{b}_i^{(2)}) \\
\boldsymbol{f}_t^{(2)} &= \delta(\boldsymbol{W}_{xf}^{(2)}\boldsymbol{h}_t + \boldsymbol{W}_{hf}^{(2)}\boldsymbol{h}_{t-1}^{(2)} + \boldsymbol{W}_{tf}\boldsymbol{T}_{t-1} + \boldsymbol{b}_f^{(2)}) \\
\boldsymbol{z}_t^{(2)} &= \tanh(\boldsymbol{W}_{xc}^{(2)}\boldsymbol{h}_t + \boldsymbol{W}_{hc}^{(2)}\boldsymbol{h}_{t-1}^{(2)} + \boldsymbol{W}_{tc}\boldsymbol{T}_{t-1} + \boldsymbol{b}_c^{(2)}) \\
\boldsymbol{c}_t^{(2)} &= \boldsymbol{f}_t^{(2)}\boldsymbol{c}_{t-1}^{(2)} + \boldsymbol{i}_t^{(2)}\boldsymbol{z}_t^{(2)} \\
\boldsymbol{o}_t^{(2)} &= \tanh(\boldsymbol{W}_{xo}^{(2)}\boldsymbol{h}_t + \boldsymbol{W}_{ho}^{(2)}\boldsymbol{h}_{t-1}^{(2)} + \boldsymbol{W}_{co}\boldsymbol{c}_{t-1} + \boldsymbol{b}_o^{(2)}) \\
\boldsymbol{h}_t^{(2)} &= \boldsymbol{o}_t^{(2)}\tanh(\boldsymbol{c}_t^{(2)}) \\
\boldsymbol{T}_t &= \boldsymbol{W}_{ts}\boldsymbol{h}_t^{(2)} + \boldsymbol{b}_{ts}
\end{aligned}
\tag{10.6}
$$

其中，$\boldsymbol{i}$、$\boldsymbol{f}$、$\boldsymbol{o}$ 分别为输入门、遗忘门、输出门；$\boldsymbol{b}$ 为偏置项；$\boldsymbol{W}_{(.)}$ 均为参数矩阵。

对于输入的编码向量，该层的输出为预测标签的向量序列：

$$
\boldsymbol{H}^t = \{\boldsymbol{h}_1^t, \boldsymbol{h}_2^t, \cdots, \boldsymbol{h}_n^t\} \in \mathbb{R}^{2d_e \times n}
\tag{10.7}
$$

其中，d_e 为 LSTMd 网络维度。

10.3.6　Softmax 分类层

本章模型采用 Softmax 分类器进行标签分类。通过 Softmax 层运算得到条件概率 $p(c|x,\theta)$ 即词 x 的标签 y_i 为 $c \in C$ 的概率，C^* 为词标签类型集合：

$$p(c|x,\theta) = \frac{\exp(h_i)}{\sum_{j=1}^{N_t} \exp(h_j)} \tag{10.8}$$

其中，θ 为模型需要用到的所有参数；N_t 表示总的标签数目；h_i 表示 h 中第 i 个元素。h 是模型在输词 x 时，对所有已定义标签类型的评分，其定义为

$$h = W_y h^t + b_y \tag{10.9}$$

其中，$W_y \in \mathbb{R}^{N_t \times 2d_d}$ 为参数矩阵；$b_y \in \mathbb{R}^{N_t}$ 为偏置项；$h^t \in H^t$。

在测试阶段，所学习到的标签特征 $h^t \in H^t$ 乘以概率 p 得到 $h^t = ph^t$，用于进行标签预测。

最终，得到词 x 的标签：

$$y = \arg\max p(x,\theta) \tag{10.10}$$

训练时，使用最大化对数似然函数：

$$\mathcal{L}(\theta) = \sum_{j=1}^{|\mathscr{D}|} \sum_{i=1}^{|X^j|} \left(\begin{array}{l} \ln\left(p_i^{(j)}(y_i^j = c_i^j \mid x_j, \theta)\right) \cdot I(O) + \\ \alpha \cdot \ln\left(p_i^{(j)}(y_i^j = c_i^j \mid x_j, \theta)\right) \cdot (1 - I(O)) \end{array} \right) \tag{10.11}$$

其中，$|\mathscr{D}|$ 为训练集大小；$|X^j|$ 为输入文本 X^j 的长度；c_i^j 为输入文本中第 i 个词的真实标签；$p_i^{(j)}(y_i^j = c_i^j \mid x_i^j, \theta)$ 为标签的条件概率。$I(O)$ 是一个指示函数，用于区别 "O" 标签和其他标签的损失函数，$I(O)$ 定义为

$$I(O) = \begin{cases} 0, & c = O \\ 1, & c \neq O \end{cases} \tag{10.12}$$

α 为损失函数的偏置权重，偏置权重越大，关系标签对模型的影响越大，即模

型将具有确定关系的实体对进行组合的能力越强，从而充分利用相关联实体之间的联系。

10.3.7　对抗训练

在模型训练时，本节融合了对抗训练（AT）的思想。在这里，对抗训练用作一种正则化方法，使模型对输入扰动更具有鲁棒性。

对抗训练首先要生成对抗样本，通过将扰动 η_{AT} 添加到初始句子表示 X 来生成对抗样本。通过最小化对数似然函数，可以生成最差情况下的扰动 η_{AT}：

$$\eta_{AT} = \underset{|\eta| \leqslant \varepsilon}{\arg\min} L(X + \eta; \hat{\theta}) \tag{10.13}$$

其中，$\hat{\theta}$ 为模型参数的副本。由于表达式 X 在神经网络中较难处理，采取 Goodfellow 等（Goodfellow et al., 2015）提出的近似处理：

$$\begin{aligned} \eta_{AT} &= \varepsilon g / \parallel g \parallel \\ g &= \nabla_\omega L(X, \hat{\theta}) \end{aligned} \tag{10.14}$$

其中，g 是 $L(X, \hat{\theta})$ 的微分；∇_ω 是微分算子；ε 是作为超参数处理的小的有界范数，与文献（Yasunaga et al., 2018）类似，本节设置其为

$$\varepsilon = \alpha \sqrt{d} \tag{10.15}$$

其中，d 为输入表示的维度。

进行对抗训练时，将对抗样本和原样本混合。因此，最终要最大化的似然函数为

$$L(X, \hat{\theta}) + L(X + \eta_{AT}, \hat{\theta}) \tag{10.16}$$

本章 10.4.3 节将对以上自注意力机制、偏置项、对抗训练三个部分进行消融分析以量化说明各个部分在模型构建中的作用。

10.4 实验与分析

本节介绍融合对抗训练的端到端知识三元组联合抽取方法的先进性实验验证。首先，介绍实验准备与实验背景；其次，在 NYT 数据集上进行知识三元组抽取实验，将本章方法与其他抽取方法的结果进行了比较，验证模型的实验效果；然后，进行消融分析，验证模型各个部分的作用；最后，进行误差分析并考察该方法从文本中抽取三元组实例的能力。

10.4.1 数据集介绍

实验使用 Riedel 等（Riedel et al., 2010）基于远程监督假设构造的 NYT 数据集[①]，数据集划分为训练集和测试集两部分。训练集包含 353 000 个三元组，通过远程监督方法获得；测试集包含 3 880 个三元组，通过人工标注获得。数据集的关系集合中定义了 24 个关系，其中包括一个特殊关系 "None"，表示两实体间不存在关系。对关系在集合中的顺序依次编号，其中，"None" 的编号为 0，其余的关系编号为 1 ~ 23。

在训练好的向量词典中，有 114 042 个词向量，囊括了 NYT 数据集中的所有词。词典中还包含一些特殊的词，例如："<**END**>""<UNK>""."和","等。<**END**> 表示句子结束的符号；<UNK> 表示未识别出的词；"."和","等是句子中常用的标点符号。

参考目前联合抽取模型的评价指标，对模型抽取出的整个知识三元组结果进行评价，本节实验使用准确率（precision，P）、召回率（recall，R）和 F1 值（F1–score，F1）三个指标，F1 是综合性的评价指标。

10.4.2 实验设置

模型的全部超参数设置如表 10.1 所示。

表 10.1 中展示了模型需要设置的所有超参数。最大句长设置为 50，若句子长度不够，则使用空字符填充；本节使用 Word2Vec 算法训练词向量，词向量维度设为 $d_w = 300$；每进行一次训练或测试，输入的句子集合数量为 50；长

---

① 数据集可下载于：https://github.com/shanzhenren/CoType 。有三个公共数据集可以选择，本节选择使用 NYT 数据集。因为 BioInfer 数据集中超过 50% 的数据有重叠的关系，超过了本章的范围。至于 Wiki–KBP 数据集，它包含的测试集中关系类型的数目多于训练集，同样不适合监督训练方法。本节使用的数据集的细节见文章（Ren et al., 2017）。

表 10.1　模型的超参数设置

超参数	超参数设置
最大句子长度	50
每次输入句子集合的数量	50
词向量维度	300
编码层长短期记忆单元的数量	300
解码层长短期记忆单元的数量	600
学习率	0.001
偏置参数	10

短期记忆网络编码层的神经元数量设置为 300，即该层维度 $d_d = 300$；长短期记忆网络解码层维度 $d_d = 300$；本节采用随机梯度下降法迭代更新模型参数，直至模型参数稳定，学习率控制模型参数更新的速度，本节中设为 $\eta = 0.001$。

　　另外，模型引入偏置参数来增强实体之间的联系。本节通过实验确定参数 α，定义 α 在 $\{1, 5, 10, 15, 20\}$ 取值。将除 α 参数外的其余超参数调整至最优，调整参数 α 的值，模型准确率、召回率以及 F1 值的变化如图 10.5 所示。当 α 过大，会影响预测准确率；α 过小则召回率会降低。当 $\alpha = 10$ 时，模型能够获得准确率和召回率之间的平衡，从而得到最高的 F1 值。因此设置超参数 $\alpha = 10$。

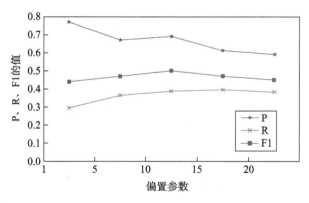

图 10.5　调整偏置参数 α 时的模型预测结果

10.4.3　总体结果

　　本章模型采用端到端的标注，通过对标注结果的分类来实现知识三元组的联合抽取。其他典型的三元组抽取模型可以分为两大类：流水线式方法和联合抽取方法。

对于流水线式方法，本节遵循了文献（Ren et al., 2017）的设置，即通过 CoType 进行实体抽取，获得实体；然后应用了以下几种典型的关系分类方法来检测实体间关系：

（1）DS–logistic 是 Mintz 等（Mintz et al., 2009）提出的一种基于特征的远程监督的方法，它同时结合有监督信息抽取特征和无监督信息抽取特征的优势；

（2）LINE 是 Tang 等（Tang et al., 2015）提出的一种基于网络表示的关系抽取方法，可被用于任何类型的信息网络；

（3）FCM 是 Gormley 等（Gormley et al., 2015）提出的将词汇化语言上下文和词向量结合用于关系抽取的复合模型。

对于联合抽取方法，本节将模型与其他几种典型的联合抽取方法进行比较：

（1）DS–Joint 是 Rink 等（Rink et al., 2010）提出的监督学习方法。它使用结构化感知器联合抽取人工标注的数据语料上的实体和关系；

（2）MultiR 是 Hoffmann 等（Hoffmann et al., 2011）提出的远程监督方法。它基于多实例学习算法，可以应对嘈杂的训练数据；

（3）CoType 是 Ren 等（Ren et al., 2017）提出的通过将实体、关系、文本特征和类型标签进行联合表示来构建域独立的框架。

为进一步说明本章端到端模型的优势，将三种典型的但未被用于端到端的实体关系联合抽取模型，应用在本章所提标注策略上，进行三元组抽取任务。这三种端到端模型分别如下：

（1）LSTM–CRF 是 Lample 等（Lample et al., 2016）提出的通过使用双向长短期记忆网络编码输入语句，条件随机场预测实体标签序列进行实体抽取的框架；

（2）LSTM–LSTM 是 Vaswani 等（Vaswani et al., 2016）提出，与 LSTM–CRF 不同，它使用长短期记忆网络层来解码标签序列而不是条件随机场；

（3）LSTM–LSTM–Bias 是 Zheng 等（Zheng et al., 2017b）提出，在 LSTM–LSTM 的基础上，使用了带偏置项的损失函数。

表 10.2 展示了不同模型在知识三元组抽取任务上的表现。其中，第一部分（第 1～3 行）是流水线式模型；第二部分（第 4～6 行）是联合抽取模型；基于本章标注策略的端到端模型在第三部分（第 7～10 行），在这个部分不仅计

算了准确率、召回率和 F1 值，还分别计算了它们的标准差。分析表中数据可以得到如下结论：①本章的模型 LSTM–LSTM–2AT–Bias 在联合抽取任务上的 F1 值为 0.521±0.006，优于其他较先进的模型在此任务上的表现。并且，它相较于之前效果最优的模型 CoType（Ren et al., 2017），F1 值有 5.8% 的提升，这也表明了本章所提方法的有效性。此外，从表 10.2 中还可以看出在三元组抽取任务上，联合抽取方法优于流水线式方法，而基于本章标注策略的方法优于大多数联合抽取方法。这也证实了本章提出的标注策略应用于联合抽取知识三元组任务的有效性；②从准确率数据可以看出，与传统方法（流水线式方法和传统联合抽取方法）相比，端到端模型的准确率有了显著提升。原因可能是端到端模型均使用双向长短期记忆网络来编码输入文本，提升了对文本的处理与表示能力，然后使用不同的神经网络来解码得到结果。然而，在所有端到端模型中，只有 LSTM–LSTM–2AT–Bias 能获得更高的准确率和召回率，得到最高的 F1 值。这说明其采取的添加自注意力层的网络架构对数据的适应性较好，能够很好地学习训练集的特征表示，采取对抗训练能够获得更高的准确率，最终获得了总体的 F1 值提升；③基于本章提出的标注方案，LSTM–LSTM 模型比 LSTM–CRF 模型在三元组抽取任务上表现更好。分析原因，长短期记忆神经网络能够学习长距离依赖而条件随机场擅长捕捉整个标签序列的联合概率。而输入文本中，相关的实体标签互相之间可能距离很长。因此，长短期记忆网络解码方式比条件随机场更优。通过与 LSTM–LSTM 模型的比较，LSTM–LSTM–Bias 模型通过增加一个偏置权重可以加强实体标签的影响权重，减弱无关标签的影响权重，更有利于区分出实体标签。

表 10.2　不同模型在知识三元组抽取任务上的结果

模型	P	R	F1
FCM	0.553	0.154	0.240
DS–logistic	0.258	0.393	0.311
LINE	0.335	0.329	0.332
MultiR	0.338	0.327	0.333
DS–Joint	0.574	0.256	0.354
CoType	0.423	0.511	0.463
LSTM–CRF	**0.693±0.008**	0.310±0.007	0.428±0.008
LSTM–LSTM	0.682±0.007	0.320±0.006	0.436±0.006
LSTM–LSTM–Bias	0.682±0.007	**0.414±0.005**	0.495±0.006
LSTM–LSTM–2AT–Bias	0.692±0.007	0.395±0.006	**0.503±0.006**

10.4.4　消融实验

在本章模型中，核心部分是基于长短期记忆网络的编码解码层，加入了自注意力层和对抗训练，并且在目标函数中添加了偏置项。为验证这些辅助部分加入模型的必要性，将进行这些部分的消融实验，观察其对模型抽取效果的改善作用。

原模型（LSTM–LSTM–2AT–Bias）：原模型通过双向长短期记忆网络编码、长短期记忆网络解码实现对文本的端到端标注；使用带偏置项（bias）的目标函数增加模型对相关联实体的注意力；加入自注意力层（self-attention）提高模型建模文本信息的能力；采用对抗训练（AT）增强模型对输入扰动的鲁棒性，因此模型简写为 LSTM–LSTM–2AT–Bias，2AT 代表自注意力机制和对抗训练。

变种 1（LSTM–LSTM–2AT）：与很多现有端到端模型不同，针对知识三元组抽取任务，本章的模型额外在目标函数中添加了偏置权重，使得模型能够更好地组合相关实体构成三元组，是模型中很重要的一部分。变种 1 将偏置项去掉，观察模型性能的变化，因此变种 1 简写为 LSTM–LSTM–2AT。

变种 2（LSTM–LSTM–ATT–Bias）：对抗训练在 Bekoulis 等（Bekoulis et al., 2018）的文章中被用来在 BiLSTM–CRF 框架上进行联合抽取任务，实验证明，加入对抗训练使得模型在三个普遍使用的数据集上的抽取效果较现有模型均有一定幅度的提升。本章将对抗训练迁移至设计的特定目标函数上，为验证对抗训练在本章模型中的作用，变种 2 不采用对抗训练，简写为 LSTM–LSTM–ATT–Bias。

变种 3（LSTM–LSTM–AT–Bias）：自注意力机制在 Tan 等（Tan et al., 2018）的文章中被应用到了序列标注任务中，将自注意力层嵌入到神经网络框架，实验证明，加入自注意力机制提升了模型学习文本语义的能力，使得标注结果更好。本章在编码文本序列后加入自注意力层充分表示文本，为验证自注意力层在本章模型中的作用，变种 3 将自注意力层去掉与原模型比较，因此变种 3 简写为 LSTM–LSTM–AT–Bias。

表 10.3 展示了本章模型与三个变种在本章任务上的抽取结果。从实验结果看，本章模型的 F1 值比三个变种的 F1 值分别高出了 2.6%、1.7% 和 1.2%，说明每一部分的加入都对模型性能的提升有所贡献。

表 10.3　原模型与各变种在知识三元组抽取任务上的结果

模型	P	R	F1
LSTM–LSTM–2AT–Bias	0.692	0.395	**0.503**
LSTM–LSTM–2AT	**0.749**	0.351	0.477
LSTM–LSTM–ATT–Bias	0.627	0.398	0.486
LSTM–LSTM–AT– Bias	0.631	**0.402**	0.491

对于变种 1，删除了偏置项，该变种在四个模型中表现最差，说明在三个部分中，偏置项对该模型的性能提升最大。偏置项通过影响模型的目标函数，使其对关系标签更加敏感，提升了模型组合相关联实体的能力。因此删除偏置项后，模型准确率虽有提升，但召回率和总体 F1 值均大为降低。

对于变种 2，去掉了对抗训练，该变种使模型 F1 值降低了 1.7%，影响也非常大。原因是原始输入集合中本身就存在一些影响模型效果的扰动，对抗训练以及对抗样本的加入使得模型对输入扰动的分辨能力提升。因此删除对抗训练后，模型准确率降低，虽然召回率略有提升，但总体 F1 值也降低。

对于变种 3，由于缺少自注意力层，模型对输入文本的表示能力下降，一定程度上影响了模型性能。自注意力机制能帮助模型有效地捕获有重要作用的分词（在本任务中即为被标记为实体标签的分词），能够提升模型标记的准确率。因此删除自注意力层后，模型准确率降低，虽然召回率有提升，但总体 F1 值仍下降。

对于本章模型而言，偏置项的加入作用大于对抗训练的加入，大于自注意力机制的加入，但三者对模型在知识三元组抽取任务上 F1 值的提升都有较大贡献，因此这些部分的加入是必要的。

10.4.5　误差分析

本章要解决的任务是抽取由两个实体和它们之间的一个关系组成的知识三元组。表 10.4 展示了此任务上各种模型的抽取结果。在判断三元组抽取结果正确与否时，只有当两个实体和对应关系类型均正确的三元组才被认定为正确。

为了找出影响端到端模型表现效果的因素，本小节分析了端到端模型对三元组所含元素的抽取表现，表 10.4 展示了结果。E1 和 E2 分别代表模型抽取的第一、第二个实体实例，（E1，E2）则表示实体对实例。

表 10.4　不同端到端模型基于本章标注策略对三元组元素的预测结果

模型	E1			E2			（E1，E2）		
	P	R	F1	P	R	F1	P	R	F1
LSTM–CRF	0.596	0.325	0.420	0.605	0.325	0.423	**0.724**	0.341	0.465
LSTM–LSTM	0.593	0.342	0.434	**0.619**	0.334	0.434	0.705	0.340	0.458
LSTM–LSTM–Bias	0.590	**0.479**	0.529	0.597	**0.451**	0.514	0.645	**0.437**	0.520
LSTM–LSTM–2AT–Bias	**0.612**	0.473	**0.534**	0.615	0.449	**0.519**	0.723	0.419	**0.530**

从表 10.4 中的数据可以看出，与元素 E1 和 E2 相比，模型对（E1，E2）实体对抽取的准确率更高，但召回率略有降低。这意味着一些抽取出的实体没有组成实体对。原因可能是模型只抽取出了实体 E1（E2）而没有找出其对应的实体 E2（E1），因此导致抽取出较多单实体和较少实体对（E1，E2）。实体对因此比单实体准确率更高而召回率更低。

另外，表 10.4 中实体对（E1，E2）的抽取结果相比表 10.2，LSTM–LSTM–2AT–Bias 的三元组抽取结果有了 2.7% 的 F1 值提升，这也意味着抽取结果中有部分三元组是因为关系类型分类错误而导致被错误抽取。

10.5　本章小结

本章主要提出了一种融合对抗训练的端到端知识三元组联合抽取方法。传统的流水线式抽取方法会导致误差传递，而现有的联合抽取没有充分挖掘实体抽取与关系抽取两个子任务的联系。针对现有方法的问题，本章模型提出一种标注策略，能够通过端到端标注将知识三元组抽取问题完全转化为序列标注问题；然后设计了端到端的标注网络，并加入自注意力层来充分表示文本，通过带偏置项的损失函数提高模型组合实体对的能力，加入对抗训练以增强模型鲁棒性。为验证方法有效性，在普遍使用的数据集上将模型与目前较先进的模型以及一些变种在知识三元组抽取任务上的效果进行对比，结果表明本章模型取得最优性能；然后进行消融分析，证实了模型各个部分的必要性；之后进行了误差分析，最后通过实例说明模型优缺点。

参考文献

刘知远，孙茂松，林衍凯，等，2016. 知识表示学习研究进展 [J]. 计算机研究与发展，53（2）：247-261.

Bekoulis G, Deleu J, Demeester T, et al., 2018. Adversarial training for multi-context joint entity and relation extraction[J]. Conference on Empirical Methods in Natural Language Processing, Brussels.

dos Santos C N, Xiang B, Zhou B, et al., 2015. Classifying relations by ranking with convolutional neural networks[C]. Annual Meeting of the Association for Computational Linguistics, Beijing.

Finkel J R, Manning C D, 2009. Joint parsing and named entity recognition[C]. Human Language Technologies: Conference of the North American Chapter of the Association of Computational Linguistics, Boulder.

Goodfellow I J, Shlens J, Szegedy C, 2015. Explaining and harnessing adversarial examples[C]. International Conference on Learning Representations, San Diego.

Gormley M R, Yu M, Dredze M, 2015. Improved relation extraction with feature-rich compositional embedding models[C]. Conference on Empirical Methods in Natural Language Processing, Lisbon.

Hasegawa T, Sekine S, Grishman R, 2004. Discovering relations among named entities from large corpora[C]. Annual Meeting of the Association for Computational Linguistics, Barcelona.

Hoffmann R, Zhang C, Ling X, et al., 2011. Knowledge-based weak supervision for information extraction of overlapping relations[C]. Annual Meeting of the Association for Computational Linguistics: Human Language Technologies, Proceedings of the Conference, Portland.

Kambhatla N, 2004. Combining lexical, syntactic, and semantic features with maximum entropy models for information extraction[C]. Annual Meeting of the Association for Computational Linguistics, Barcelona.

Kate R J, Mooney R J, 2010. Joint entity and relation extraction using card-pyramid parsing[C]. Conference on Computational Natural Language Learning, Uppsala.

Katiyar A, Cardie C, 2017. Going out on a limb: Joint extraction of entity mentions and relations without dependency trees[C]. Annual Meeting of the Association for Computational Linguistics, Vancouver.

Lample G, Ballesteros M, Subramanian S, et al., 2016. Neural architectures for named entity recognition[C]. Conference of the North American Chapter of the Association for Computational Linguistics: Human Language Technologies, San Diego.

Luo G, Huang X, Lin C, et al., 2015. Joint entity recognition and disambiguation[C]. Conference on Empirical Methods in Natural Language Processing, Lisbon.

Mikolov T, Chen K, Corrado G, et al., 2013. Efficient estimation of word representations in vector space[C]. International Conference on Learning Representations, Scottsdale.

Mintz M, Bills S, Snow R, et al., 2009. Distant supervision for relation extraction without labeled data[C]. Annual Meeting of the Association for Computational Linguistics and the International Joint Conference on Natural Language Processing of the AFNLP, Singapore.

Miwa M, Bansal M, 2016. End–to–end relation extraction using LSTMs on sequences and tree structures[C]. Annual Meeting of the Association for Computational Linguistics, Berlin.

Miyato T, Dai A M, Goodfellow I J, 2017. Adversarial training methods for semi–supervised text classification[C]. International Conference on Learning Representations, Toulon.

Nguyen T H, Grishman R, 2015. Relation extraction: Perspective from convolutional neural networks[C]. Workshop on Vector Space Modeling for Natural Language Processing, Denver.

Passos A, Kumar V, McCallum A, 2014. Lexicon infused phrase embeddings for named entity resolution[C]. Conference on Computational Natural Language Learning, Baltimore.

Ren X, Wu Z, He W, et al., 2017. CoType: Joint extraction of typed entities and relations with knowledge bases[C]. International Conference on World Wide Web, Perth.

Riedel S, Yao L, McCallum A, 2010. Modeling relations and their mentions without labeled text[C]. Lecture Notes in Computer Science: Machine Learning and Knowledge Discovery in Databases, European Conference, Barcelona.

Rink B, Harabagiu S M, 2010. UTD: Classifying semantic relations by combining lexical and semantic resources[C]. International Workshop on Semantic Evaluation, Uppsala.

Roth D, Yih W, 2002. Probabilistic reasoning for entity & relation recognition[C]. International Conference on Computational Linguistics, Howard International House and Academia Sinica, Taipei.

Shaalan K, 2014. A survey of arabic named entity recognition and classification[J]. Linguistics, 40(2): 469–510.

Srivastava N, Hinton G E, Krizhevsky A, et al., 2014. Dropout: A simple way to prevent neural networks from overfitting[J]. Journal of Machine Learning Research, 15(1): 1929–1958.

Szegedy C, Zaremba W, Sutskever I, et al., 2014. Intriguing properties of neural networks[C]. International Conference on Learning Representations, Banff.

Tan Z, Wang M, Xie J, et al., 2018. Deep semantic role labeling with self–attention[C]. AAAI Conference on Artificial Intelligence, New Orleans.

Tang J, Qu M, Wang M, et al., 2015. LINE: Large–scale information network embedding[C]. International Conference on World Wide Web, Florence.

Vaswani A, Bisk Y, Sagae K, et al., 2016. Supertagging with LSTMs[C]. Conference of the North American Chapter of the Association for Computational Linguistics: Human Language Technologies, San Diego.

Wu Y, Bamman D, Russell S, 2017. Adversarial training for relation extraction[C]. Conference on Empirical Methods in Natural Language Processing, Copenhagen.

Xu M, Jiang H, 2016. A FOFE–based local detection approach for named entity recognition and mention detection[OL]. (2016–11–02)[2019–12–01]. https://arxiv.org/abs/1611.00801.

Xu K, Feng Y, Huang S, et al., 2015a. Semantic relation classification via convolutional neural networks with simple negative sampling[C]. Conference on Empirical Methods in Natural Language Processing, Lisbon.

Xu Y, Mou L, Li G, et al., 2015b. Classifying relations via long short term memory networks along shortest dependency paths[C]. Conference on Empirical Methods in Natural Language Processing, Lisbon.

Yasunaga M, Kasai J, Radev D R, 2018. Robust multilingual part-of-speech tagging via adversarial training[C]. Conference of the North American Chapter of the Association for Computational Linguistics: Human Language Technologies, New Orleans.

Zheng S, Hao Y, Lu D, et al., 2017a. Joint entity and relation extraction based on a hybrid neural network[J]. Neurocomputing, 257: 59-66.

Zheng S, Wang F, Bao H, et al., 2017b. Joint extraction of entities and relations based on a novel tagging scheme[C]. Annual Meeting of the Association for Computational Linguistics, Vancouver.

Zheng S, Xu J, Zhou P, et al., 2016. A neural network framework for relation extraction: Learning entity semantic and relation pattern[J]. Knowledge-Based Systems, 114: 12-23.

第 11 章　基于视图转移网络的少样本关系三元组抽取

关系三元组抽取是知识结构化的重要任务，此前的关系三元组抽取研究取得了一系列成就，但大多基于大规模标注语料。为有效处理未见过的关系类型和实体，研究逐渐转向少样本关系三元组抽取。少样本关系三元组抽取（relational triple extraction，RTE）旨在让模型在标记样本的数量较少条件下能够从非结构化文本中检测新出现的关系类型及实体对。现有技术使用条件随机场或最近邻匹配策略提取实体，使用原型网络提取句子关系。然而，它们并没有利用三元组信息来验证所提取的关系三元组的合理性，忽略了实体、关系、三元组三个视图之间的转换关系。为了填补这些空白，本章提出了一种新的视图转移网络（perspective transfer network，PTN）来解决少样本关系三元组抽取。

11.1　问题背景

关系三元组抽取是知识结构化的基本任务之一，它将关系抽取扩展至同时从非结构化文本中检测预定义的关系类型（如"LocatedIn"和"IsA"）和与之关联的实体对（即头实体和尾实体）。例如，给定句子"New York is located in the United States"，期望的输出是关系三元组（New York，LocatedIn，United States），其中"LocatedIn"是头实体"New York"和尾实体"United States"之间的关系。

依靠大量带标注的语料库，目前利用深度神经网络的工作在完全监督的关系三元组抽取上表现出可观的性能。然而，涉及领域知识或新兴知识，带标注的关系三元组很难大规模获取，因为三元组标注是人力密集型工作，成本高昂。此外，这可能会导致监督学习模型无法处理未见过的关系类型和实体。因此，最新的趋势是研究少样本关系三元组抽取系统，该系统可以用很少的标注样本抽取未见过的关系类型和实体。

近年来的一些工作（He et al., 2022; Yu et al., 2020）在 N-way K-shot 设置中研究了少样本关系三元组抽取，即根据每个类的 K 个示例从 N 种类型中预测正确的查询类型。其中一个开创性的工作提出了一种多原型嵌入网络（multi-prototype embedding，MPE）（Yu et al., 2020），它首先利用条件随机场（CRF）来执行实体抽取，并在句子中定位头实体和尾实体；之后，受原型网络（Snell et al., 2017）的启发，它为头实体和尾实体构建原型，并生成关系表示，这些表示与句子表示连接以产生关系原型。然后使用这些原型从查询集中提取关系三元组。

当前的解决方案从以下三个方面来看仍存在不足：

（1）此前研究倾向于从支持集中产生不准确的实体原型，进而影响实体的识别。如表 11.1 中示例所示，现有方法通过分别聚合支持集中的所有头实体和尾实体来生成两个实体原型，即头实体原型和尾实体原型，可能存在噪声。例如，直接聚合较少的支持集中的相关头实体（即"New York"和"Rob Reiner"）生成可能具有压倒性表示的头实体原型；

（2）此前研究没有考虑全局信息来验证提取的三元组。例如，在表 11.1 的查询语句（a）中，实体"actor"和"director"都可能被识别为尾实体，而如果进一步考虑句子的语义信息，只有"actor"是正确的；

（3）此前方法不适合处理少样本关系三元组抽取的现实场景。方法侧重于句子仅包含一个具有预定义关系类型的关系三元组（only one relational triple with pre-defined relation types，OOTP）的情况，而在现实世界中，一个句子中可以有多个关系三元组（multiple relational triples in one sentence，MOTP），以及未定义的关系类型（undefined relation types，NOTP）。例如，在表 11.1 中，

表 11.1　2-way 1-shot 关系三元组抽取示例

支持集	
（A）LocatedIn	（a）New York is located in the United States.
（B）IsA	（b）Rob Reiner is a director.
查询语句	
（A）?（B）? Entities?	（a）Dwayne Johnson is an actor, not a director.
（A）?（B）? Entities?	（b）Benedict Cumberbatch, born on July 19, 1976, in London, England, is a British actor.
（A）?（B）? Entities?	（c）Benedict Cumberbatch starred as Sherlock.

查询语句（b）中有两种预定义的关系类型（即"IsA"和"LocatedIn"），而查询语句（b）和（c）中有未定义的关系类型（例如"BornIn"）。

在这项工作中，本章提出视图转移网络（PTN）来解决上述问题。首先，从关系角度出发，PTN通过对比查询语句和支持语句，依次检查查询中是否存在预定义的关系类型。一旦检测到关系，PTN就会转移到实体视图，并在特定关系支持语句的帮助下定位查询语句中的头部和尾部实体跨度。找到查询中的所有潜在实体后，PTN将视图转移到三元组以验证提取的三元组的合理性。最后，PTN转回关系视图来检测下一个关系，当所有关系都被检查完毕，这个过程就结束了。

11.2　相关工作

本节从基于监督学习的方法以及基于少样本学习的方法两个方面讨论关系三元组抽取的相关工作。

11.2.1　基于监督学习的方法

关系三元组抽取旨在从非结构化文本中同时识别语义关系并检测属于关系的头尾实体，可以看作两个子任务的组合任务，即实体抽取（Lample et al., 2016）和关系抽取（Zhou et al., 2016）。此前的研究主要基于监督学习，按求解方式可被划分为流水线式方法和联合抽取方法，已被广泛应用于抽取关系三元组。流水线式方法（Zhong et al., 2021; Qin et al., 2018; Zeng et al., 2015; Hoffmann et al., 2011; Mintz et al., 2009）将此任务视为两个独立的任务，尽管足够灵活，但忽略了任务之间的依赖关系，很容易出现错误传播（Wei et al., 2020）。而联合抽取方法利用三元组依赖关系来更好地对该任务进行建模（Huguet Cabot et al., 2021; Li et al., 2021; Sun et al., 2020; Wang et al., 2020; Wei et al., 2020），且在监督学习下，所提出的大量研究工作都显示出令人满意的性能。然而，由于它们依赖于大规模的标注数据，监督学习模型无法处理未见过的关系和实体。因此探索少样本下的关系三元组抽取迫在眉睫。

11.2.2　基于少样本学习的方法

少样本学习起源于计算机视觉领域的图像分类任务（Snell et al., 2017; Vinyals et al., 2016），旨在使用少量标注数据进行学习，以应对未见过的数据。

在信息抽取领域，少样本学习已被应用于文本分类（Zhang et al., 2022; Sun et al., 2019）、实体类别分类（Ma et al., 2016）、关系抽取（Gao et al., 2019b）和实体抽取（Ding et al., 2021；Fritzler et al., 2019）等诸多领域。然而，此前的研究中少样本学习只考虑单个任务，而关系三元组抽取需要同时考虑关系和实体。

最近，相关研究（He et al., 2022; Yu et al., 2020）在少样本关系三重提取方面做出了贡献。Yu 等（Yu et al., 2020）提出了一种多原型嵌入网络（MPE）。具体来说，MPE 利用序列标注，即条件随机场（CRF）来定位句子中的头尾实体，并为实体（即头尾实体）和原型之间的关系构造三种原型网络（Snell et al., 2017），其中实体原型由实体构造，然后与句子表示连接以构造关系原型。该方法通过原型网络有效地提高了关系抽取的性能，但在实体抽取方面仍然存在困难。因此，He 等（He et al., 2022）提出使用原型网络和最近邻匹配（nearest neighbor matching，NNM）（Yang et al., 2020）提取关系三元组，NNM 采用少样本实体抽取，根据单词的语义相似性识别句子中的头部和尾部实体。实体抽取能力的增强带来了整体性能的提升。然而，上述所有方法都为实体抽取子任务构建了嘈杂的支持集，因为它们将不同类型的关系三元组中的头（尾）实体视为同一类，并且没有充分考虑少样本关系三元组抽取任务的复杂性（例如，NOTP 和 MOTP 的设置）。

11.3　模型方法

本节主要介绍提出的新模型方法，分别从关系视图、实体视图、三元组视图展开详细描述。

11.3.1　模型框架

图 11.1 为 PTN 的框架。它将数据片段（包含支持和查询集）作为输入，并为查询集中的句子提取关系三元组。该过程可看作三个视图（即关系、实体和三元组）之间的转移。在关系视图，PTN 首先标注出支持句子中的实体对，然后将标注的支持句子和查询句子连接起来，将其向量转发给二元分类器，以预测查询句子是否包含支持句子中的关系类型。一旦检测到关系，PTN 就会转移到实体视图，该视图中设计了一个可学习的相似性模块来处理序列标注问题并输出识别的实体。随后，PTN 转移到三元组，其中识别的实体用于标注查

询语句，生成一组伪标注查询语句。这些伪标注查询与标注的支持句子连接，并将它们的向量转发到二元分类器以预测提取的三元组的合理性。最后，PTN 输出合理的三元组并返回关系视图以检测支持集中的下一个关系。

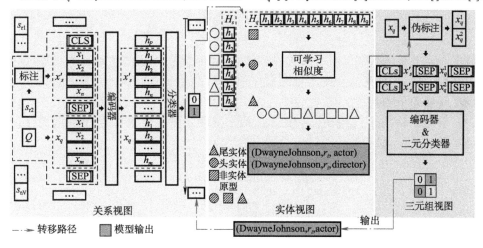

图 11.1　基于视图转移网络（PTN）的少样本 RTE 框架

11.3.2　关系视图

本视图旨在检测查询语句中的潜在关系。对于预定义关系类型集 R_{test}（或 R_{train}）中的每个关系 r，首先收集特定于关系的支持集 S_r，其中包括与该关系对应的支持句子。随后，通过在实体周围插入特殊标记（如 [h] 和 [t]）来标记支持句子中的实体对。这样一来，三元组信息就可以注入到原始的支持语句中。给定一个支持句子 x_s，将标注后的支持句子表示为

$$x_s' = \left\{ x_1, x_2, [h], x_i, \cdots, [\backslash h], \cdots, [t], x_j, \cdots, [\backslash t], \cdots, x_n \right\} \tag{11.1}$$

它由 n 个词和 4 个特殊标记组成，其中 [h] 和 [t]（以及 [\h] 和 [\t]）插入到 y_s 中指示的实体之前（以及之后）的位置，y_s 为 x_s 对应的标签序列。

接下来，在给定查询之前连接标注后的支持句子。形式上，将 x_s' 和 x_q 连接如下：

$$x' = \{[CLS], x'_s, [SEP], x_q, [SEP]\} \tag{11.2}$$

其中，[CLS] 和 [SEP] 是编码器中使用的特殊标记，例如 BERT（He et al., 2022），x_q 是查询语句。之后，将 x' 发送到编码器以生成句子和词的向量：

$$h_p, H = \text{Encoder}(x') \tag{11.3}$$

其中，编码器在这项工作中设置为 BERT。$H = [H_s; H_q]$ 表示连接句子的词向量序列，H_s 代表支持句中的词向量序列，H_q 代表查询句中的词向量序列；h_p 表示连接句子的向量。

最后，将句子向量 h_p 转发给二元分类器，以区分查询语句中是否存在关系：

$$p_r = \text{softmax}(\text{MLP}(h_p)) \tag{11.4}$$

$$\text{act} = \arg\max(p_r) \tag{11.5}$$

其中，$\text{act} \in \{0, 1\}$；MLP 是多层感知器；p_r 代表是否转移的概率（即 0 或 1）。值得注意的是，如果在特定关系的支持集 S_r 中有多个句子，平均概率为

$$p_r = \frac{1}{K} \sum_{i=1}^{|S_r|} p_r^i \tag{11.6}$$

11.3.3 实体视图

如果在关系视图中检测到关系，则 PTN 转移到实体视图。在这个视图中，首先从关系视图获得查询句和支持句的词向量，即 H_q 和 H_s。如果关系特定的支持集中有多个句子，收集所有的 H_s：

$$H_s = \left[H_s^1; \cdots; H_s^i; \cdots; H_s^{|S_r|} \right] \tag{11.7}$$

其中，";" 指拼接。

然后，根据标签对支持句子中的词向量进行分组和平均，得到头、尾和其

他类的原型：

$$c_c = \frac{1}{|\mathscr{E}_c|} \sum_{h_s \in \mathscr{E}_c} h_s \tag{11.8}$$

其中，$\mathscr{E}_c$ 表示给定类 c 的向量集合，$c \in \{h, t, o\}$ 即头、尾实体和其他类。

接下来，采用可学习的相似度来计算给定查询词属于某个类型的概率，并将最可能的类型分配给该词：

$$p_e = \text{softmax}(cWh_q^{i\mathrm{T}}) \tag{11.9}$$

$$\text{cls} = \arg\max(p_e) \tag{11.10}$$

其中，$c = [c_h; c_t; c_o]$；$\text{cls} \in \{h, t, o\}$；$W$ 是可学习的权重矩阵；p_e 表示单词属于不同类别的概率。根据分配的类型标签，提取查询语句中的实体。值得注意的是，模型使用特定于关系的支持集进行实体抽取，可以显著减轻噪声表示问题。

最后，将结果（即关系及其实体对）组合成三元组，并将它们转发到三元组视图。

11.3.4　三元组视图

该视图旨在验证从实体视图抽取的关系三元组的合理性。毫无疑问，仅就关系三元组而言，很难做到这一点。例如，在图 11.1 中实体视图的底部，在没有上下文的情况下，三元组（Dwayne Johnson, IsA, actor）和（Dwayne Johnson, IsA, director）似乎合理，但实际上后者并不正确。为此，对于每个预测的实体对，用 4 个特殊标记来标注查询语句 x_q，以生成伪标注查询语句 x_q'，表示为

$$x_q' = \{x_1, x_2, [\text{h}], x_i, \cdots, [\backslash\text{h}], \cdots, [\text{t}], x_j, \cdots, [\backslash\text{t}], \cdots, x_m\} \tag{11.11}$$

其中，[h] 和 [t]（以及 [\h] 和 [\t]）被插入到预测的实体之前（以及之后）的位置。然后连接标注后的支持句子 x_s' 和伪标注查询句子 x_q'：

$$x'' = \{[\text{CLS}], x_s', [\text{SEP}], x_q', [\text{SEP}]\} \tag{11.12}$$

之后，通过 Encoder(x'') 获得 h'_p，然后将其转发给二元分类器，以确定预测的三元组是否合理：

$$p_t = \text{softmax}(\text{MLP}(h'_p)) \tag{11.13}$$

$$\text{pla} = \arg\max(h_t) \tag{11.14}$$

其中，pla $\in \{0, 1\}$ 和 p_t 是合理与否的概率。值得注意的是，如果关系特定的支持集 S_r 中有多个句子，则对概率进行平均。最后，输出模型预测为合理的三元组。

通过基于标注的支持句和伪标注的查询句验证三元组的合理性，模型可以更好地利用语义信息并确定支持三元组和预测三元组是否属于同一类型，从而消除不相关的三元组。

11.4 实验与分析

本节面向数据集、具体实验设定及主要实验结果展开详细介绍及分析。

11.4.1 数据集介绍

本章主要使用以下数据集进行评估。首先，本章采用之前工作中使用的 FewRel 数据集（He et al., 2022; Yu et al., 2020）。FewRel 是一个少样本关系抽取数据集，其中包含一个训练集（64 个关系）、一个验证集（16 个关系）和一个未发布的测试集。Yu 等（Yu et al., 2020）将其引入作为少样本关系三元组抽取的数据集，随机选择 50 个关系作为训练集、15 个关系作为验证集、15 个关系作为测试集，模型仅根据查询集提供的句子输出关系三元组。在本文中，将其表示为 FewRel*。此外，本文按照 FewRel 的原始划分方式评估少样本关系三元组抽取，其中 FewRel 的验证集被视为测试集。

此外，实验还引入了两个新数据集以更好地反映实际应用中的挑战。

（1）NYT 是一个广泛应用于评估有监督关系三元组抽取的数据集。本章筛选只包含一个关系的句子，形成一个包含 16 个关系的数据集。由于这个数据集包含很少的关系，本章使用整个数据集作为测试集。

（2）WebNLG 也是一个广泛用于评估有监督关系三元组抽取的数据集。本章筛选出句子中确切出现的金标实体，建立一个包含 31 个关系的新数据集。为构建测试集，本章随机无放回地抽取句子，并将句子中出现的关系分类到测试集，直到关系数量达到 16 个（与上述测试集中的关系数量相同）。剩下的关系作为验证集。通过这种划分方式，测试集包含高度相关的关系，因此更具挑战性。

此外，在 NOTP 设置下，采样集中有一定概率包含了支持集中未出现的关系类型的查询集。本章使用 FewRel 和 NYT 来评估模型在 OOTP 和 NOTP 设置下的性能，使用 WebNLG 来评估模型在 OOTP、NOTP 和 MOTP 设置下的性能。

11.4.2　实验设置

为了与之前的研究进行比较，本章按照同样的实验设置，在 FewRel* 数据集上进行了 5-way 5-shot 和 10-way 10-shot 的实验。本章使用微观 F1 分数评估实体、关系和三元组提取的性能，这是主要的度量指标。所有实验都使用不同的随机种子重复了五次，并报告微观 F1 的平均值和标准差。为了进行更广泛和深入的评估，本章将之前的两个少样本设置改为四个常用的设置：5-way 1-shot、5-way 5-shot、10-way 1-shot 和 10-way 5-shot，其中 FewRel、NYT 和 WebNLG 被用作本章实验的数据集。值得注意的是，所有训练都是在 FewRel 的训练集上进行的。此外，本章使用 FewRel 和 NYT 的测试集作为彼此的验证集。本章使用频繁评估（episodic evaluation）对模型进行测试，这是一种在少样本学习中广泛采用的评估方法，在每个模型中采样 20 000（或 40 000）个采样集用于训练 PTN（或其他基线模型），采样 500 个采样集用于验证和测试。

1）实验细节

本章选择 uncased 作为基础模型，采用 AdamW 优化器，初始学习率为 2×10^{-5}，权重衰减为 0.01，使用线性 warmup 将学习率在 300 个 warmup 步骤中变化。在所有设置下，数据批处理大小为 4。超参数 α_r、α_e 和 α_t 分别设为 0.3、0.3 和 0.4。本章使用 PyTorch 来实现 PTN，实验设备为 24 G 内存的 RTX 3090 GPU。在这项工作中，本章简单地认为一个关系类型只对应一个句子中的三元组。因此，本章对模型输出进行后处理，即选择具有最高平均概率的头实体和尾实体。此外，在 OOTP 设置下，本章只保留排名第一的关系三元组，并在 MOTP 设置下将关系数量限制在 1～2 个，其中关系三元组根据它们的关系类型的概率进行排序。

2）基线模型

本章将模型与八个基线模型进行了比较。据调研，MPE（Yu et al., 2020）和 NNM（He et al., 2022）是目前唯一两个没有可用代码的少样本关系三元组抽取模型，因此本章直接使用他们在论文中报告的结果。其他六个是本章修改过的模型，将少样本 NER 模型 [即 ProtoNER（Fritzler et al.,2019）] 添加到原始的少样本关系抽取模型 [即 Siam.（Yuan et al., 2017）、GNN（Satorras et al., 2018）、Snail（Mishra et al., 2018）、Proto（Snell et al.,2017）、HATT（Gao et al., 2019a）和 PAIR（Gao et al., 2019b）] 中。本章使用原始的少样本关系抽取模型名称来表示修改后的少样本关系三元组抽取模型。由于基线模型之间性能差距很小，实验选择在 NOTP、MOTP 和之前的少样本设置下与 Proto 进行比较。MPE 和 NNM 将实体分为两类，即头部和尾部类别，但在本章修改后的基线模型中，将实体分为 $2N$ 个类别，即每个关系的头部和尾部类别。此外，在推理后本章添加了后处理，根据预测的关系类型，移除不属于该类型的实体，并选择剩余实体中平均概率最高的实体。

11.4.3　总体结果

表 11.2 ~ 表 11.4 总结了模型在不同设定下的四个数据集上的整体性能。可以观察到 PTN 始终优于基线和当前最优性能，并在所有评估设定中显示出足够的稳定性。如表 11.2 和表 11.3 所示，虽然一些基线（如 HATT）在原始的少样本关系抽取上的性能优于 Proto，但它们在少样本关系三元组抽取上的关系抽取性能均等甚至不如 Proto。对于 PTN 来说，其关系和实体抽取性能在各种设置下稳步超过基线，故而三元组抽取性能超过基线，F1 值最大提升 13.2。如表 11.3 和表 11.4 所示，NOTP 和 MOTP 等更难设定的引入极大地限制了少样本关系三元组抽取模型的整体性能。表 11.4 还显示，随着 NOTP 比率的增加，模型的性能持续下降。以 NOTP 比率从 15% 到 30% 和 50% 为例，PTN 在三个数据集上的三元组提取性能平均下降了 1.4 和 5.3 个 F1 值，这比 Proto 更稳定，Proto 下降了 3.1 和 7.6 个 F1 值。此外，具有 50%NOTP 的 PTN 的性能仍然大大优于 OOTP 设定下的基线。

将视图从关系转移到实体有利于性能。表 11.2 显示，在 FewRel 数据集上，5-way 1-shot 设置下，PTN 在实体提取性能方面 F1 值优于最佳模型 9.1。即使在 MOTP 设定下，此模型也显示出与 OOTP 设定下相当的实体抽取性能，但 Proto 的性能显著下降（表 11.3）。原因在于，通过使用过滤的特定关系支持集，只需要考虑与关系高度相关的头尾实体，这缓解了噪声表示问题。此外，从关系视图获得的关系特定向量可以更准确地表示原型，从而提高 PTN 识别实体的能力。此外，表 11.2 和表 11.3 还表明 PTN 的关系提取性能大大超过了基线。这表明嵌入在实体方面得到了进一步优化，这反过来又有益于关系抽取过程。

将视图从实体转移到三元组可以提高性能。如表 11.2 和表 11.3 所示，5-shot 设定下模型的实体抽取性能相似，但三元组抽取的性能差距较大。这是因为 PTN 生成的实体对与以前的方法相比已经部分合理，考虑到实体视角生成的实体与关系高度相关。另一个原因是此模型可以利用语义信息从三元组的视图挑选出更合理的三元组。

本章提出的网络可以适应多种情况并保持稳定的性能。表 11.3 和表 11.4 显示此模型在 NOTP 和 MOTP 设定下表现出一致的出色性能和足够的稳定性。这得益于关系、实体和三元组之间的视图转移，大大简化了任务的复杂性并充分利用了语义信息，从而使模型适应上述各种更现实的设置。

表 11.2　FewRel 上的性能

模型	5-way 1-shot			5-way 5-shot		
	关系	实体	三元组	关系	实体	三元组
Siam.	71.8 ± 1.3	38.1 ± 1.0	17.7 ± 1.7	80.0 ± 0.6	49.8 ± 1.1	25.0 ± 1.2
GNN	71.7 ± 1.3	37.3 ± 1.4	16.9 ± 1.8	79.2 ± 1.3	52.6 ± 0.7	28.8 ± 1.2
Snail	58.9 ± 7.9	35.5 ± 2.2	13.2 ± 2.1	75.6 ± 2.5	50.0 ± 1.4	24.5 ± 2.1
Proto	72.0 ± 0.9	37.5 ± 0.7	16.1 ± 0.9	80.9 ± 0.8	50.9 ± 0.6	25.8 ± 0.8
HATT	71.1 ± 1.8	37.7 ± 0.8	16.2 ± 0.7	79.8 ± 3.0	51.5 ± 1.0	26.0 ± 1.8
PAIR	68.3 ± 2.2	38.0 ± 0.6	17.7 ± 0.8	71.2 ± 2.5	52.1 ± 0.3	26.6 ± 0.9
PTN	**81.6 ± 1.2**	**47.2 ± 1.6**	**30.0 ± 2.4**	**84.8 ± 0.7**	**53.1 ± 1.3**	**34.6 ± 0.6**
模型	10-way 1-shot			10-way 5-shot		
	关系	实体	三元组	关系	实体	三元组
Siam.	57.2 ± 1.5	30.6 ± 1.5	12.4 ± 1.1	66.7 ± 1.9	43.8 ± 1.6	18.9 ± 1.6
GNN	55.2 ± 2.0	30.5 ± 0.6	12.8 ± 1.1	67.2 ± 1.6	44.2 ± 1.7	20.5 ± 1.7
Snail	41.9 ± 8.5	29.7 ± 0.7	8.9 ± 1.9	60.0 ± 1.6	45.2 ± 1.1	20.0 ± 1.9
Proto	58.0 ± 1.1	30.8 ± 1.1	12.0 ± 1.0	68.5 ± 1.9	43.2 ± 0.9	19.9 ± 1.3
HATT	55.5 ± 0.5	30.6 ± 1.0	11.8 ± 0.9	68.8 ± 0.9	42.9 ± 0.6	18.2 ± 0.4
PAIR	54.2 ± 1.8	31.9 ± 0.2	13.0 ± 0.7	58.6 ± 1.6	47.1 ± 1.3	22.0 ± 1.4
PTN	**68.7 ± 0.9**	**39.4 ± 1.6**	**25.3 ± 2.0**	**75.0 ± 1.0**	**49.7 ± 0.6**	**33.6 ± 0.7**

表 11.3　WebNLG 和 NYT 上的性能

模型	5-way 1-shot			5-way 5-shot		
	关系	实体	三元组	关系	实体	三元组
NYT						
Siam.	61.3±1.6	37.5±1.0	19.6±0.5	67.1±1.9	51.4±1.9	29.0±1.9
GNN	58.7±1.5	38.7±0.8	20.1±1.3	68.8±1.5	52.8±1.2	32.2±1.1
Snail	52.7±5.0	38.1±1.0	17.1±2.4	64.2±2.2	52.8±0.8	29.8±0.6
Proto	59.8±1.1	39.5±0.6	20.6±0.5	69.6±1.2	51.5±1.8	30.8±1.5
HATT	59.5±0.6	37.3±1.5	19.8±0.8	66.9±3.1	52.3±1.0	30.2±1.8
PAIR	54.4±1.6	38.3±1.6	19.4±1.4	59.6±1.2	53.5±1.5	27.9±1.7
PTN	**65.4±0.8**	**44.5±1.8**	**33.3±1.8**	**71.4±0.9**	**53.8±1.1**	**42.0±1.3**

模型	10-way 1-shot			10-way 5-shot		
	关系	实体	三元组	关系	实体	三元组
WebNLG						
Proto	65.2±0.8	32.8±0.4	20.5±0.6	71.7±0.8	40.6±1.0	26.8±1.5
PTN	**71.5±0.8**	**44.3±0.8**	**31.5±0.9**	**73.2±1.1**	**46.9±0.7**	**33.3±1.1**

表 11.4　5-way 1-shot 设定下不同比率的 NOTP 下的性能

NOTP	FewRel			NYT			WebNLG		
	关系	实体	三元组	关系	实体	三元组	关系	实体	三元组
PTN									
15%	75.2±0.9	45.1±1.3	29.9±1.4	61.0±1.7	40.8±1.2	30.7±1.3	69.7±0.8	42.8±0.6	30.3±0.6
30%	71.0±1.4	42.0±1.7	27.5±1.4	56.9±1.1	38.7±1.6	29.8±1.4	66.3±1.2	40.7±1.5	29.2±1.1
50%	64.2±1.4	36.7±1.5	24.2±1.6	48.8±1.0	31.7±0.9	24.9±1.8	59.8±0.8	36.6±1.2	26.4±1.8
Proto									
15%	65.4±1.2	32.4±1.4	15.3±0.9	55.6±1.4	31.3±1.0	19.5±0.9	61.3±1.4	32.0±1.1	20.3±1.2
30%	58.5±0.8	30.2±1.2	13.3±1.3	49.3±1.3	27.2±1.0	15.7±1.1	57.5±0.8	29.6±0.6	16.8±0.8
50%	46.7±2.0	26.1±1.6	9.2±1.2	36.9±1.4	20.1±1.8	10.5±1.2	49.2±0.8	27.3±0.8	14.7±0.7

11.5　本章小结

　　本章提出了一种全新的视图转移网络（PTN），并将其用于小样本关系三元组抽取。视图转移网络通过过滤特定关系的句子，可以产生对头部和尾部实体更准确的表示。与此同时，PTN 可以充分利用语义信息来验证实体对在三重视角下的合理性。此外，PTN 模型能够在充分处理复杂句子的同时保持稳定的性能。大量的实验结果表明，关系、实体和三元组之间的转换对提高不同设置下的小样本 RTE 性能有很大的帮助。本章希望所提的工作可以为小样本RTE 任务提供一些见解。未来，计划研究如何根据特定的关系生成更精确的实体对。

参考文献

Ding N, Xu G, Chen Y, et al., 2021. Few-NERD: A few-shot named entity recognition dataset[C]. Annual Meeting of the Association for Computational Linguistics and the 11th International Joint Conference on Natural Language Processing (Volume 1: Long Papers), Bangkok.

Fritzler A, Logacheva V, Kretov M, 2019. Few-shot classification in named entity recognition[C]. ACM/SIGAPP Symposium on Applied Computing, Limassol.

Gao T, Han X, Liu Z, et al., 2019a. Hybrid attention-based prototypical networks for noisy few-shot relation classification[C]. AAAI Conference on Artificial Intelligence, Hawaii.

Gao T, Han X, Zhu H, et al., 2019b. FewRel 2.0: Towards more challenging few-shot relation classification[C]. Conference on Empirical Methods in Natural Language Processing and the 9th International Joint Conference on Natural Language Processing (EMNLP-IJCNLP), Hong Kong.

He X, Song H, Cheng D S, et al., 2022. Few-shot relational triple extraction with nearest neighbor matching[C]. The International Society for Optical Engineering, San Diego.

Hoffmann R, Zhang C, Ling X, et al., 2011. Knowledge-based weak supervision for information extraction of overlapping relations[C]. Annual Meeting of the Association for Computational Linguistics: Human Language Technologies, Portland.

Huguet Cabot P L, Navigli R, 2021. REBEL: Relation extraction by end-to-end language generation[C]. Findings of the Association for Computational Linguistics, Punta Cana.

Lample G, Ballesteros M, Subramanian S, et al., 2016. Neural architectures for named entity recognition[C]. Conference of the North American Chapter of the Association for Computational

Linguistics: Human Language Technologies, San Diego.

Li X, Luo X, Dong C, et al., 2021. TDEER: An efficient translating decoding schema for joint extraction of entities and relations[C]. Conference on Empirical Methods in Natural Language Processing, Punta Cana.

Ma Y, Cambria E, Gao S, 2016. Label embedding for zero-shot fine-grained named entity typing[C]. International Conference on Computational Linguistics: Technical Papers, Osaka.

Mintz M, Bills S, Snow R, et al., 2009. Distant supervision for relation extraction without labeled data[C]. Annual Meeting of the Association for Computational Linguistics, Singapore.

Mishra N, Rohaninejad M, Chen X, et al., 2018. A simple neural attentive meta-learner[C]. International Conference on Learning Representations, Vancouver.

Qin P, Xu W, Wang W Y, 2018. Robust distant supervision relation extraction via deep reinforcement learning[C]. Annual Meeting of the Association for Computational Linguistics, Melbourne.

Satorras V G, Estrach J B, 2018. Few-shot learning with graph neural networks[C]. International Conference on Neural Information Processing Systems, Long Beach.

Snell J, Swersky K, Zemel R S, 2017. Prototypical networks for few-shot learning[C]. Annual Conference on Neural Information Processing Systems, Long Beach.

Sun K, Zhang R, Mensah S, et al., 2020. Recurrent interaction network for jointly extracting entities and classifying relations[C]. Conference on Empirical Methods in Natural Language Processing, Punta Cana.

Sun S, Sun Q, Zhou K, et al., 2019. Hierarchical attention prototypical networks for few shot text classification[C]. Conference on Empirical Methods in Natural Language Processing and International Joint Conference on Natural Language Processing (EMNLP-IJCNLP), Hong Kong.

Vinyals O, Blundell C, Lillicrap T, et al., 2016. Matching networks for one shot learning[C]. International Conference on Neural Information Processing Systems, Barcelona.

Wang Y, Yu B, Zhang Y, et al., 2020. TPLinker: Single-stage joint extraction of entities and relations through token pair linking[C]. International Conference on Computational Linguistics, Barcelona.

Wei Z, Su J, Wang Y, et al., 2020. A novel cascade binary tagging framework for relational triple extraction[C]. Annual Meeting of the Association for Computational Linguistics, Seattle.

Yang Y, Katiyar A, 2020. Frustratingly simple and effective few-shot named entity recognition with structured nearest neighbor learning[OL]. (2020-10-06) [2022-10-17]. https://arxiv.org/abs/2010.02405.

Yu H, Zhang N, Deng S, et al., 2020. Bridging text and knowledge with multi-prototype embedding for few-shot relational triple extraction[C]. International Conference on Computational Linguistics, Barcelona.

Yuan J, Guo H, Jin Z, et al., 2017. One-shot learning for fine-grained relation extraction via convolutional siamese neural network[C]. IEEE International Conference on Big Date, Boston.

Zeng D, Liu K, Chen Y, et al., 2015. Distant supervision for relation extraction via piecewise convolutional neural networks[C]. Conference on Empirical Methods in Natural Language Processing, Lisbon.

Zhang X, Cai F, Hu X, et al., 2022. A contrastive learning−based task adaptation model for few−shot intent recognition[J]. Information Processing and Management, 59(3): 102863.

Zhong Z, Chen D, 2021. A frustratingly easy approach for entity and relation extraction[C]. Conference of the North American Chapter of the Association for Computational Linguistics: Human Language Technologies, Online.

Zhou P, Shi W, Tian J, et al., 2016. Attention−based bidirectional long short−term memory networks for relation classification[C]. Annual Meeting of the Association for Computational Linguistics, Berlin.

第12章　利用多语言线索进行事件检测的混合注意力网络

　　事件检测是一项复杂的知识结构化任务，在纯文本事件抽取中起着至关重要的作用。实际情况下，由于数据稀疏和自然语言的歧义性，事件检测任务面临着巨大的挑战。针对这些挑战，从先前工作利用一种额外的语言信息作为数据增强获得启发，本章提出从多种自动翻译得到的多语言文本中挖掘互补信息，从而在一定程度上缓解数据稀疏和自然语言歧义的问题。为此，本章设计实现了一种混合注意力神经网络模型（hybrid attention network，HAN），其中的混合注意力模块通过一个上下文注意力机制和一个多语言注意力机制来实现从多种语言的信息中挖掘互补线索。实验在两个基准数据集上进行，结果证明了 HAN 模型在事件检测任务上的性能明显优于其他现有的模型。

12.1　问题背景

　　事件检测任务的目的是从纯文本中识别出具有特定类型的事件实例。给定输入文本，事件检测任务需要确定这个文本中包含的触发词以及触发词所描述的事件类型。事件的触发词指在一个事件指称中最能指示事件发生的词，是决定事件类别的重要特征。事件检测包含事件触发词识别和事件触发词分类两个子任务。事件检测不仅需要从文本中正确地检测事件以保证任务的精确度，而且要求尽可能全面地检测出文本中的全部事件以保证任务的召回率。

　　尽管当前事件检测的研究已经取得了比较大的进展，但是仍然存在两个问题会严重限制当前方法的性能。一是数据稀疏导致的低召回率问题。在训练数据有限的情况下，事件类型呈现长尾分布，有些事件类型的训练样例出现频率极低，从这些训练样例中学习出来的模型，要从某一事件类型的不同表达形式中识别出低频事件类型是具有挑战性的。二是自然语言的歧义性导致的低精确度。自然语言中存在着多义现象，很多事件触发词也是多义词。模型从具有多种含义的触发词中辨别出符合上下文语境的正确含义也是十分困难的。

鉴于此，本章寻求利用来自多语言的丰富信息用于事件检测。在考虑利用多种语言的信息进行事件检测之前，需要思考：是否利用多种语言信息有助于事件检测。首先举一个例子进行讨论。图 12.1 展示了语料库中一条英文的输入文本，以及翻译得到的目标语言分别为西班牙语和中文的文本。其中，源语言文本的触发词为 "took out"。然而，"took out" 具有多种含义，如 "get rid of" "invite（sb.）out" 或者 "vent"，这种歧义会干扰模型正确确定文本的事件类型。若有西班牙语文本（即 "目标语言 1"）作为补充，源文本事件类型的范围能够被缩小。这是因为对应的触发词 "acabaron" 在西班牙语中具有的含义有 "dismantle（the old buildings，etc.）" 或者 "finish（the work，etc.）"。然而，这仍然不足以确定事件类型。通过额外的中文文本（即 "目标语言 2"）的补充，事件类型才能够被确定为 "Execute"。因为对应的触发词 "chaichu" 在中文中具有确切的含义 "tear down（a building，etc.）"。

源语言：　*The soldiers took out the bridge.*
目标语言 1: *Los soldados acabaron con el puente.*
目标语言 2: *Shibing Men Chaichu Le Zhezuo Qiao.*

图 12.1　利用多种目标语言文本的实例

由此看出，一个文本在不同语言中的表达是具有相似的语义成分和语义结构的。利用额外的语言信息能够缓解数据稀疏的问题。另外，不同语言通常有不同的语法特征，一种语言中的歧义词在其他语言中可能是无歧义的，尤其是对于不同语族的语言。利用多语言文本，用于训练事件分类器的监督信号更容易捕获。

因此本章提出在事件检测任务上充分利用多种语言提供的线索。具体地，提出混合注意力网络模型 HAN，上下文注意力模块首先分别关注每种语言文本中的重要词（如触发词或者对识别触发词有益的词），并给予它们较高的注意力；接着多语言注意力模块进行跨语言的注意力计算，使得不同语言中的无歧义信息能够以监督的方式传递至源文本，缓解源文本的歧义。在两个基准数据集上进行充分的实验证实了额外的目标语言提升了 HAN 模型的性能，并且相比现有的最优的模型，HAN 在诸多性能指标上取得了最优的结果。

　　简而言之，本章的主要贡献是在事件检测任务上充分利用多语言线索，并设计了混合注意力网络模型 HAN，以充分捕获多语言的上下文信息和多语言之间的互补信息，利用这些信息来缓解事件检测任务上的数据稀疏和自然语言歧义问题。

12.2　相关工作

　　本节将介绍事件检测的相关工作基础，包括基于特征工程的事件检测、基于神经网络的事件检测、基于远程监督的事件检测以及多语言方法。

12.2.1　基于特征工程的事件检测方法

　　最初的事件检测工作基于特征工程，通常由人工设计一系列特征，如词汇特征和 WordNet 特征用于事件识别。接着，一些语义更加丰富的特征，如跨事件（Cross-Event）特征（Liao et al., 2010）被用于在整个文档层提升事件检测性能。一些工作利用全局特征进行触发词和事件论元的联合检测（MaxEnt）（Li et al., 2013），或者采用概率软逻辑机制来同时利用局部和全局特征（probabilistic soft logic，PSL）（Liu et al., 2016）。为了克服数据稀疏问题，有工作利用事件要素的特征来学习事件要素与事件触发词之间的相互关系，用于事件检测（Zhang et al., 2021）。尽管复杂的特征工程能够取得较好的事件检测效果，但是这些模型往往依赖人工特征设计，耗时费力、成本比较高，并且均没有利用多语言的特征去进一步提高模型的效果。

12.2.2　基于神经网络的事件检测方法

　　随着神经网络的发展，许多研究用神经网络模型自动抽取文本中的潜在特征，避免了复杂的特征设计。DMCNN 模型引入卷积神经网络（CNN）来学习用于事件分类的隐藏特征表示（Chen et al., 2015）。在 DMCNN 模型的基础上，Skip-CNN 通过建模非连续的 skip-grams 来进行事件检测，取得了更好的效果（Nguyen et al., 2016b）。之后，JRNN 结合了循环神经网络（RNN）和特征工程来自动抽取有效的特征（Nguyen et al., 2016a）。然而，数据稀疏问题仍然会限制这些模型效果进一步的提升。

12.2.3　基于远程监督的事件检测方法

为了缓解训练数据稀疏的问题，一些研究使用外部数据资源例如 Freebase、Frame-Net 和 WordNet 作为监督数据进行监督学习。DMCNN+FB 模型利用来自 FreeBase 的大量知识来自动标注数据用于模型训练（Chen et al., 2017）。DMBERT+Boot 通过对抗训练自动构建多样的训练数据用于远程监督的事件检测（Wang et al., 2019）。PLMEE 模型使用预训练的语言模型来做事件抽取，效果超越了目前大部分的事件抽取方法（Yang et al., 2019）。CLEVE 模型利用来自大规模无监督数据的信息，进行预训练来学习事件知识（Wang et al., 2021）。OntoED 模型使用的额外的本体知识，学习本体表示用于事件检测（Deng et al., 2021）。

12.2.4　多语言方法

多语言线索被用在例如情感分析（Wan, 2008）和命名实体识别（Klemen-tiev et al., 2006）等任务中，并且被证实有价值。为了应对数据稀疏的问题，Cross-Lingual 利用双语对照语料库将低置信度的谓词替换为高置信度的事件触发词（Ji, 2009）。LEX+TRANS 通过人工设计字符特征等基本特征来利用多语言信息（Wei et al., 2017）。不同于上面两种方法通过复杂的特征工程来利用语言资源，GMLATT 使用神经网络模型来捕获来自一种额外语言的信息作为补充（Liu et al., 2018）。不限于融合一种语言，本章提出了一种神经网络模型，通过混合注意力机制和改进的预测机制来充分利用多种语言的信息，并且在实验中用多种语言来评估模型效果；不同于 LEX+TRANS 受限于只能在字符特征层面使用来自多种语言的离散特征，本章使用 HAN 模型来自动地从多语言的整个文本中学习特征，实现了多语言的充分利用。

12.3　模型方法

模型结构如图 12.2 所示。HAN 模型首先在多语言表示层获取多种目标语言文本，进行文本的对齐，并将多语言文本转化为句子序列的向量表示；其次在混合注意力层对多语言文本并行进行上下文注意力的学习，再通过多语言注意力机制进行跨多种语言的信息融合；然后，在分类层进行事件类型的预测分类；最后介绍模型的训练方法。后面将对这些部分进行详细介绍。

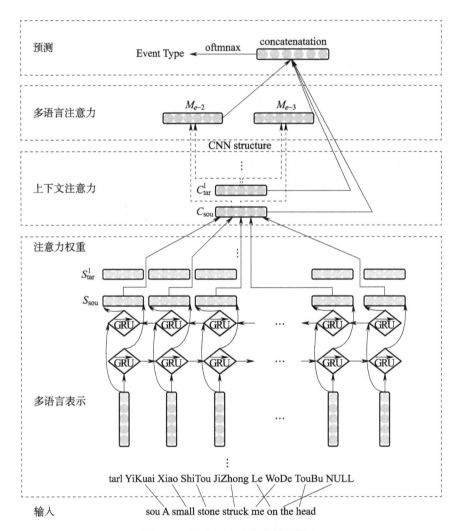

图 12.2 混合注意力网络模型框架

12.3.1 多语言表示层

由于模型的输入是单一语言文本，首先用翻译工具[①] 来处理每一条输入文本，获得多语言的目标文本。然后，用 GIZA++[②] 来对齐多语言文本。由

---

① 网址：https://translate.google.com/。

② 网址：http://www.fjoch.com/GIZA++.html。

于文本的对齐是单向的（从源语言对齐到目标语言或从目标语言对齐至源语言），因此 GIZA++ 组合对齐结果。接着进行句子表示，将每个输入词 x_i 转化为一个实值向量 w_i，这个向量是三种特征表示的联结：

1）词向量

词向量能够捕获文本中词的语义信息，通常被用作各种任务的基本向量。使用典型的 skip-gram 模型预训练词向量。

2）实体类型向量

使用标注好的实体信息作为额外特征，随机初始化每个实体类型的向量并且在训练过程中不断更新，不同语言共享实体向量表。

3）位置向量

位置向量表示了上下文词 x_n（即输入词 x_i 的上下文词）和输入词 x_i 之间的相对距离 $i-n$，它通过查找一个随机初始化的位置向量表获得。由此，输入文本被转化为一个向量序列 $X = (x_1, x_2, \cdots, x_n)$，其中，每一个向量都是上述三种特征向量的联结。

然后，采用双向门控循环单元（bidirectional gated recurrent units，BiGRU）在前向和后向处理向量序列。前向门控循环单元的隐层向量 $\vec{h}$ 编码从 x_1 到 x_n 的序列；相似地，反向门控循环单元的隐层向量 $\overleftarrow{h}$ 编码从 x_n 到 x_1 的序列。然后前向隐层向量 $\vec{h}$ 和反向隐层向量 $\overleftarrow{h}$ 被拼接以组成 x_i 的向量表示，即 $h = [\vec{h}; \overleftarrow{h}]$。最后，序列的双向门控循环单元表示将作为整个句子的表示向量。源语言文本的表示向量为 $X_{\text{sou}} = (h_1^s, h_2^s, \cdots, h_{n_0}^s)$，第 j 个目标语言文本的向量表示为 $X_{\text{tar}}^j = (h_{1_j}^{t_j}, h_{2_j}^{t_j}, \cdots, h_{n_j}^{t_j})$，其中，$L$ 和 N 分别是文本的句长。

12.3.2　注意力层

（1）上下文注意力机制：引入上下文注意力机制的目的是生成上下文向量，挖掘多语言上下文的一致信息，以缓解数据稀疏问题。上下文注意力会在每种语言上分别进行，这里只阐述在源语言文本上的操作。

给定源语言文本的表示 $X_{\text{sou}} = (h_1^s, h_2^s, \cdots, h_n^s)$，上下文注意力机制会计算一个上下文表示向量 h_c^s，用于表示源语言文本上下文的综合信息，即

$$f(h_c^s, h_i^s) = \tanh(h_t^{s\mathrm{T}} W_{\text{sou}} h_i^s + b_{\text{sou}}) \tag{12.1}$$

$$\alpha_i = \frac{\exp(f(\boldsymbol{h}_t^s, \boldsymbol{h}_i^s))}{\sum_j \exp(f(\boldsymbol{h}_t^s, \boldsymbol{h}_j^s))} \tag{12.2}$$

$$\boldsymbol{h}_c^s = \sum_i \alpha_i \boldsymbol{h}_i^s \tag{12.3}$$

其中，$\boldsymbol{W}_{\text{sou}}$ 是权重矩阵；$\boldsymbol{b}_{\text{sou}}$ 是偏置项；$f(\boldsymbol{h}_t^s, \boldsymbol{h}_i^s)$ 是源语言候选触发词表示 $\boldsymbol{h}_t^s$ 和第 i 个词的表示 $\boldsymbol{h}_i^s$ 之间的相关性分数；α_i 表示第 i 个词关于候选触发词的注意力权重。此处将每个词都分别视为候选触发词，然后计算每个词的上下文注意力 α_i，得到上下文表示向量 $\boldsymbol{h}_c^s$。

对于目标文本，找出源文本候选触发词的对应分词，并进行和源文本相同的步骤获得上下文表示 $\boldsymbol{h}_c^{t_j}$，这个表示表达第 j 个目标语言文本的综合信息。

（2）多语言注意力机制：多语言注意力用于捕获多种目标语言之间的互补线索，并且控制从多种目标语言文本到源语言文本的信息传递。

给定源文本的上下文表示 $\boldsymbol{h}_c^s$ 和目标语言的上下文表示集合 $\boldsymbol{H}_c^t = (\boldsymbol{h}_c^{t_1}, \boldsymbol{h}_c^{t_2}, \cdots, \boldsymbol{h}_c^{t_m})$，其中 m 是目标语言的数量，多语言注意力将会通过卷积和池化操作来计算一个多语言的表示 $\boldsymbol{H}_c^{m-1}$。多语言注意力的计算假设源语言和目标语言之间有多语言互补关系。由于卷积神经网络擅长于从一系列对象中捕捉显著特征，设计了一个带有卷积滤波器和最大池化层的卷积神经网络框架以集成来自源语言和一系列目标语言文本的互补信息。

这里使用不同宽度的多个卷积滤波器来捕获语义。具体来说，采用宽度为 2 和 3 的多个卷积滤波器对源句和目标句序列中的二元和三元语义进行编码。图 12.3 展示了宽度为 3 的卷积滤波器的卷积神经网络。

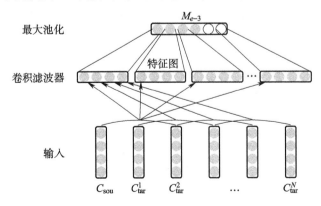

图 12.3　宽度为 3 的卷积滤波器示意图

每个卷积滤波器是一系列参数共享的线性层，对于输入的上下文表示 h_c^s 和目标语言的上下文表示集合 $H_c^t = (h_c^{t_1}, h_c^{t_2}, \cdots, h_c^{t_m})$，宽度为 3 的卷积滤波器对输入的表示向量的序列编码如图 12.3 所示。三元语义得到多语言表示的特征 h_{filter}^i，组成特征图。之后输入到一个最大池化层，获得了固定长度的输出：

$$h_c^{m-1} = \mathrm{maxpooling}(h_{\mathrm{filter}}^1, h_{\mathrm{filter}}^2, \cdots, h_{\mathrm{filter}}^l) \tag{12.4}$$

其中，l 表示经过宽度为 3 的卷积滤波操作后所提取的特征图维数。h_c^m 通过宽度为 2 的卷积滤波器经过类似操作获得。这种卷积可以看作是为不同种语言的句子分配权重的注意力机制，可以直接集成到现有的框架中，在不会引入过多参数的情况下有效提升多语言的信息集成。

12.3.3　训练与预测

在进行事件类型预测时，把事件检测任务形式化为一个多类分类问题，采用一个 softmax 分类器来识别候选触发词，并且使用 h_c^s、$H_c^t = (h_c^{t_1}, h_c^{t_2}, \cdots, h_c^{t_m})$、$h_c^{m-1}$ 和 h_c^m 的拼接作为分类器的输入：

$$S = \mathrm{softmax}(\tanh(W_{\mathrm{ae}}[h_c^s; h_c^{t_1}; h_c^{t_2}; \cdots; h_c^{t_m}; h_c^{m-1}; h_c^m] + b_{\mathrm{ae}})) \tag{12.5}$$

其中，W_{ae} 是权重矩阵；b_{ae} 是偏置项。

给定表示各种事件类型预测概率的实值向量 S，候选触发词 x 属于事件类型的概率为

$$P(y|x, \theta) = p_y \tag{12.6}$$

其中，θ 表示参数集合，p_y 是向量 p 的第 y 个元素。将训练数据中的分词集合表示为 $X = \{x_1, x_2, \cdots, x_K\}$，对应的真实的事件类型集合为 $Y = \{y_1, y_2, \cdots, y_K\}$，其中 K 表示所有分词的数量。通过最小化多类型交叉熵损失来训练 HAN：

$$\mathcal{L} = -\sum_{i=1}^{K} \ln P(y_i|x_i, \theta) + \lambda(\theta) \tag{12.7}$$

其中，λ 是正则化参数。

训练使用随机梯度下降方法，并添加了 Dropout 用于正则化。通过从训练集中随机选择小批次来迭代训练直至收敛。

12.4　实验与分析

本节首先介绍数据集，然后详细介绍具体的实验设定，最后介绍主要实验结果和其他实验结果。

12.4.1　数据集介绍

为评估 HAN 利用多语言线索提升事件检测效果的有效性，分别在两个事件检测基准数据集 ACE2005 和 KBPEval2015 上进行实验。对于 ACE2005，采用标准数据集划分，即其中的 529/30/40 个文档被用作训练集/验证集/测试集。对于 KBPEval2015 数据集，在标准的评估数据集（LDC2015R26）上测试模型，使用 RichERE 标注数据集（LDC2015E73）作为训练集，其中随机采样的 30 个文档用作验证集。

12.4.2　实验设置

评估使用官方评估标准，即若触发词的偏移量与参照触发词的偏移量匹配，则触发词识别正确（即触发词识别指标）；若一个触发词的事件类型和偏移量与参考触发词的事件类型和偏移量匹配，则触发词被正确分类（即触发词分类指标）。用准确率（precision，P）、召回率（recall，R）和 F1 值（f1-score，F1）作为评价指标。用双尾 t 检验来检测显著性提升，并且在实验结果表格中用加粗来标记 HAN 模型相对其他基准模型的显著提升（$p<0.5$）。

对于模型的参数设置，所有训练数据的迭代数设为 15，神经网络的 Dropout 率设为 0.6，学习率初始化为 0.001，mini-batch 设为 160，词向量、实体类型向量、位置向量的维度分别设为 200、50、5。

12.4.3　总体结果

本节将 HAN 与现有的事件检测模型进行比较。这里选取了一系列先进模型用于比较，对于基于特征工程的事件检测模型，选择 MaxEnt（Li et al., 2013）、Cross-Event（Liao et al., 2010）和 PSL（Liu et al., 2016）；对于基于神经网络的事件检测模型，选择 DMCNN（Chen et al., 2015）、JRNN（Nguyen et al., 2016a）和 Skip-CNN（Nguyen et al., 2016b）；同时也选择了一些基于监督学习的模型，有 DMCNN+FB（Chen et al., 2017）、DMBERT+Boot（Wang et al., 2019）和 PLMEE（Yang et al., 2019）；对于多语言的方法，选择了三个模型 Cross-Lingual（Ji, 2009）、LEX+TRANS（Wei et al., 2017）和 GMLATT（Liu et al., 2018），分别为基于特征的双语言方法、基于特征的多语言方法和基于神经网络的双语言方法。以上模型的信息在 12.2 节中有详细介绍，实验直接应用这些模型原本的参数设置。KBP2015Best 是 Hong 等（Hong et al., 2015）使用的半监督学习的事件抽取方法，在 KBP2015 评测中取得最好的结果。表 12.1 给出了上述模型在 ACE2005 和 KBPEval2015 两个数据集的测试集上的实验结果。

表 12.1　两个基准数据集上不同模型在事件检测任务上的结果

在 ACE2005 数据集上的实验结果						
模型	触发词识别			触发词分类		
	P	R	F1	P	R	F1
MaxEnt	74.1	60.7	66.7	74.2	58.7	65.5
Cross-Event	—	—	—	68.4	68.2	68.3
PSL	77.7	64.8	70.6	75.2	63.1	68.6
DMCNN	79.6	67.2	72.9	74.3	62.9	68.1
JRNN	69.4	74.6	71.9	66.8	72.3	69.4
Skip-CNN	—	—	—	75.7	67.4	71.3
DMCNN+FB	79.7	69.6	74.3	75.7	66.0	70.5
DMBERT+Boot	—	—	—	77.9	72.5	75.1
PLMEE	82.3	80.6	81.4	79.8	78.2	79.0
Cross-Lingual	71.2	61.7	66.1	68.2	59.4	63.5
LEX+TRANS	73.6	62.3	67.5	71.0	60.4	65.3
GMLATT	80.9	68.1	74.1	78.9	66.9	72.4
BASE+ZN	83.5	74.6	78.8	81.6	73.5	77.3
HAN	86.5	80.3	**83.3**	84.8	77.9	**81.2**
在 KBPEval2015 数据集上的实验结果						
模型	触发词识别			触发词分类		
	P	R	F1	P	R	F1
MaxEnt	70.7	42.8	53.5	69.3	40.2	50.9
Cross-Event	—	—	—	62.9	50.3	55.9
PSL	72.3	47.0	57.0	70.9	46.4	56.1

模型	在 ACE2005 数据集上的实验结果					
	触发词识别			触发词分类		
	P	R	F1	P	R	F1
DMCNN	77.4	48.2	59.8	71.3	45.8	55.8
JRNN	66.7	53.5	59.4	63.1	54.0	58.2
Skip–CNN	—	—	—	69.5	50.8	58.7
DMCNN+FB	74.2	51.7	60.9	69.8	50.3	58.5
DMBERT+Boot	—	—	—	71.0	54.6	61.7
PLMEE	75.8	61.1	67.7	72.1	58.0	64.3
KBP2015 Best*	82.0	52.0	63.7	75.2	47.7	58.4
Cross–Lingual	62.6	46.3	53.2	58.5	45.9	51.4
LEX+TRANS	66.9	47.2	55.3	63.8	46.1	53.5
GMLATT	69.8	55.9	62.1	67.5	52.7	59.2
BASE+ZN	74.3	60.2	66.5	70.1	57.2	63.0
HAN	76.4	63.5	**69.4**	74.1	59.6	**66.1**

* 表示模型结果来自原文章。

根据实验结果可以发现：①HAN 在两个数据集上的效果都显著地优于现有的基准模型。与这些模型相比，HAN 在触发词识别任务上在两个数据集分别获得至少 1.9% 和 1.7% 的 F1 值提升，在触发词分类任务上在两个数据集分别获得 2.2% 和 1.8% 的 F1 值提升。②基于神经网络的方法普遍比基于特征工程的方法表现更好。这可能是因为基于神经网络的方法能够自动地从训练数据中学习综合的特征。而基于监督学习的神经网络方法获得了更多的效果提升，因为这些方法能够利用监督信息以在一定程度上缓解数据稀疏的问题。③GMLATT、BASE+ZN 和 HAN 这三种模型都比 Cross–Lingual 和 LEX+TRANS 在事件检测任务上表现得更好。这也是在预料之中，因为前三种模型利用神经网络学习更深层特征。④模型 BASE+ZN 和 GMLATT 都是利用英语作为源语言，中文作为目标语言，融合来自这两种语言的多语言线索，模型 BASE+ZN 比模型 GMLATT 在事件检测上有更好的表现。分析原因，可能是 BASE+ZN 中基于卷积神经网络的多语言注意力模块能够更好地从源语言和多种目标语言中捕获显著的语义特征。⑤模型 LEX+TRANS 比 Cross-Lingual 表现更好，HAN 比 BASE+ZN 表现更好，这也说明基于神经网络的模型和基于特征工程的模型都能在一定程度上从多语言线索中获得补充信息，帮助改进事件检测。

12.4.4　多语言的效果验证

为验证多语言信息对事件检测有利，首先探索双语言的效果。这里选取一个基准模型设置 BASE 来进行实验比较，它仅用源语言而不加入任何目标语言的信息来进行事件类型的预测。图 12.4 展示了每种双语言的设置（源语言及一种不同的目标语言）下的模型在 ACE2005 和 KBPEval2015 的开发集上相对于 BASE 模型设置的表现提升。

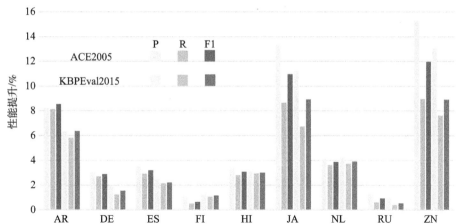

图 12.4　不同种双语言设置下模型的性能相比于 BASE 模型设置在两个数据集上的提升（均使用英文作为源语言）

AR. 阿拉伯语；DE. 德语；ES. 西班牙语；FI. 芬兰语；HI. 北印度语；JA. 日语；NL. 荷兰语；RU. 俄语；ZN. 中文

注意到，所有双语言设置下的模型效果都一致地优于只依赖一种源语言进行预测的 BASE 模型。在所有双语言设置的模型中，中文和日语作为目标语言的模型在两个基准数据集上性能提升最大，并且在两个数据集上相对于 BASE 分别有高达 11.95% 和 8.91% 的 F1 指标提升。分析原因，可能是这两种同一语系的语言都有书写和语义系统，便于更好地整合词语层和结构层的语义成分。并且，这两种语言与英语的语言体系不同，可以更充分地获得不同语言之间的互补信息。

接着验证多种语言能为模型带来进一步的提升。按照图 12.4 中增加单个目标语言获得的性能提升的降序来依次添加目标语言，每次多增加一种目标语言，在 ACE2005 和 KBPEval2015 的开发集上进行实验。图 12.5 展示了实验的结果，可以观察到随着加入的目标语言的增加，F1 指标单调上升。虽然使用更多的目标语言能够提升事件检测的效果，但是更多的目标语言在造成更大的计算成本情况下，带来的效果提升也趋于饱和。综合考虑模型效果与计算成本后选择了一个折中的多语言组合，即使用英语作为源语言，中文和日语作为目标语言。这个折中方案相比 BASE 模型在 ACE2005 和 KBPEval2015 两个数据集上分别有 15.4% 和 11.7% 的 F1 指标提升。

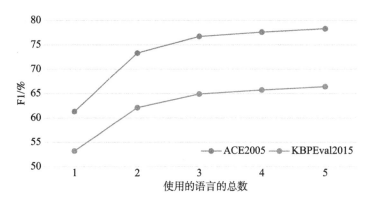

图 12.5   融合不同数量的语言的模型在两个数据集上的表现

12.5   本章小结

本章从事件检测任务面临的数据稀疏和自然语言歧义这两个挑战出发，提出挖掘利用多语言线索来提升事件检测的效果。本章提出的 HAN 模型通过上下文注意力挖掘多语言上下文的一致信息，以缓解数据稀疏问题；通过多语言注意力获得多种目标语言之间的互补线索，传递至源语言以缓解自然语言歧义的问题。在两个基准数据集上进行的综合性实验证实了使用多语言线索的有效性。HAN 模型在事件触发词识别和分类任务上在两个基准数据集上的表现均显著提升。多语言线索以及混合注意力网络同样可以应用到其他的信息抽取相关任务（例如关系抽取或事件要素抽取等任务）上。如何在降低计算成本的要求下，高效且充分地利用多语言的信息也是未来工作中有待进一步考虑的问题。

参考文献

Chen Y, Liu S, Zhang X, et al., 2017. Automatically labeled data generation for large scale event extraction[C]. The 55th Annual Meeting of the Association for Computational Linguistics, Vancouver.

Chen Y, Xu L, Liu K, et al., 2015. Event extraction via dynamic multi-pooling convolutional neural networks[C]. Annual Meeting of the Association for Computational Linguistics, Beijing.

Deng S, Zhang N, Li L, et al., 2021. OntoED: Low-resource event detection with ontology embedding[C]. Annual Meeting of the Association for Computational Linguistics, Online.

Hong Y, Lu D, Yu D, et al., 2015. RPI BLENDER TAC-KBP2015 system description [C]. The 2015 Text Analysis Conference, Gaithersburg.

Ji H, 2009. Cross-lingual predicate cluster acquisition to improve bilingual event extraction by inductive learning[C]. Annual Conference of the North American Chapter of the Association for Computational Linguistics: Human Language Technologies, Boulder.

Klementiev A, Roth D, 2006. Weakly supervised named entity transliteration and discovery from multilingual comparable corpora[C].International Conference on Computational Linguistics and Annual Meeting of the Association for Computational Linguistics, Sydney.

Li Q, Ji H, Huang L, 2013. Joint event extraction via structured prediction with global features[C]. The 51st Annual Meeting of the Association for Computational Linguistics, Sofia.

Liao S, Grishman R, 2010. Using document level cross-event inference to improve event extraction[C]. The 48th Annual Meeting of the Association for Computational Linguistics, Uppsala.

Liu J, Chen Y, Liu K, et al., 2018. Event detection via gated multilingual attention mechanism[C]. AAAI Conference on Artificial Intelligence, New Orleans.

Liu S, Liu K, He S, et al., 2016. A probabilistic soft logic based approach to exploiting latent and global information in event classification[C]. The 30th AAAI Conference on Artificial Intelligence, Phoenix.

Nguyen T H, Cho K, Grishman R, 2016a. Joint event extraction via recurrent neural networks[C]. Conference of the North American Chapter of the Association for Computational Linguistics: Human Language Technologies, San Diego.

Nguyen T H, Grishman R, 2016b. Modeling skip-grams for event detection with convolutional neural networks[C]. Conference on Empirical Methods in Natural Language Processing, Austin.

Wan X, 2008. Using bilingual knowledge and ensemble techniques for unsupervised chinese sentiment analysis[C]. Conference on Empirical Methods in Natural Language Processing, Honolulu.

Wang X, Han X, Liu Z, et al., 2019. Adversarial training for weakly supervised event detection[C]. Conference of the North American Chapter of the Association for Computational Linguistics: Human Language Technologies, Minneapolis.

Wang Z, Wang X, Han X, et al., 2021. CLEVE: Contrastive pre–training for event extraction[C]. Annual Meeting of the Association for Computational Linguistics, Online.

Wei S, Korostil I, Nothman J. et al., 2017. English event detection with translated language features[C]. Annual Meeting of the Association for Computational Linguistics, Vancouver.

Yang S, Feng D, Qiao L, et al., 2019. Exploring pre–trained language models for event extraction and generation[C]. Conference of the Association for Computational Linguistics, Florence.

Zhang P, Huang D G, 2021. Research on trigger word extraction based on the fusion of event argument attention and encoder layer[J]. Journal of Chinese Computer Systems, 42(4): 673–677.

第 13 章 基于差异性神经表示的事件检测方法

从文本中检索事件实例对于各类自然语言处理应用（例如自动问答和对话系统）至关重要，而其中的首要任务就是事件检测。事件检测包含两个相关的子任务——触发识别和类型分类，前者被认为起主导作用。然而，众所周知，正确预测事件触发因素是非常具有挑战性的。为了处理这个任务，现有的工作通过结合手动特征、数据增强和神经网络等方法已经取得了巨大的进步。然而，由于数据的稀缺和触发词的表示不足，他们仍然无法精确地确定触发的跨度（称为触发跨度检测问题）。为了应对这一挑战，本章建议从文本中学习差异性神经表示（discriminative neural representation，DNR）。DNR 模型通过利用两种新技术来解决触发跨度检测问题：①对比学习策略，扩大触发内部和外部单词表示之间的差异；②Mixspan 策略，可以更好地训练模型来区分触发器跨度边界附近的单词。

13.1 问题背景

事件检测致力于解决两个方面的问题：①识别触发词，触发词是一类用于指示文本中特定事件的词语，包括但不限于动词、名词或者词组；②判定分类，通过触发词及相关文本判定该触发词所属类别。以图 13.1 中的句子为例，在句子中，触发词的背景色为灰色；触发词上方对应的标签描述了触发词的事件类型 [上层类型: 子类型]。事件检测需要识别出句子中的触发词（"go off" 和 "airstrike"）并且判断出这两个词的所属类别（"Conflict：Attack"）。

由于事件检测有利于自然语言处理中的许多下游应用，如问答（Yang et al.,

Confilct:Attack   Conflct:Attack
A bomb will go off , the next day Israel will do an air strike .

图 13.1　事件检测示例图

2003）、时空事件信息检索（Basile et al., 2014）和机器阅读理解（Cheng et al., 2018），事件检测引起了研究人员的广泛注意。具体来说，现有的方法中有结合特征工程技术来手工构造特征（Liu et al., 2016; Liao et al., 2010; Ji et al., 2008）；为解决数据的稀缺，采用了数据增强技术来增加训练数据的规模（Tong et al., 2020; Wang et al., 2019; Yang et al., 2019; Liu et al., 2018a），以及基于神经网络的发展，引入潜在词表示，以更好地执行事件检测（Lu et al., 2019; Liu et al., 2018b; Nguyen et al., 2018），本章的研究也属于这一流派。

在事件检测的两个子任务之间，触发词识别的结果是触发词分类的基础。然而，正确识别触发词并非易事，因为当前数据稀缺是事件检测中一个不可忽略的问题，需要模型能够更精准地判定句子中触发词的文本边界。同时，数据稀缺也导致词向量未实现充分表征，导致语义信息模糊，进而导致检测触发词的边界成为一个棘手的挑战。上述情况下，如果模型过于"谨慎"，它会倾向于做有把握的预测，可能忽略部分触发词，从而错过某些事件；而如果模型"大胆"，可能会引入许多预测噪声，进而增大探测触发词边界的困难。本章将该问题定义为事件检测中的触发词边界检测问题。

本章的实证研究表明，这个问题严重影响了事件检测的表现。首先，现有的事件检测方法会产生许多假阴性的情况，其准确率远高于召回率。其次，错误分析显示，83% 以上的错误案例被认为是由该问题引起的，参见 13.3 节。在这种情况下，当前代表性的最先进方法 PLMEE（Yang et al., 2019），不仅错误预测了触发词的数量，而且混淆了触发词的特定边界（例如，"strike"和"airstrike"）。此外，本章认为当前的事件检测方法忽略了触发词边界检测的问题，并且在识别事件触发词时缺乏专门的处理方法。

为解决这些问题，本章提出从文本中学习差异性神经表示，凭借差异性神经表示，模型期望能够精准地识别每个触发词，并正确标注其边界。为实现这一目标，本章设计了一个基于神经信息抽取的经典解决方案的新框架，该框架利用了两种有前景的技术：①对比学习策略，它扩大了触发词内部和外部句子中其他词表示之间的差异；②Mixspan 策略，该策略训练该模型以区分邻近触发词的边界词为目标。

具体来说，本章通过构建一个对比学习模块来实现第一个策略，类似于文献（Chen et al., 2020; Dosovitskiy et al., 2014; Hadsell et al., 2006）。该算法首先采用句子增强方法，通过同义替换触发词以外的特定词，生成语义相似的另一个句子，并将这两个句子输入词编码器。然后，对于每个触发词，它分别从原始句子和增强句子中取出表示。基于句子中部分词汇的同义替换不影响句义表达这一现象，上一步获得的两种触发词表示也应该是相似的。因此，本章在高维向量空间中使用对比损失来建立这样的联系：①触发词的两种表示之间的相似性很大；②触发词的表示与其他词的表示之间的差异性也很大。

然后，本章通过设计一个 Mixspan 模块来实现第二个策略。最先进的方法通过将触发词抽取转换为多个二进制分类任务（Yang et al., 2019）来处理，其中真实触发词的首尾两个边界词被标记为 1，其他的被标记为 0。受 Mixup（Zhang et al., 2018）的启发，本章提出将触发词的边界词表示与触发词外部的相邻词表示混合。为了构建适应混合表示的适当标签，本章设计了两种标注方案（即 soft labeling 和 even harder labeling），以从不同的角度来标注混合表示。通过使用标注方案对 Mixspan 进行训练，模型有望产生与本章的新标注方案相关的表示，进而在确定触发词片段边界方面得到更好的训练。

总的来说，本章的贡献有三点：

（1）针对差异性神经表示提出了一个新的针对事件检测问题的学习框架，包括两个创新设计的模块——对比学习和 Mixspan，提高了区分触发词内部和外部词的能力；

（2）率先在事件检测中引入对比学习和 Mixspan 学习的思想，这与事件检测的最先进解决方案正交；

（3）在标准数据集上的大量实验表明，差异性神经表示模型在解决触发词片段识别问题方面是有效的，并且在多触发词识别中显著优于其他方法。

13.2 相关工作

本节从基于特征的方法、基于增强的方法和基于神经网络的方法介绍相关工作。

13.2.1 基于特征的方法

这类方法依赖于各种特征进行事件检测。Ji 等（Ji et al., 2008）提出了一种方法来利用有关主题相关文件中事件一致性的几个层次：相关文件中相同词的不同实例之间的词义一致性，以及相同或相关事件的不同提及之间的参数和相应角色。Liao 等（Liao et al., 2010）发现一些事件在相同的语境中经常出现，而其他事件则没有。此外，不同类型事件之间的一些典型关系可以提供帮助。因此，他们引入跨事件信息来提高性能。

为避免流水线式方法中的累积误差，Riedel 等（Riedel et al., 2011）提出了三个模型：第一个执行联合触发器和参数提取，第二个捕捉事件之间的相关性，而第三个检查同一事件的参数一致性。为了利用文档级别的信息，Liu 等（Liu et al., 2016）引入了一个统一框架，通过概率软逻辑推理捕获所有全局信息，并将其与丰富的局部信息结合起来。

遵循这一分支的研究未能充分利用非结构化句子中的潜在信息，因为它们通常采用传统的机器学习方法（如支持向量机等），这些方法将信息表示为相对较低维度的空间，并依赖于高质量的手动特征。

13.2.2 基于增强的方法

为了解决数据稀缺问题，相关工作提出了几种信息增强方法。大多数现有方法只关注单语信息，因此语义歧义问题仍然具有挑战性。Liu 等（Liu et al., 2018a）引入了一种门控跨语言注意机制来构建多语言框架。Yang 等（Yang et al., 2019）提出了一种通过编辑原型自动生成标记样本来增加数据大小的方法。为了确保新数据的质量，他们设计了一个评分模块来筛选出劣质样本。

Wang 等（Wang et al., 2019）提出了一种弱监督方法来避免手动注释。他们基于标记事件相关性构建了一个大型候选集，然后采用对抗性训练机制来迭代改进这些候选项的质量以促进事件检测。Tong 等（Tong et al., 2020）解决了稀疏触发词注释的问题。该研究引入了一种基于丰富知识蒸馏的补充知识框架，利用外部开放域触发词知识来平衡不同触发词之间的偏见。然而，上述方法缺乏一种广泛接受的评估生成样本质量的度量标准。换句话说，这些方法甚至可能在增强过程中引入噪声。

13.2.3 基于神经网络的方法

过去十年见证了神经网络模型的成功。为了减少精心设计特征的影响，Chen 等（Chen et al., 2015）提出了一个卷积神经网络来捕捉句子级线索。此外，他们提出了一种动态多池化结构来表示事件触发器和参数，以利用更多的潜在信息。由于先前的工作只关注句子的顺序表示，Nguyen 等（Nguyen et al.，2018）基于依赖树引入了一个基于图卷积神经网络的方法来执行事件检测。Liu 等（Liu et al., 2018b）观察到单个句子中可能存在多个事件并提出了一个框架来捕捉句法快捷弧的同时提取多个事件触发器和参数。由于先前的研究在学习泛化知识方面表现不佳，Lu 等（Lu et al., 2019）提出了 Δ 学习方法，通过有效地解耦、增量学习和自适应融合事件表示来蒸馏区分和泛化知识。

虽然现有方法取得了巨大的进展，但它们都忽视了触发词跨度检测的问题，这留下了一个明显的空白需要填补。DNR 模型也属于这一类别；与其他方法不同的是，DNR 模型重视触发词跨度检测问题，并且在实验结果上取得了最先进的成果（详见 13.4 节）。

13.3　模型方法

本节分别介绍 DNR 的编码模块、对比学习模块、Mixspan 模块和模型训练与预测。

13.3.1　模型框架

本章遵循自动内容提取（automatic content extraction，ACE）共享任务中的术语。事件提及是描述事件的短语或句子，包括触发词和相应的组成要素；触发词是最清楚地表达事件提及的一些单词。自动内容提取上事件检测的标准任务包括事件触发词识别和相应的类型分类。如图 13.1 中的示例。"go off" 是一个事件触发词，其事件类型由较高类型的 "Conflict" 和子类型 "Attack" 组成，从而形成组合类型 "Conflict: Attack"。给定该句子，事件检测将预测：① "go off" 是事件触发词，其事件类型为 "Conflict: Attack"；② "air strike" 是事件触发词，其事件类型为 "Conflict: Attack"。

为了处理事件检测，本章基于神经信息抽取的事件检测框架构建了解决方案。如图 13.2 所示，实线圈出模块展示了神经信息抽取的基本工作流程：给定一个句子作为输入，采用预训练的 BERT（Devlin et al., 2019）模型为每个词生成高维向量空间中的表示，然后将这些表示依次输入二分类器。对于每个词，模型将预测其是否属于某个触发词的 ① 起始位置或者 ② 结束位置。使用这些分类标签，最终通过组合预测的开始位置和结束位置输出所有可能的触发词。

图 13.2　差异性神经表示整体框架示意图

图 13.2 中实线圈出的模块描述了遵循神经信息抽取的主流解决方案的最先进框架（Yang et al., 2019）；虚线圈出的附加组件是两个与现有框架正交的设计。为了使它能够正确处理触发词边界检测问题，本章设计了两个新的模块来升级框架。简而言之，DNR 由三个组件组成：编码模块、对比学习模块和 Mixspan 模块。

在编码模块中，本章通过使用预训练 BERT 模型将句子的每个词嵌入到高维向量空间中的上下文词向量表示中，以便为其他模块提供包含语义特征的输入。为了进一步丰富词表示中包含的信息，本章结合了一些来自预定义事件类型的外部知识。在对单词进行编码时，设计了对比学习模块，通过捕获有助于区别触发词和句子中其他单词的特征来改进词表示。在对比学习中，通过最大化来自原始句子的词表示（通过 BERT）和来自相似含义的扩充句子的词表示（也通过 BERT）的一致性，本章期望调整后的词表示在识别触发词方面更具区分性。在编码模块之后提供 Mixspan 模块，以进一步提高 DNR 捕获触发词片段边界特征的能力。通过将触发词的边界词的表示与其相邻词的表示进行混合，即可得到混合表示。本章设计了两种标注方案用于构造混合表示的标签，利用额外的伪标注数据来训练与基本分类器协同的另一个分类器。新分类器有助于基本分类器对触发词和事件类型的判定。显而易见，这两个新模块都旨在缓解数据短缺的问题，同时学习对事件检测更好地表示。此外，它们与基于神经信息抽取的事件检测框架无缝协作，并且与该框架下开发的方法正交。这意味着可以利用它们来增强一些现有方法，例如 PLMEE（Yang et al., 2019）。

13.3.2　编码模块

DNR 模型中，基于 BERT（Devlin et al., 2019）的语言表示模型被用作编码器。BERT 由 12 个相同的 Transformer 块组成，每个块处理词向量、位置向量和段向量。在所有块中依次计算出三种类型的向量之后，BERT 输出它们的总和作为表示。

本章观察到包含事件的句子通常很短。在这种情况下，从纯文本中获取的信息可能会受到限制，这可能会削弱 BERT 的学习过程。因此，本章利用预定义的触发词类型作为外部知识来增强 BERT 中的自注意机制。但是，事件类型在数据集中的分布是不平衡的，并且属于同一上层事件类型（Upper-Type）中的事件类型相似性相对较高，如"Conflict: Demonstrate"和"Conflict: Attack"。因此，本章选择只使用上层事件类别作为外部知识，将所有上层事件类别与每个句子连接起来。具体来说，DNR 模型的每个输入均采用以下形式：

$$[CLS] \; X \; [SEP] \; X^{ut}_1 \; [SEP] \cdots [SEP] \; X^{ut}_n [SEP]$$

其中，[CLS] 表示 BERT 中起始位置标记；X 表示输入的特定句子；[SEP] 表示 BERT 中间隔符标记；$X^{ut}_i, i \in [1, n]$ 是表示事件的上层类型名称；n 是数据集中的上层事件类别的数量（ACE2005 中为 8，TAC2015 中为 9）。

该部件设计使编码模块在学习对单词进行编码时可以更好地关注类型信息，本章的实验证明了其有效性。

13.3.3　对比学习模块

如图 13.3 所示，对比学习的基本思想是设计策略以充分利用原始数据集的特征，而无须引入外部数据/知识。它已被证明可以有效地丰富许多任务中的表示，包括知识图表示学习（Bordes et al., 2013）、预训练语言模型训练（Devlin et al., 2019）和图像分类（Chen et al., 2020）等。由于数据稀疏性是事件检测中的一个显著问题，因此本章有动机去探索对比学习的潜在应用，以改善事件文本的表示学习。

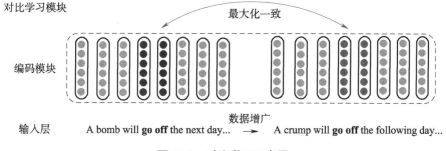

图 13.3　对比学习示意图

在对比学习算法中，样本有三种类型：锚点、正样本和负样本。例如，如果将"go"用作锚点，表示它是目标触发词，则该句子中的其他词可被视为负样本（如"bomb"和"next"），即它们不是触发词。该算法执行以通过将负样本与正样本进行对比来学习词表示。通常，将与锚点具有相同标签/类别的实例作为正样本。回顾神经信息抽取的基本框架。在本章的例子中，标签为 0/1，表示一个词是触发词的开始位置或者结束位置。例如，"go"和"air"具有相同的标签 1，因为它们都位于触发词的起始位置。但是，直接使用具有相同标签的词来构造正样本会使得词表示变得更加棘手，因为这会使得模型错误地认为"air"是"go"的正样本，然而"go"和"air"本身具有完全不同的语义。不恰当的正样本甚至会使词在高维向量空间中向相反的方向学习，这对事件检测的性能影响很大。鉴于此，除了相同标签的约束之外，正样本还需要与句子中的锚点表现出相似的语义。

为了实现这个目的，本章利用了一种方法，即 EDA-SR（Wei et al., 2019），该方法能够产生与给定句子具有相同含义的新句子，两个句子的差异仅体现在具体词汇的使用上。最初提出 EDA-SR 是通过同义替换某些词来增加 NLP 训练过程中的句子数量，尽管结果表明词序列发生了变化，但增强后的句子仍具有相同的语义。具体到本章中，首先，随机选取句子除了触发词以及诸如"a"和"the"之类的停用词之外的词。然后，通过 NLTK 的 WordNet 选择要替换的词的对应同义词对原词进行替换（例如，"crump"和"bomb"；"following"和"next"以及"is going to"和"will"）。例如，图 13.1 中句子将被转化为"A crump will go off, the following day Israel is going to do an air strike"。

然后，将生成的句子发送到具有相同参数的编码模块。所得的触发词的词表示被视为（对应锚点的）正样本。为了提高模块的泛化能力，本章不直接应用从上述模块获取的每个词表示 $x \in \mathbb{R}^d$，其中 $\mathbb{R}^d$ 表示维度为 d 的实数空间，而是需要首先通过激活函数：

$$h = \mathrm{ReLU}(f(x)) \tag{13.1}$$

其中，ReLU（Glorot et al., 2011）是非线性激活函数；f 是全连接层以将 x 转化为特定维度的输出。这些词表示进一步用作损失函数的输入，以强制模型增大触发词和其他词在高维向量空间中的表示，这将使得不同词的表示变得更加可区分，从而有助于更好地识别触发词。

13.3.4　Mixspan 模块

尽管对比学习模块试图在触发词的内部和外部之间生成对比表示，但它们可能仍然不足以处理棘手的边界情况，有时这可能是最具有挑战性的问题（如"strike"与"air strike"）。本节设计了另一个模块，以针对每个触发词的相邻词（一个最近的词）进一步解析每个触发词的开始和结束位置（即边界）。

传统方法通过二进制分类来解决触发词识别任务。也就是说，将触发词的开始和结束位置标注为 1（即 True），将其他词标注为 0（即 False）。然而，该解决方案会导致训练数据中标签的稀疏性，因为触发词的真实边界词比其他触发词少得多，进而导致数据分布不平衡（0 的数量远大于 1）。换句话说，上述标注方案会进一步恶化触发词边界检测问题，并且不可避免地妨碍了事件检测的性能。

受 Mixup（Zhang et al., 2018）的启发，本章提出了 Mixspan 来生成带有伪标签的额外词表示，以解决该问题。最初提出 Mixup 是在不引入外部数据的情况下扩展数据规模，其基本思想是将数据集中不同类别的两个图像随机混合，并生成一个新标签，要求模型识别混合图像中不同类别的百分比。

与图像不同，自然语言中的词是离散的，不能轻易以文字形式混合使用。因此，本章将问题转化为高维向量空间中的词表示。如图 13.4 所示，对于触发词"go off"，本章将起始词"go"的词表示（蓝色）与触发词之外的相邻词

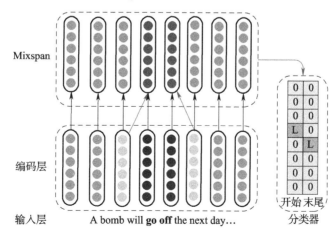

图 13.4　Mixspan 示意图

语 "will" 的词表示（黄色）混合在一起，以及结尾词 "off" 及其相邻词（即 "the"）的表示，它们分别产生了 "go" 和 "off" 的混合表示（绿色）。

在数学上，使用线性组合，本章有

$$h_l^m = \alpha \cdot h_l + (1 - \alpha) \cdot h_{l-1} \tag{13.2}$$

$$h_r^m = \alpha \cdot h_r + (1 - \alpha) \cdot h_{r+1} \tag{13.3}$$

给定一个句子和一个触发词，h_l（或者 h_r）表示触发词的开始（或者结束）位置的词表示，h_{l-1}（或者 h_{r+1}）表示该词到该离触发词开始（或者结束位置）最近的词表示，h_l^m（代表 h_r^m）表示开始（或者结束）位置的词混合表示；$\alpha \in (0, 1)$ 和 $\beta \in (0, 1)$ 是用于调整组合中两个分量的权重的参数。

对于 h_l^m 和 h_r^m 的混合表示，本章设计了两种标注方案来构造相应的标签。第一种尝试减轻识别触发词的要求，并为其构建软标签。用公式表示为

$$y_l = \alpha \cdot 1 + (1 - \alpha) \cdot 0 = \alpha \tag{13.4}$$

$$y_r = \beta \cdot 1 + (1 - \beta) \cdot 0 = \beta \tag{13.5}$$

其中，y_l 与 y_r 分别表示开始和结束位置混合向量的新标签，通过这种设计，DNR 能够判断混合词表示正确性的程度。该程度取决于触发词表示在混合表示中的百分比，因此 DNR 更多地关注触发词的相关特征。第二个目的是增强对触发词的要求，并为它们构造更难的标签。即 $y_l = y_r = 0$。

一旦将相邻词的表示与触发词的表示融合在一起，本章就认为该混合已损坏，并用 0 标注新的词表示。这种更加困难的标注迫使 DNR 更多地关注相邻词的相关特征，同样有助于确认触发词的边界。在示例句中因为 "go" 和 "off" 都是触发词，Mixspan 忽略了它们之间的差异。该优点使 DNR 更容易将 "go" 和 "off" 标识为触发词的边界，从而有效地缓解了触发词边界检测问题。

该模块的最后一个组件是基于混合表示来预测每个词的标签。先前的研究通常依赖于一个模型来识别所有事件触发词，然后采用另一种模型来将所识别的触发词分类为某种事件类型。此范式易受误差累计的影响，并且未完全考虑事件触发词与事件类型之间的相关信息。事件检测的另一个独特问题是，一个句子中可能出现多个触发词，并且一个触发词可能具有多个事件类型。为了解决这些问题，受 PLMEE 的启发（Yang et al., 2019），本章提出了一个带有

词级多标签分类器的组合模型。

　　具体来说，本章将每个词分为 n 类，其中 n 是事件类型的数量，然后根据每种类型预测标签。对于每个句子，分别有两个相同的开始位置和结束位置分类器。每个词的分类器的详细操作如下：

$$p_i^l = \text{sigmoid}(W_l x^i + b_l) \tag{13.6}$$

$$p_i^r = \text{sigmoid}(W_r x^i + b_r) \tag{13.7}$$

其中，p_i^l（或者 p_i^r）是从句子中识别出第 i 个词并将其分类为触发词的开始（或者结束）位置（对于所有事件类型）的概率；sigmoid 是非线性激活函数；x^i 是第 i 个词在句子中的词表示；W_l（或者 W_r）是神经网络中的可训练权重；b_l 和 b_r 是偏差项。

13.3.5　模型训练与预测

　　总体而言，DNR 遵循多任务学习框架，因此以端到端的方式训练所有模块。特别地，为了扩大锚点和负样本之间的差异并丰富锚的表示形式，本章通过以下方法定义了锚及其相关正负样本的损失函数：

$$\mathscr{L}_S = - \sum_{\tau \in \mathrm{T}} \ln \frac{\exp(\text{Sim}(h_{tau}, h_\tau'))}{\sum_{\omega \in \Omega \backslash T} \exp(\text{Sim}(h_\tau, h_\omega)) + \exp(\text{Sim}(h_\tau, h_\tau'))} \tag{13.8}$$

其中，$\mathscr{L}_S$ 表示对比学习模块计算得出的损失值；exp 表示自然数 e 为底的指数；ln 表示自然对数；Sim 的相似度函数评估两个表示的相关性，在这项研究中使用余弦相似度。h 是由式 (13.1) 产生的输出；Ω 是句子中的一组单词；T 是其中的触发词的集合；h_τ（或者 h_ω）表示激活后的触发词（或者其他词）的表示；h_θ' 表示激活后的由扩充语句生成的触发词的表示。

　　对于 Mixspan 模块，预测任务本质上是词级别的二分类任务。因此，损失遵循二进制交叉熵损失函数（binary cross entropy，BCE）。数学公式为

$$\mathscr{L}_{\text{BCE}}(P, Y) = \frac{1}{|T| \cdot |S|} \sum_{k \in T} \text{BCE}(P^k, Y^k) \tag{13.9}$$

其中，$\mathscr{L}_{\text{BCE}}$ 表示经由二进制交叉熵损失函数计算得出的损失值；P 表示句子

中单词的预测概率；Y 表示真实标签的集合；T 是事件类型的集合；S 是选定的句子；$1 < k \leqslant |T|$。为了帮助训练 DNR，在训练过程中保留了原始 x_l 和 x_r 及其标签。

此外，本章计算 Mixspan 任务中的概率，并将损失定义为

$$\mathscr{L}_M = \gamma \cdot \mathscr{L}_{\mathrm{BCE}}(\boldsymbol{P}, \boldsymbol{Y}) + (1 - \gamma) \cdot \mathscr{L}_{\mathrm{BCE}}(\boldsymbol{P}_m, \boldsymbol{Y}_m) \tag{13.10}$$

其中，$\mathscr{L}_M$ 表示 Mixspan 学习过程产生的损失值；$\boldsymbol{P}$ 是通过 Mixspan 模块预测表示句子中词的预测概率；$\boldsymbol{Y}$ 表示真实标签的概率；$\gamma \in (0, 1)$ 是一个超参数，用于平衡两个部分的权重。最后，本章获得了 DNR 的综合损失，并在同一训练框架中学习了所有可训练参数：

$$\mathscr{L} = \lambda \cdot (\mathscr{L}_S^l + \mathscr{L}_S^r) + (1 - \lambda) \cdot (\mathscr{L}_M^l + \mathscr{L}_M^r) \tag{13.11}$$

其中，$\mathscr{L}$ 表示差异性神经表示训练过程中的加权损失值；$\mathscr{L}_S^l$ 和 $\mathscr{L}_S^r$ 分别表示开始和结束位置对比学习模块计算所得的损失值；$\mathscr{L}_M^l$ 和 $\mathscr{L}_M^r$ 分别表示开始和结束位置 Mixspan 模块计算所得的损失值；$\lambda \in (0, 1)$ 是超参数，用于控制损失值的数量级。

训练了 DNR 后，只有基本编码模块可用于预测。也就是说，给定一个测试语句，它将语句中的单词编码到一个高维向量空间中，然后将其用于触发词识别和分类。

13.4 实验与分析

本节首先介绍数据集，然后详细介绍具体的实验设置，最后介绍主要实验结果和其他实验结果。

13.4.1 数据集介绍

本章使用两个标准数据集进行评估：2005 年的自动内容抽取数据集（ACE2005）和 TAC2015 的事件块数据集（TAC2015）。关于这两个数据集的统计描述如表 13.1 所示。

表 13.1　数据集统计信息

数据集	ACE2005	TAC2015
事件类型	33	38
训练集	529	132
验证集	30	26
测试集	40	202

（1）ACE2005：它是事件相关任务中使用最广泛的数据集，包含 599 个文档。所有事件都被标记为 8 种类型和 33 种子类型。本章评估了 33 种组合类型分类。根据先前的工作（Wei et al., 2019; Chen et al., 2015），本章将 599 个文档分为 529 个训练文档、30 个验证文档和 40 个测试文档。

（2）TAC2015：文本分析会议是每年组织的一系列评估研讨会。本章使用 TAC KBP2015 事件要素抽取赛道（Ellis et al., 2015）的数据。由于竞赛提供了训练文档和测试文档，因此本章从训练集中随机选择了 26 个文档以构建验证集。

13.4.2　实验设置

1）指标

本章遵循事件检测的标准评估指标，该指标有两个方面：识别（identification）和分类（classification）。如果事件触发词与真实触发词匹配，则可以正确识别事件触发词；如果事件触发词和对应的事件类型与真实触发词、类别均匹配，则认为正确分类事件触发词。本章在所有评估中报告了微–平均准确率（precision，P）、召回率（recall，R）和 F1 值（F1-score，F1），ACE2005 上的实验结果如表 13.2 所示。

2）基线

采用以下 12 种方法进行比较。

（1）基于特征的方法：涉及三种代表性方法。Cross-Event（Liao et al., 2010）利用复杂功能的文档信息；MaxEnt（Li et al., 2013）仅采用人工设计的特征；Combined-PSL（Liu et al., 2016）使用概率软逻辑模型来利用全局信息。

（2）基于增强的方法：涉及四种代表方法。GMLATT（Liu et al., 2018a）采用门控式跨语言注意机制来利用多语言数据传递的补充信息；PLMEE（Yang et al., 2019）提出了事件生成和评估方法，以扩大训练数据的规模；AD-DMBERT（Wang et al., 2019）使用对抗模型来获取更多训练数据；DRMM

（Tong et al., 2020）采用了一种替代性的双重关注机制来将图像信息有效地集成到事件检测模型中。

（3）基于神经网络的方法：涉及五种代表性方法。DMCNN（Chen et al., 2015）使用 CNN 自动提取特征；GCN-ED（Nguyen et al., 2018）使用图卷积网络来捕获语法信息；JMEE（Liu et al., 2018b）利用多语言信息来进行更准确的上下文建模；DISTILL（Lu et al., 2019）引入了 Δ 学习方法来提炼泛化知识；HPNet（Huang et al., 2020）构建了一个分层的策略网络，以鼓励模型学习更好的潜在功能。

表 13.2　ACE2005 上的实验结果

模型	识别/%			分类/%		
	P	R	F1	P	R	F1
基于特征的方法						
MaxEnt	76.2	60.5	67.4	74.5	59.1	65.9
CrossEvent	—	—	—	68.7	68.9	68.8
Combined-PSL	—	—	71.7	75.3	64.4	69.4
基于增强的方法						
GMLATT	—	—	—	78.9	66.9	72.4
AD-DMBERT	—	—	—	77.9	72.5	75.1
DRMM	—	—	—	77.9	74.8	76.3
PLMEE	**84.8**	83.7	84.2	81.0	80.4	80.7
基于神经网络的方法						
DMCNN	80.4	67.7	73.5	75.6	63.6	69.1
GCN-ED	—	—	—	77.9	68.8	73.1
JMEE	80.2	72.1	75.9	76.3	71.3	73.7
DISTILL	—	—	—	76.3	71.9	74.0
HPNet	81.3	77.2	79.2	80.1	75.7	77.8
本章模型						
DNR(even harder label)	**84.8**	**85.7**	**85.2**	**81.2**	**82.4**	**81.8**
DNR(soft label)	83.9	84.5	84.2	80.7	81.3	81.0

13.4.3　总体结果

在所有任务中，DNR 均优于对比的方法，并且在所有指标方面均达到了 SOTA 性能，这证明了本章所提出模块的优越性和解决触发词边界检测问题的有效性。特别是，在触发词识别任务中，DNR 取得了 85.2% 的 F1 值，分别比基于最佳增强的方法 PLMEE 和基于最佳表示的方法 HPNet 高 1.0% 和 6.0%。对于类型分类的任务，就 F1 值而言，DNR 优于 PLMEE 模型 1.1%，优于 HPNetm 模型 4.0%。

对于所有子任务，DNR 都实现了更高的召回率，而不是准确率。例如，识别任务中的召回率和准确率分别为 85.7% 和 84.8%，分类任务中的召回率和准确率分别为 82.4% 和 81.2%，这与所有其他方法相反。为了解释这些结果，本章调查了召回率低的原因，发现句子中的许多触发词难以识别。在这种情况下，所有其他模型都倾向于"谨慎地"做出否定预测，从而导致假阴性问题。相反，本章设计的对比学习模块和 Mixspan 模块可帮助 DNR 执行更多"积极"的预测，从而增加召回率。

在基于增强的方法中，尽管该分支中方法的性能相对较好，但生成的样本不精确和不平衡会导致过拟合的问题。这个问题使得模型只能在训练数据中出现过的样本上表现良好，但是缺乏泛化能力，导致了最终预测准确率高但召回率低。与基于增强的方法相比，DNR 不需要额外/外部的数据源。在基于表示的方法中，为事件检测任务设计了许多复杂的结构，这也导致了过拟合问题。与基于表示的方法相比，DNR 不依赖复杂的结构。值得注意的是，在 2019 年之前提出的方法大部分未使用 BERT，而 PLMEE 和本章的方法则采用了 BERT 作为编码模块的基础。因此，效果的显著提升可能部分归因于 BERT。

如表 13.3 所示，可以观察到，TAC2015 上的结果与分布大致与 ACE2005 相似。DNR 的性能大大优于其他所有对比方法。对结果的详细分析遵循上面提到的基于表示的方法的讨论，因为比较的方法均来自此分支。为了行文更简洁、包含信息更多，本章将 ACE2005 中的结果用于后续分析中。

表 13.3　TAC2015 上的实验结果

模型	识别/%			分类/%		
	P	R	F1	P	R	F1
DMCNN	77.4	48.7	59.8	71.3	45.8	55.8
JMEE	74.3	51.4	60.8	69.7	47.0	56.1
TOP	**82.0**	52.0	63.7	**75.2**	47.7	58.4
GCN–ED	—	—	—	70.3	50.6	58.8
HPNet	78.2	55.6	65.0	70.9	54.8	61.8
DNR	76.9	**65.3**	**70.6**	71.2	**60.9**	**65.7**

13.4.3.1 细节分析

本小节在 Mixspan 模块中评估了这两种标注方案的效果，结果见表 13.2。这表明带有更难标签的 DNR 比具有软标签的 DNR 的性能更好（在 F1 评价指标上，识别任务上超过 1.0%，分类任务上超过 0.8%）。这也是在意料之中的，因为本章的方法擅长预测句子中的多个触发词（请参阅第 13.3 节），并且某些已识别的触发词可能是错误的，这同样会降低精度。当本章将更难的标签应用于混合表示时，DNR 被训练为对相邻词的特征敏感。具体来说，一旦表示包含相邻词的某些特征，DNR 就会做出否定的预测。由于适应了多触发词识别，因此从本质上补充了成本，并有助于 DNR 做出更明智的决策。

13.4.3.2 消融实验

为了分析 DNR 不同模块的效果，本小节进行了消融研究，结果见表 13.4。在每种设置中，删除一个模块，并保留另一个模块。与完整模型的结果相比，删除模块后，性能在触发词识别和分类任务的所有指标中均有下降。这表明 Mixspan 和对比学习模块都对性能有很大影响。具体来说，忽略 Mixspan 时 DNR 准确率得分下降了 5.4%，可以证明 Mixspan 模块对准确率得分的贡献更大。原因可能是 Mixspan 模块增强了模型确定触发词边界的能力。删除对比学习模块后，召回率得分下降了 5.5%，这意味着对比学习使 DNR 能够识别更多触发词，避免了预测中的假阴性问题。通过两个模块的组合，DNR 被证明在应对触发词边界检测问题方面很有前景。

表 13.4　ACE2005 上的消融实验结果

模型	识别/%			分类/%		
	P	R	F1	P	R	F1
DNR 模型	84.8	85.7	85.2	81.2	82.4	81.8
w/o Mixspan	79.4	84.1	81.7	76.3	80.8	78.5
w/o 对比学习	81.7	80.2	80.5	77.8	77.4	77.6

13.4.3.3 多触发词数据上表现

通常，包含多个触发词句子的结构比只有单个触发词句子的结构更复杂。因此，如果模型具有准确识别多个触发词的能力，则会更有可能做出更多正确的预测。按照先前研究（Nguyen et al., 2016; Chen et al., 2015; Goodman et al., 2006）的设定，本小节将测试数据分为 1/1 和 1/N 部分，以评估 DNR 针对不同数量的触发因素的有效性。特别地，1/1 表示每个句子中只有一个触发词，1/N

表示每个句子中包含多个触发词。这些方法都是在相同的设置下执行的，并且采用分类任务中的 F1 值（%）作为度量。

从表 13.5 可以看出，DNR 明显优于其他方法。尤其是在 1/N 数据划分中，DNR 比 JMEE 高出约 11.7%。令人惊讶的是，它在 1/N 数据划分中的性能超过了 1/1 中的性能。为了进行合理的解释，表 13.6 中提供了所有指标的详细结果。可以看出，在 1/1 中准确率平均比召回率低 11.5%，同时在 1/N 中准确率比召回率平均高 7.1%。这表明 DNR 倾向于识别多个触发词，同时这也会降低其在 1/1 上的表现。本章怀疑 Mixspan 和对比学习模块使模型对触发词敏感。也就是说，尽管 DNR 可以准确确定单个触发词的片段，但该模型倾向于检测句子中更多片段的潜在特征并对其进行积极的预测，进而发现更多的触发词。预测适当数量的触发词的问题留给以后的工作。

表 13.5　多触发词实验结果

模型	（1/1）/%	（1/N）/%	全部/%
Embedding+T	68.1	25.5	59.8
CNN	72.5	43.1	66.3
DMCNN	74.3	50.9	69.1
JRNN	75.6	64.8	69.3
JMEE	75.2	72.7	73.7
PLMEE	73.1	80.5	80.7
DNR model	**78.9**	**84.0**	**81.8**

表 13.6　多触发词实验细节

模型	识别/%			分类/%		
	P	R	F1	P	R	F1
1/1	77.8	89.6	83.3	73.7	84.9	78.9
1/N	89.9	82.7	86.2	87.7	80.7	84.0

13.4.3.4　不同事件类型上的表现

为了进一步针对事件类型分析 DNR，本小节进行了一些额外的实验。从图 13.5 中可以看出，DNR 模型不仅在 33 种事件类型上的性能有差异，而且在没有明确模式的 8 种上层事件类型上的性能也有差异。对于数量相对较大部分的事件类型，例如，"Conflict：Attack""Movement：Transport"和"Conflict：Demonstrate"事件类型，准确率表现与较小部分的事件不相称，例如，"Justice：

Charge-Indict"和"Life：Injure"；类似的情况也发生在上层类型中。这种现象表明 DNR 并不完全依赖数据量，因为测试数据的分布与训练数据的分布略有不同。配备了两个附加模块，DNR 能够从有限的样本中学习更好的功能。

　　为了深入研究每种事件类型的结果，本小节进行了一个错误分析预测结

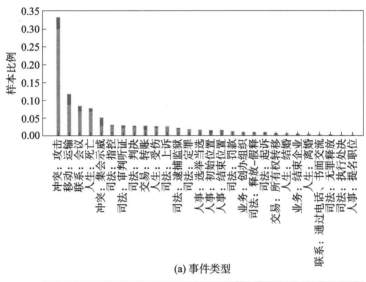

(a) 事件类型

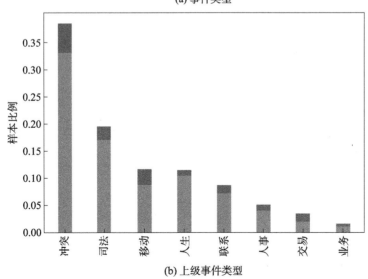

(b) 上级事件类型

图 13.5　不同事件类型样本的比例分析

果。通常，有两种错误类型：假阴性（false negative，FN）和假阳性（true positive，FP），其中 FN 表示在预测中错过了真实触发词并将其认为是负例，FP 表示错误地识别了并非真实的"触发词"。为了清楚说明起见，本章选择将结果以上层类型表示，以进行图 13.5 中的解释。可以看出，DNR 对大多数上层类型的表现均相当好，这确实支持了表 13.2 中的准确率和召回率的结果。但是，在某些上层类型中，DNR 很容易发生假阴性，这也解释了为什么召回率略高于准确率得分。本章提出了解决 ED 问题的差异性神经表示框架。专注于触发词片段检测问题，本章引入了一个对比学习模块来获取事件触发词内部和外部单词的分布式表示，以及一个 Mixspan 模块来进一步引导模型识别触发词片段的边界。综合实验表明，DNR 模型优于现有的其他方法。

13.5 本章小结

本章提出了一个事件检测的框架 DNR。对于触发器跨度检测问题，引入了一个对比学习模块来获得事件触发器内外单词的分散表示，以及一个 Mixspan 模块来进一步指导模型识别触发器的跨度边界。综合实验表明，DNR 模型优于现有的其他方法。

参考文献

Basile P, Caputo A, Semeraro G, et al., 2014. Extending an information retrieval system through time event extraction[C]. International Workshop on Information Filtering and Retrieval Colocated with ⅩⅢ AI*IA Symposium on Artificial Intelligence, Pisa.

Bordes A, Usunier N, García–Durán A, et al., 2013. Translating embeddings for modeling multi–relational data[C]. Conference on Neural Information Processing Systems, Lake Tahoe.

Chen T, Kornblith S, Norouzi M, et al., 2020. A simple framework for contrastive learning of visual representations[C]. International Conference on Machine Learning, Vienna.

Chen Y, Xu L, Liu K, et al., 2015. Event extraction via dynamic multi–pooling convolutional neural networks[C]. Association of Computational Linguistics, Beijing.

Cheng P, Erk K, et al., 2018. Implicit argument prediction with event knowledge[C]. Conference of the North American Chapter of the Association for Computational Linguistics: Human Language Technologies, New Orleans.

Devlin J, Chang M, Lee K, et al., 2019. BERT: Pre-training of deep bidirectional transformers for language understanding[C]. The 2019 Conference of the North American Chapter of the Association for Computation Linguistics: Human Language Technologies, Minneapolis.

Dosovitskiy A, Springenberg J T, Riedmiller M A, et al., 2014. Discriminative unsupervised feature learning with convolutional neural networks[C]. Annual Conference on Neural Information Processing Systems, Montreal.

Ellis J, Getman J, Fore D, et al., 2015. Overview of linguistic resources for the TAC KBP 2015 evaluations: Methodologies and results[C]. The Text Analysis Conference, Gaithersburg.

Glorot X, Bordes A, Bengio Y, 2011. Deep sparse rectifier neural networks[C]. International Conference on Artificial Intelligence and Statistics, Fort Lauderdale.

Goodman K S, Goodman Y M, 2006. Encyclopedia of language and linguistics[J]. Elsevier, 12:297–299.

Hadsell R, Chopra S, LeCun Y, 2006. Dimensionality reduction by learning an invariant mapping[C]. Computer Society Conference on Computer Vision and Pattern Recognition, New York.

Huang P, Zhao X, Takanobu R, et al., 2020. Joint event extraction with hierarchical policy network[C]. International Conference on Computational Linguistics, Barcelona.

Ji H, Grishman R, 2008. Refining event extraction through cross–document inference[C]. Annual Meeting of the Association for Computational Linguistics, Columbus.

Li Q, Ji H, Huang L, 2013. Joint event extraction via structured prediction with global features[C]. Annual Meeting of the Association for Computational Linguistics, Sofia.

Liao S, Grishman R, 2010. Using document level cross–event inference to improve event extraction[C]. Annual Meeting of the Association for Computational Linguistics, Uppsala.

Liu J, Chen Y, Liu K, et al., 2018a. Event detection via gated multilingual attention mechanism[C]. AAAI Conference on Artificial Intelligence, New Orleans.

Liu X, Luo Z, Huang H, 2018b. Jointly multiple events extraction via attention–based graph information aggregation[C]. Conference on Empirical Methods in Natural Language Processing, Brussels.

Liu S, Liu K, He S, et al., 2016. A probabilistic soft logic based approach to exploiting latent and global information in event classification[C]. AAAI Conference on Artificial Intelligence, Phoenix.

Lu Y, Lin H, Han X, et al., 2019. Distilling discrimination and generalization knowledge for event detection via delta–representation learning[C]. Conference of the Association for Computational Linguistics, Florence.

Nguyen T H, Cho K, Grishman R, 2016. Joint event extraction via recurrent neural networks[C]. Conference of the North American Chapter of the Association for Computational Linguistics: Human Language Technologies, San Diego.

Nguyen T H, Grishman R, 2018. Graph convolutional networks with argument–aware pooling for event detection[C]. AAAI Conference on Artificial Intelligence, New Orleans.

Riedel S, McCallum A, 2011. Fast and robust joint models for biomedical event extraction[C]. Conference on Empirical Methods in Natural Language Processing, Edinburgh.

Tong M, Xu B, Wang S, et al., 2020. Improving event detection via open−domain trigger knowledge[C]. Annual Meeting of the Association for Computational Linguistics, Seattle.

Wang X, Han X, Liu Z, et al., 2019. Adversarial training for weakly supervised event detection[C]. Conference of the North American Chapter of the Association for Computational Linguistics: Human Language Technologies, Minneapolis.

Wei J W, Zou K, 2019. EDA: Easy data augmentation techniques for boosting performance on text classification tasks[C]. Conference on Empirical Methods in Natural Language Processing, Hong Kong.

Yang H, Chua T, Wang S, et al., 2003. Structured use of external knowledge for event−based open domain question answering[C]. Annual International ACM SIGIR Conference on Research and Development in Information Retrieval, Toronto.

Yang S, Feng D, Qiao L, et al., 2019. Exploring pre−trained language models for event extraction and generation[C]. Conference of the Association for Computational Linguistics, Florence.

Zhang H, Cissé M, Dauphin Y N, et al., 2018. Mixup: Beyond empirical risk minimization[C]. International Conference on Learning Representations, Vancouver.

第 14 章　基于分层策略网络的事件抽取方法

　　现有的事件抽取研究大多采用流水线方式或联合结构，但它们本质上是流水线，忽略了事件触发词、事件论元和论元角色之间的信息交互，也造成了信息冗余。鉴于此，本章提出更加充分利用事件中事件论元的角色信息，并设计一个分层策略网络（hierarchical policy network，HPNet）来进行联合事件抽取。整个事件抽取过程通过一个两级的分层结构来完成，该结构由用于事件检测和论元检测的两个策略网络组成，实现了事件抽取子任务之间以及多个事件之间的信息交互。在 ACE2005 和 TAC2015 上的大量实验证明了 HPNet 的优点，它体现了顶尖水准的性能，并且在涉及多个事件的句子上性能更加突出。

14.1　问题背景

　　事件抽取包含几个子任务：触发词识别、触发词分类、事件论元识别和论元角色分类。现有的一些事件抽取工作采用流水线式方法处理这些子任务，即分阶段进行事件检测（包括事件触发词识别和分类）和事件论元分类。这些方法通常假设文本中的实体信息都已经被标注好（Yang et al., 2019; Nguyen et al., 2018; Chen et al., 2015; McClosky et al., 2011）。然而，这些分阶段的抽取模型没有任何策略来充分利用子任务之间的信息交互，事件抽取子任务之间不能相互传递信息以提升它们的决策。尽管当前已经有了一些联合模型通过构建联合的抽取器来进行事件抽取（Nguyen et al., 2019; Zhang et al., 2019; Yang et al., 2016），这些模型在本质上还是遵循流水线式的框架，首先联合识别实体和触发词，然后检测每个实体–事件对来识别论元以及论元角色。这些模型都会面临以下问题：

　　（1）它们都会产生冗余的实体–事件对信息，因此也会带来可能的误差；

（2）当一个句子包含多个事件时可能会存在论元和触发词之间的误匹配问题。

举例来说，考虑下面这个句子：

"In Baghdad, a cameraman died when an American tank fired on the Palestine hotel."

在这个句子中，"cameraman"不仅是事件"Die"（触发词"died"）的"victim"论元，而且也是事件"Attack"（触发词"fired"）的"target"论元。然而，由于"cameraman"在文本中距离触发词"fired"比较远，事件抽取器很有可能识别不出"cameraman"为事件"Attack"的一个论元。

鉴于此，本章提出了一个分层策略网络（HPNet）来联合进行事件抽取的子任务。HPNet 包含一个事件级策略网络（event-level policy network）和一个论元级策略网络（argument-level policy network），在这两层分别同时解决触发词识别和触发词分类，以及论元识别和论元角色分类任务。这个两层的分层结构的工作原理如下：在从句子头向句子尾扫描的过程中，事件级策略网络首先在每个词处检测触发词并且对检测出来的触发词分类事件类型。一旦一个特定的事件被检测出来，论元级的策略网络将被触发，开始从头到尾扫描句子，以检测当前这个事件的参与论元并且对这些论元在当前事件中扮演的角色进行分类。当前事件下的论元级策略网络完成论元检测后，事件级的策略网络将继续从当前事件的词处往后扫描句子来检测句子包含的其他事件直至扫描到句子尾。在整个过程中，事件抽取子任务的学习被形式化为一个能够用策略梯度算法（Sutton et al., 1999）解决的序列决策问题。

在 HPNet 中，子任务之间的信息交互通过两层策略网络之间状态（state）表示和奖励（reward）的传递来实现：在触发论元级策略网络时，事件级策略网络通过状态表示来传递细粒度的语义信息给论元级策略网络；特定事件下的论元级策略网络扫描完成后，论元级策略网络将通过奖励来传递信息给事件级网络以传达其完成的效果。另外，来自事件级决策的事件架构信息也有利于论元级的论元检测。由于 HPNet 使用分层结构检测事件，然后检测事件的参与论元并分类论元角色，因此不会存在信息冗余问题，事件和论元之间的误匹配也被自然地避免。在广泛使用的基准数据集 ACE2005 和 TAC2015 上进行了综合性的实验。实验结果表明，HPNet 模型明显优于现有的其他先进的模型，尤其在处理多事件情况时效果更好。

14.2 相关工作

本节主要介绍了流水线式事件抽取、联合事件抽取、策略网络的相关工作基础。

14.2.1 流水线式事件抽取方法

早期的事件抽取工作通常采用流水线式的抽取方法，分阶段进行事件抽取的子任务（Nguyen et al., 2018; Chen et al., 2015; McClosky et al., 2011）。这些工作有些依赖人工设计的特征，有些使用卷积神经网络来构建完全独立的分类器分别用于触发词标注和论元角色分类，均用已经被外部标注器标注好的实体。

最近，有一些工作在抽取实体和事件时利用两个任务之间的信息交互。这些工作通常是利用不同的结构化预测方法，包括马尔可夫逻辑网络（Poon et al., 2010）、对偶分解（Riedel et al., 2011）、结构感知器（Li et al., 2013）和基于注意力的图卷积神经网络（Liu et al., 2018）。也有一些工作开发了联合推理事件和论元角色的模型，包括用马尔可夫逻辑进行结构化预测的模型（Riedel et al., 2009）和采用参数共享策略的模型（Sha et al., 2018）。然而，上面这些工作受限于仅仅对两个子任务进行建模，建立在其他子任务的标准标注之上或者直接忽略其他子任务。

14.2.2 联合事件抽取方法

目前也有一些工作进行事件触发词、事件类型、论元以及论元角色的联合建模与抽取。Yang 等（Yang et al., 2016）通过一个两阶段的框架考虑事件抽取子任务之间信息交互，首先选取置信度前 k 的触发词和实体，然后对触发词–实体对进行重排序用于联合的推理。Nguyen 等（Nguyen et al., 2019）提出共享公共的编码层以实现信息共享，解码时分别解码事件触发词、论元和论元角色。他们使用迁移系统对输入文本进行依赖解析，然后通过置信评分排序为每个子任务解码标签。但是，正如 13.1 节提到的，这些模型都遵循流水线式的解码顺序，使得它们都面临信息冗余和误匹配的问题。此外，它们都十分依赖训练数据的注释，训练数据的注释错误也会造成误差传播，而本章中的工作则不需要依赖训练数据的注释。

14.2.3　策略网络方法

策略网络（policy network）是最重要的深度强化学习方法之一，近年来在信息抽取工作中屡见不鲜。Zhang 等（Zhang et al., 2018）使用策略网络来发现文本表示中的结构信息，用于下游的文本分类任务。Qin 等（Qin et al., 2018）提出了基于策略网络的远程监督的关系抽取方法，其中，策略网络被用于定义假阳性实例的再分配策略。Feng 等（Feng et al., 2018）使用策略网络来构建实例选择器以从噪声数据中获取用于关系分类的弱监督信号。Takanobu 等（Takanobu et al., 2019）提出分层策略网络方法，并应用于关系抽取任务，获得了很好的效果。

14.3　模型方法

本章提出了一个奖励驱动的、基于策略的模型 HPNet 来分层检测事件和事件的参与论元。正如图 14.1 中显示的过程，给定一个句子，HPNet 按照如下流程实现整个抽取过程。当 agent 从头到尾顺序扫描句子时，事件级策略网络在每个时间步持续根据 policy 来对 option（事件级 option 通常包括非触发词或者有特定事件类型的触发词）进行采样。一旦一个特定的事件被检测到，agent 将会转移至论元级策略网络，并且从头到尾扫描句子，在每个时间步根据 policy 来选择一个 action（论元级 action 是对词赋予一个特定的论元标签）。

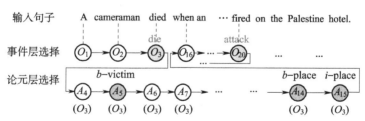

图 14.1　HPNet 模型在一条包含两个事件（"die" 和 "attack"）的句子上进行事件抽取的过程示例

直线箭头指示事件级和论元级过程。曲线箭头标记事件级和论元级两个过程之间的转移。O_3 表示在时间步 3 对于分词 "died" 的事件级 option（即 "die"），而 A_5 是在事件级 option "die" 下在时间步 5 对于分词 "cameraman" 的论元级 action（即 "b–victim"）

在当前事件下 agent 结束对当前事件的参与论元的检测后，agent 将会转移至事件级策略网络继续扫描剩下的句子识别其他的事件。一旦一个 option/action 被采样到，就会有一个 reward 被返回，因此整个序列决策过程可以用策略梯度算法（Sutton et al., 1999）被自然地解决。通过先检测事件，然后再检测事件的参与论元，模型能够在句子包含多个事件的情况下有效地实现事件抽取。

14.3.1 事件级策略网络

给定输入文本 $X = \{x_1, x_2, \cdots, x_n\}$，事件级策略网络的目的是检测触发词 $x_i, i \in [1, n]$ 所触发的事件类型。具体来说，在当前词/时间步 t 处，策略网络会采取随机策略 μ 来确定 option，然后使用获得的 reward 来引导策略网络的策略学习。它用在当前 state 表示之下的概率来采样 option，state 表示是依赖于过去时间步 state 的。简要介绍 option、state、policy 和 reward 如下。

1）option

事件级策略网络的 option c_t^e 是从一个 option 集合 $C_e^* = \{NE\} \cup C_e$ 中采样得到，其中 NE 代表非触发词的其他词，C_e 是数据集中预先定义好的事件类型集合，用于表示当前触发词所触发的事件类型。

2）state

事件级过程的 state $h_t^e \in H^e$ 与过去时间步相关，不仅编码当前输入，还编码了先前的环境状态。因此，h_t^e 是以下三个向量的拼接：

（1）上一时间步的状态 h_{t-1}，其中如果 agent 在时间步 $t-1$ 发起了事件级策略过程，则 $h_{t-1} = h_{t-1}^e$，否则 $h_{t-1} = h_{t-1}^r$；

（2）事件类型向量 $h_{t'}^c$，它是从上一个满足 $c_{t'}^e \in C_e$ 的时间步（t'）的 option 学习而来；

（3）隐层状态向量 h_t^w，它是在当前输入词向量 x_t 上学习的。

h_t^e 表示为

$$h_t^e = h_{t-1} \oplus h_{t'}^c \oplus h_t^w \tag{14.1}$$

隐层状态表示 h_t^w 是通过 Bi-LSTM 处理文本词序列得到：

$$h_t^w = \overrightarrow{h}_t^w \oplus \overleftarrow{h}_t^w \tag{14.2}$$

$$\overrightarrow{h}_t^w = \overrightarrow{\text{LSTM}}(\overrightarrow{h}_{t-1}^w, x_t) \tag{14.3}$$

$$\overleftarrow{\boldsymbol{h}}_t^w = \overleftarrow{\text{LSTM}}(\overleftarrow{\boldsymbol{h}}_{t+1}^w, \boldsymbol{x}_t) \tag{14.4}$$

最后，使用 MLP 将 state 表示为一个连续的实值向量 $f^e(\boldsymbol{h}_t^e)$。

3）policy

事件检测的基于 option 的随机策略 policy 为 $\mu : H^e \to C_e^*$，它根据如下的概率分布采样一个 option $y_t^e \in C_e^*$：

$$\mu(y_t^e \mid \boldsymbol{h}_t^e) = \text{softmax}(\boldsymbol{W}^e f^e(\boldsymbol{h}_t^e) + \boldsymbol{b}^e) \tag{14.5}$$

其中，$\boldsymbol{W}^e$ 和 $\boldsymbol{b}^e$ 是参数；$f(\boldsymbol{h}_t^e)$ 是状态表示向量。

在训练时，option 根据式 (14.5) 中的概率采样；在测试时，概率最大的 option 会被选择 [即 $y_t = \arg\max \mu(\boldsymbol{h}_t^e)$]。

4）reward

策略级事件网络的 reward 最终的目的是识别和分类事件，而触发词正确与否是中间结果。一旦事件级 option $\boldsymbol{h}_t^e$ 被采样，agent 将获得一个即时的 reward，这个 reward 能够反映在 option 下的短期回报。即时 reward 通过对比句子 X 中事件类型的真实标签 c_t^e 得到：

$$\text{reward}_t = \text{sgn}(y_t^e = c_t^e)I(\text{NE}) + \alpha \cdot \text{sgn}(y_t^e = c_t^e)(1 - I(\text{NE})) \tag{14.6}$$

其中，$\text{sgn}(\cdot)$ 是符号函数；$I(\text{NE})$ 是一个用来区分触发词和非触发词的 reward 的开关函数：

$$I(\text{NE}) = \begin{cases} 0, & y_t^e = \text{NE} \\ 1, & y_t^e \neq \text{NE} \end{cases} \tag{14.7}$$

其中，α 是偏置权重。$\alpha(\alpha < 1)$ 越小，识别出非触发词获得的 reward 越小，这能够避免模型学习到不重要的 policy，去将所有的词都预测为 NE（即非触发词）。

事件级策略网络的转移取决于 option c_t^e。如果在某个时间步 $c_t^e = \text{NE}$，agent 将继续从一个新的事件级策略网络状态开始。否则，就意味着一个特定的事件被检测到，agent 将会发起一个新的子任务，转向论元级策略网络来检测当前事件的参与论元。之后，agent 将以一个被事件初始化的状态来开始论元级的 option，并且其不会转移至事件级策略网络直到所有在当前事件 c_t^e 下的论元级 option 被采样结束。事件级策略网络持续采样 option 直至句子 X 中的最后一个词。当 agent 结束所有事件级 option 之后，会获得一个最终的 reward——reward$_{ter}^e$。这个最终状态的延迟 reward 由句子级事件检测表现定义：

$$reward_{ter}^e = F_1(X) \tag{14.8}$$

其中，$F_1(\cdot)$ 表示句子级事件检测结果的 F1 值，是句子级准确率和召回率的调和平均值。

14.3.2　论元级策略网络

一旦一个特定的事件在时间步 t' 被检测到（即 $c_{t'}^e \in C_e$），agent 将转移至论元级策略网络来预测每个论元在事件 $c_{t'}^e$ 中的角色。具体地，在每个词/时间步 t，论元级策略网络会采取随机的 policy π 来选取 action，并且用 reward 来引导在当前事件下参与论元以及其论元角色的学习。为了传递更加细粒度的事件信息来辅助论元决策，option $c_{t'}^e$ 以及来自事件级过程的状态表示 $h_{t'}^e$ 被整个论元级过程用作额外的输入。简要介绍 action、state、policy 和 reward 如下。

1）action

论元级策略网络的 action c_t^r 是给当前词赋予一个特定的论元标签。c_t^r 是从一个 action 空间 $C_r^* = (\{B, I, O\} \times R) \cup \{NR\}$ 中选择，其中 B/I 表示当前分词在论元中的位置信息（begin 或者 inside），O 则表示与当前事件无关的论元，R 是数据集中一个预定义的论元角色集合，NR 标注的是非论元词。注意到，在不同时间步，相同的论元可能会由于所处事件类型不同而被赋予不同的标签。以这种方式，多事件和误匹配问题能够被很自然地解决。用图 14.2 来阐述。

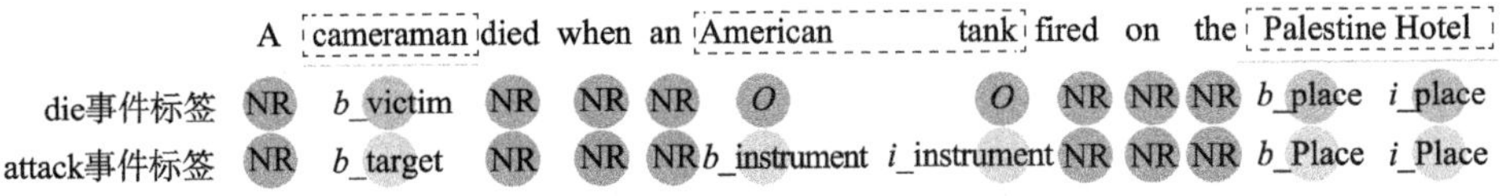

A　cameraman　died　when　an　American　tank　fired　on　the　Palestine Hotel

die事件标签　NR　b_victim　NR　NR　NR　O　　　O　NR　NR　NR　b_place　i_place

attack事件标签　NR　b_target　NR　NR　NR b_instrument i_instrument NR　NR　NR　b_Place　i_Place

图 14.2　13.1 节中的例句包含的不同事件类型情况下的论元标签

图 14.2 中，"cameraman" 和 "Palestine hotel" 都是事件 die 和 attack 的参与论元，然而 "cameraman" 在不同的事件下有不同的论元角色。"American tank" 是事件 attack 的参与论元，但其与事件 die 不相关。因此，"cameraman"

和 "American tank" 在不同时刻都有不同的标签。

　　然后，利用事件架构信息来过滤 action 空间，事件架构信息为每个事件类型明确了可能的论元角色。如表 14.1 所示，它描述了每个事件类型下的具体的参与论元的角色。本节设计了一个预定义好的事件架构检索表来缩小论元角色集合 R。过滤后的 action 空间是 $C_r^* = (\{B, I, O\} \times R[c_t^e]) \cup \{NR\}$。这个事件架构检索表能够使得事件级决策中所包含的隐式论元信息能够被充分利用。另外，通过这个检索表，action 空间能够被缩小，使得 agent 决策更高效。

表 14.1　事件架构信息表为每个事件类型指定了可能的论元角色

事件类型	事件论元角色
attack	attacker, target, instrument, place, time-*
die	agent, victim, instrument, place, time-*
phone-write	entity, place, time-*
sue	adjudicator, crime, defendant, plaintiff, prosecutor, place, time-*

注：以表中的四个事件类型为例。time-* 表示与时间相关的论元角色，如 time-within、time-before 等。

　　2）state

　　论元级过程的 state $h_t^r \in H^r$ 也是与过去时间步相关的，不仅编码当前输入，还编码了之前的环境状态和初始化事件类型的环境信息。h_t^r 是以下四个向量的拼接：

　　（1）上一时间步的状态 h_{t-1}（其中 h_{t-1} 可能是一个来自事件级策略网络或论元级策略网络的状态）；

　　（2）论元标签向量 h_t^r，它是从 action c_{t-1}^r 中学习而来；

　　（3）事件状态表示 $g^e(h_t^e)$；

　　（4）隐层状态向量 h_t^w，它是从式 (14.2) 中相似的 Bi-LSTM 处理得到。

　　h_t^r 表示为

$$h_t^r = h_{t-1} \oplus h_t^c \oplus g^e(h_t^e) \oplus h_t^w \tag{14.9}$$

　　最后使用 MLP 将 state 表示为一个连续的实值向量 $f^r(h_t^r)$。

　　3）policy

　　以事件类型 c_t^e 作为额外输入，用于论元检测的随机的基于 action 的 policy 为 $\pi : H^r \to C_r^*$，它根据如下的概率分布选择一个 action：

$$\pi(c_t^r | h_t^r; c_{t'}^e) = \mathrm{softmax}(h_t^c W^r f^r(h_t^r) + b^r) \tag{14.10}$$

$$h_{t'}^c = W_\mu [c_{t'}^e] \tag{14.11}$$

其中，W^r 和 b^r 是参数；$f^r(h_t^r)$ 是论元级状态表示向量；$h_{t'}^e$ 是事件 $c_{t'}^e$ 的表示；W_μ 是 $|\mathscr{E}|$ 矩阵的一个数组。在训练和测试时，action 会以事件级策略网络相似的方式采样得到。

4）reward

一旦一个论元级 action y_t^r 选择，agent 将会得到一个即时的 reward——reward_t^r，这个 reward 通过与在预测到的事件类型 $c_{t'}^e$ 下的论元真实标签 c_t^r 对比得到[①]。reward_t^r 计算如下：

$$\mathrm{reward}_t^r = \mathrm{sgn}(y_t^r = c_t^r) \cdot I(\mathrm{NR}) + \beta \cdot \mathrm{sgn}(y_t^r = c_t^r) \cdot (1 - I(\mathrm{NR})) \tag{14.12}$$

其中，$I(\mathrm{NR})$ 是一个用于区分论元和非论元词的 reward 的开关函数：

$$I(\mathrm{NR}) = \begin{cases} 0, & y_t^r = \mathrm{NR} \\ 1, & y_t^r \neq \mathrm{NR} \end{cases} \tag{14.13}$$

其中，β 是偏置权重。$\beta\,(\beta < 1)$ 越小意味着非论元词获得的 reward 越小，能够避免 agent 学习到不重要的 policy，从而使所有的 action 都为 NR。

持续为每个词选择 action 直至最后一个词。当 agent 结束在当前事件 $c_{t'}^e$ 下的所有论元级 action 的选择，将获得一个最终的 reward——$\mathrm{reward}_{\mathrm{ter}}^r$：

$$\mathrm{reward}_{\mathrm{ter}}^r = \begin{cases} 1, & y_t^r = c_t^r, \forall t \text{ under } c_{t'}^e \\ -1, & \text{其他} \end{cases} \tag{14.14}$$

14.3.3　分层训练

为了优化事件级策略网络和论元级策略网络，模型目标是去最大化来自两个阶段的由 agent 在每个时间步 t 根据 policy 采样 option 和 action 所获得的

---

① 这里假设事件 $c_{t'}^e$ 被正确预测，否则所有的论元级 reward 将被设置为 0。

期望的累计折扣 reward，可以计算如下：

$$L(\Theta^e) = \mathbb{E}_{h^e, y^e, \text{reward}^e \sim \mu(y^e|s^e)}[\Sigma_{k=t}^{T^e}\gamma^{k-t}\text{reward}_k^e] \tag{14.15}$$

$$L(\Theta^r; c_{t'}^e) = \mathbb{E}_{h^r, y^r, \text{reward}^r \sim \pi(y^r|h^n; c_{t'}^e)}[\Sigma_{k=t}^{T^r}\gamma^{k-t}\text{reward}_k^n] \tag{14.16}$$

其中，$\gamma \in [0, 1]$ 是折扣率；T^e 是事件级过程在结束之前总共经过的时间步；T^r 是论元级过程的结束时间步。

然后将累计 reward 分解为

$$R^e(h_t^e, y_t^e) = \mathbb{E}[\gamma^N R^e(h_{t+N}^e, y_{t+N}^e) + \Sigma_{j=0}^{N-1}\gamma^j\text{reward}_{t+j}^e | h_t^e, y_t^e] \tag{14.17}$$

$$R^r(h_t^r, y_t^r; c_{t'}^e) = \mathbb{E}[\gamma R^r(h_{t+1}^r, y_{t+1}^r; c_{t'}^e) + \text{reward}_t^r | h_t^r, y_t^r] \tag{14.18}$$

其中，N 是论元级过程在 option y_t^e 下持续的时间步，所以 agent 的下一个 option 是 y_{t+N}。如果 $y_t^e = \text{NE}$，则 $N = 1$。

采用策略梯度法和 reinforce 算法进行优化（Williams，1992），用以下随机梯度更新参数：

$$\nabla_{\Theta^e} L(\Theta^e) = \mathbb{E}_{h^e, y^e, \text{reward}^e \sim \mu(y^e|h^e)}[R^e(h_t^e, y_t^e)\nabla_{\Theta^e}\ln\mu(y^e|h^e)] \tag{14.19}$$

$$\nabla_{\Theta^r} L(\Theta^r; c_{t'}^e) = \mathbb{E}_{h^r, y^r, \text{reward}^r \sim \pi(y^r|h^r; c_{t'}^e)}[R^r(h_t^r, y_t^r; c_{t'}^e)\nabla_{\Theta^r}\ln\pi(y^r|h^r; c_{t'}^e)]$$

$$\tag{14.20}$$

14.4　实验与分析

本节首先介绍数据集，然后详细介绍具体的实验设置，最后介绍主要实验结果。

14.4.1　数据集介绍

为评估模型的有效性，分别在两个数据集上进行了实验，即 ACE2005 数据集和 TAC2015 数据集。它们包含来自各种来源的文本文档，如新闻专线报告和讨论论坛。ACE2005 为所有事件触发词抽取和事件论元抽取都提供了标注，而 TAC2015 仅为事件触发词抽取提供标注。利用 Stanford CoreNLP 工具包对句子进行预处理（即词性标注和依赖性分析）。

14.4.2　实验设置

实验遵循事件和论元的标准评估标准。如果事件触发词的文本和事件类型与标注匹配，则该触发词抽取正确。如果论元的文本、事件类型和论元类型与标注匹配，则该论元抽取正确。实验给出了所有评估中的准确率（precision，P）、召回率（recall，R）和 F1 值（F1-score，F1）。

将模型与几种最先进的方法进行了比较，这些方法可分为两类：流水线式方法和联合学习方法。

流水线式方法包括：

（1）StageMaxent 是一种典型的基于特征的两阶段方法，首先检测事件触发词，然后检测事件论元（Yang et al., 2016）；

（2）TwoStageBeam 是一种具有结构感知和全局特征的流水线式模型（Li et al., 2013）；

（3）DMCNN 是事件抽取最成功的流水线式模型，它使用动态多池卷积神经网络（Chen et al., 2015）；

（4）dbRNN 为联合事件抽取在 Bi-LSTM 上添加依赖桥。它使用斯坦福选区解析器解析每个句子，并将预测的 NP 节点作为候选论元（Sha et al., 2018）；

（5）JMEE-NP 是对 JMEE（Liu et al., 2018）方法的重新实现，该方法还将斯坦福选区解析器中的 NP 节点作为候选论元；

（6）JointTransition 使用基于神经转换的方法对子任务执行联合解码（Zhang et al., 2019），该方法目前在 ACE2005 数据集上具有最先进的性能。

14.4.3　总体结果

表 14.2 显示了模型在 ACE2005 和 TAC2015 的结果。从表中可以观察到：①HPNet 稳步优于所有基线。与这些模型相比，HPNet 在 ACE2005 数据集上，触发词抽取方面的 F1 分数提高了至少 4.0%，论元抽取提高了 3.8%；在 TAC2015 数据集上，事件触发词抽取绝对分数至少提高了 2.1%；②联合系统在所有子任务的两个数据集上都优于流水线系统，这在一定程度上证明了联合建模的先进性；③与当前最先进的 JointTransition 方法相比，HPNet 在论元检测中的召回率较低。原因可能是来自事件级流程的事件类型信息在某种程度上限制

了论元决策。尽管如此，HPNet 可以平衡准确率和召回率，并通过层次结构和策略网络获得最高的 F1 值。

表 14.2　在 ACE2005 和 TAC2015 数据集上的实验结果

模型	ACE2005												TAC2015					
	事件触发词识别/%			事件触发词分类/%			事件论元识别/%			论元角色分类/%			事件触发词识别/%			事件触发词分类/%		
	P	R	F1	P	R	F1	P	R	F1	P	R	F1	P	R	F1	P	R	F1
StagedMaxent	73.1	65.4	69.0	70.1	63.3	66.5	75.0	20.3	31.9	71.0	19.3	30.3	69.7	46.8	56.0	65.4	44.5	53.0
TwoStageBeam	74.8	60.7	67.0	72.8	53.7	61.8	73.9	27.1	39.7	66.9	25.5	36.9	72.1	43.8	54.5	66.0	41.6	51.0
DMCNN	79.6	67.2	72.9	74.3	62.9	68.1	69.1	51.8	59.2	62.8	45.0	52.4	77.4	48.7	59.8	71.3	45.8	55.8
dbRNN*	—	—	—	—	—	69.6	—	—	57.2	—	—	50.1	—	—	—	—	—	—
JMEE-NP	78.5	71.3	74.7	74.1	69.1	71.5	62.3	53.5	57.6	58.9	47.3	52.5	74.3	51.4	60.8	69.7	47.0	56.1
JointTransition	76.2	75.7	75.9	74.0	73.7	73.8	59.6	56.3	57.9	54.3	51.8	53.0	73.8	56.4	63.9	68.3	53.0	59.7
TAC2015Best*	—	—	—	—	—	—	—	—	—	—	—	—	82.0	52.0	63.7	75.2	47.7	58.4
HPNet	81.3	77.2	**79.2**	80.1	75.7	**77.8**	70.2	53.8	**60.9**	64.6	50.7	**56.8**	78.2	55.6	**65.0**	70.9	54.8	**61.8**

★ 表示模型结果直接来自原始论文。

14.4.4　分层框架的效果评估

本节证明了两级分层结构在构建事件和论元之间的深度交互方面的有效性。通过设计一个 HPNet 的变体，即 HPNet-argument，该变体移除了论元级的 PN，只保留了事件级的 PN。本节对事件检测的性能进行了研究，并从事件级的 PN 中报告了事件触发器分类的结果。此外，为了证明 HPNet 可以通过分层结构来缓解多事件问题，本节按照以前的工作将 ACE2005 的测试数据（全部）分为两部分（1/1 和 1/N），其中 1/1 表示一个句子中只有一个事件或一个论元起作用，而 1/N 包含所有其他情况。本节分别对两个测试集进行了评估。统计结果显示，在测试集中，有 27.3% 的句子有多个事件，23.2% 的论元参与了一个句子中的多个事件。

表 14.3 显示了 HPNet、变体 DMCNN 和两个基线系统 Embedding+T 和 CNN（Chen et al., 2015）的性能（F1 值）。Embedding+T 使用词嵌入和传统的句子级特征（Li et al., 2013），而 CNN 与 DMCNN 类似，只是它采用标准池化机制而不是动态多池化方法。为了进行比较，本节还包括带有黄金实体提及的 JMEE，这是处理多个事件问题的最先进的系统。从表 14.3 中可以看出，本章的方法在 1/N 数据集和所有数据集上都达到了最佳性能。与 HPNet-argument 相比，

HPNet 在 1/1 上的性能显著下降（2.1%）。原因可能是，在 1/1 测试集中，两个策略网络之间的交互作用对事件检测几乎没有影响，因为 1/1 只有包含一个事件的句子。然而，与变体 HPNet-argument 相比，本章的 HPNet 在 1/N 上至少提高了 29.8%，这表明 HPNet 的两级结构捕获了子任务之间的交互，事件级 PN 也受益于参数级流程。此外，HPNet 在所有基线以及 1/N 数据集上的变体上产生了实质性的改进，这意味着 HPNet 的结构可以更好地捕获事件类型信息，并且在提取多个事件方面更强大。因此，HPNet 的两级层次结构确实增强了子任务之间的信息交互，缓解了多事件问题。

表 14.3　在单一事件句子（1/1）和多事件句子（1/N）上的事件检测结果

模型	(1/1)/%	(1/N)/%	全部/%
Embedding+T	68.1	25.5	59.8
CNN	72.5	43.1	66.3
DMCNN	74.3	50.9	68.1
JMEE	75.2	72.7	73.7
HPNet-Argument	**85.8**	43.8	72.0
HPNet	83.7	**73.6**	**77.8**

14.4.5　策略网络的效果

这一部分证明了策略网络对提高 HPNet 的泛化能力的有效性。参考文献（Chen et al., 2015），将 ACE2005 测试数据（全部）中的触发词和论元分为两部分（A 和 B），其中情况 A 表示训练集和测试集中都出现的触发词或论元，情况 B 代表所有其他情况。从统计上看，测试集中 34.9% 的触发词和 83.1% 的参数在训练集中从未出现过相同的事件类型。由此进行评估并报告事件检测和论元检测的结果。

表 14.4 给出了 HPNet、传统 DMCNN 和简化 DMCNN 两个基线的结果（F1分数）。传统的方法在以前的工作中（Li et al., 2013）被描述为传统的方法，而简化 DMCNN 只使用词嵌入作为词汇特征（Chen et al., 2015）。在表 14.4 中，与上述方法相比，HPNet 在所有情况下对事件和论元的分类都有了显著的改进。值得注意的是，情况 A 和情况 B 的性能之间存在显著差距，因为所有方法都受到数据稀疏性的影响，无法充分处理训练数据中没有出现触发词或论元的情况。然而，在情况 B 上可以观察到 HPNet 的显著改进（事件至少 36.8%，论

元至少 19.7%）。这是因为策略网络自适应地与环境（也是新环境）通信以获取知识，并使用奖励来指导子任务的学习。因此，它在处理广义数据方面更加强大，提高了 HPNet 的泛化能力。

表 14.4 在清晰样本（A）和新样本（B）上的事件检测和论元检测结果

情况	模型	A/%	B/%	全部/%
事件	Traditional	68.8	14.3	61.2
	Reduced DMCNN	70.7	33.1	64.9
	HPNet	**87.7**	**69.9**	**77.8**
论元	Traditional	58.5	22.2	34.6
	Reduced DMCNN	59.5	30.7	40.2
	HPNet	**66.5**	**50.4**	**56.8**

14.5 本章小结

本章提出了一种基于分层策略网络的事件提取新模型 HPNet。在 HPNet 中，提取过程遵循两级层次结构：用于事件检测的事件级 PN 和用于事件论元抽取的参数级 PN。由于有了层次结构，HPNet 擅长于建模子任务之间的深度信息交互，特别是在处理多事件问题方面做得更好。实验证明，本章提出的 HPNet 模型优于当前顶尖水准的方法。HPNet 模型也能够应用于跨事件或跨文档的事件抽取任务中。

参考文献

Chen Y, Xu L, Liu K, et al., 2015. Event extraction via dynamic multi-pooling convolutional neural networks[C]. Annual Meeting of the Association for Computational Linguistics, Beijing.

Feng J, Huang M, Zhao L, et al., 2018. Reinforcement learning for relation classification from noisy data[C]. AAAI Conference on Artificial Intelligence, New Orleans.

Li Q, Ji H, Huang L, 2013. Joint event extraction via structured prediction with global features[C]. Annual Meeting of the Association for Computational Linguistics, Sofia.

Liu X, Luo Z, Huang H, 2018. Jointly multiple events extraction via attention-based graph information aggregation[C]. Conference on Empirical Methods in Natural Language Processing, Brussels.

McClosky D, Surdeanu M, Manning C D, 2011. Event extraction as dependency parsing[C]. Annual Meeting of the Association for Computational Linguistics, Portland.

Nguyen T H, Grishman R, 2018. Graph convolutional networks with argument-aware pooling for event detection[C]. AAAI Conference on Artificial Intelligence, New Orleans.

Nguyen T M, Nguyen T H, 2019. One for all: Neural joint modeling of entities and events[C]. AAAI Conference on Artificial Intelligence, Honolulu.

Poon H, Vanderwende L, 2010. Joint inference for knowledge extraction from biomedical literature[C]. Human Language Technologies: Conference of the North American Chapter of the Association of Computational Linguistics, Los Angeles.

Qin P, Xu W, Wang W Y, 2018. Robust distant supervision relation extraction via deep reinforcement learning[C]. Annual Meeting of the Association for Computational Linguistics, Melbourne.

Riedel S, Chun H, Takagi T, et al., 2009. A Markov logic approach to bio-molecular event extraction[C]. BioNLP 2009 Workshop Companion Volume for Shared Task, Boulder.

Riedel S, McCallum A, 2011. Fast and robust joint models for biomedical event extraction[C]. Conference on Empirical Methods in Natural Language Processing, Edinburgh.

Sha L, Qian F, Chang B, et al., 2018. Jointly extracting event triggers and arguments by dependency-bridge RNN and tensor-based argument interaction[C]. AAAI Conference on Artificial Intelligence, New Orleans.

Sutton R S, McAllester D A, Singh S P, et al., 1999. Policy gradient methods for reinforcement learning with function approximation[C]. Advances in Neural Information Processing Systems, Denver.

Takanobu R, Zhang T, Liu J, et al., 2019. A hierarchical framework for relation extraction with reinforcement learning[C]. AAAI Conference on Artificial Intelligence, Honolulu.

Williams R J, 1992. Simple statistical gradient-following algorithms for connectionist reinforcement learning[J]. Machine Learning, 8(3-4): 229-256.

Yang B, Mitchell T M, 2016. Joint extraction of events and entities within a document context[C]. Conference of the North American Chapter of the Association for Computational Linguistics: Human Language Technologies, San Diego.

Yang S, Feng D, Qiao L, et al., 2019. Exploring pre-trained language models for event extraction and generation[C]. Conference of the Association for Computational Linguistics, Florence.

Zhang J, Qin Y, Zhang Y, et al., 2019. Extracting entities and events as a single task using a transition-based neural model[C]. International Joint Conference on Artificial Intelligence, Macao.

Zhang T, Huang M, Zhao L, 2018. Learning structured representation for text classification via reinforcement learning[C]. AAAI Conference on Artificial Intelligence, New Orleans.

第 15 章 知识结构化未来展望

前面的章节探讨了知识结构化的起源与发展，介绍了基于神经信息抽取的知识结构化方法常用的神经网络结构和学习技术。同时，还详细阐述了基于神经网络的知识结构化方法的最新进展。本章首先对第 1 至 14 章分别进行总结，然后从知识结构化的三个核心任务出发对知识结构化未来发展进行展望，最后结合目前如火如荼的大语言模型技术，探讨知识结构化在大模型时代下面临的挑战与机遇。

15.1 总结

知识结构化在通用知识图谱、领域知识图谱、语义集成、语义搜索和基于知识的问答等领域的应用非常广泛。在当前互联网大数据背景下，如何有效地将非结构化数据进行知识结构化，并高效组织，使得这些数据更好地为人类服务，成为大数据时代的新挑战。本书所提供的知识结构化技术，旨在依据非结构化数据中从不同方面进行结构化信息抽取，用于知识库的构建，并服务于下游任务。

本书围绕知识结构化的多个方面，包括命名实体抽取、实体消歧、关系抽取、三元组抽取、事件抽取等，提出了一系列的技术方法，并进行了充分的实验验证，为后续的知识图谱构建奠定了基础。总体来说，本书的主要内容如下：

第 1 章对知识结构化概念进行简述，主要概述了知识结构化的起源与发展，介绍了知识结构化中涉及的主要技术：实体抽取与链接、实体关系抽取和事件抽取等，介绍了知识结构化的现实应用以及存在的部分挑战，最后对知识结构化的国内外研究进展进行了综述。

第 2 章立足当前基于神经信息抽取的知识结构化方法发展现状，介绍了知识结构化所需的神经网络基础知识。首先概述了神经网络技术在知识结构化任务上的技术优势；然后详细介绍了常用的神经网络模型组件，包括词向量、注意力机制、卷积神经网络、长短期记忆网络等；最后介绍了常用的神经网络学习策略，包括少样本学习策略、生成对抗训练策略、对比学习策略等。

第3章提出一个用于解决嵌套实体抽取的跨度选择框架。它包含一个提取器，旨在通过混合选择策略提取特定实体类别的实体，以及一个对提取器进行评分的判别器。用生成对抗训练方法训练提取器和判别器，以减少对标注数据的需求。在四个广泛使用的嵌套实体抽取数据集上进行的综合实验证明了模型的优越性。

第4章提出了一种用于小样本实体抽取的混合多原型类型表示方法，该方法计算多原型来表示实体类，并使用字符向量来表示非实体类。广泛的实证结果表明，混合原型构建策略和多原型策略对生成偏差较小的表示有很大帮助。此外，本章为小样本实体抽取引入了严格的实验设置，提供了合理和更公平的评估条件。

第5章提出了一种基于多粒度交互对比学习的方法，该方法总结了多模态实体抽取任务中视觉噪声和特征空间差异这两个重要的挑战。为了克服这两个问题，首先利用不同模态的不同粒度特征之间的交互对比学习，有效降低粗粒度视觉特征带来的噪声影响，同时缩小不同模态之间的特征空间差异。进一步采用视觉门控机制，帮助词语动态选择更相关的目标级特征，使其更有效地识别文本中的实体信息。在多模态场景下，任务的性能效果得到了有效提升，并利用多模态实体抽取两个标准数据集验证了该方法的有效性。此外，与最近最流行的 ChatGPT 相比，该方法仍然具有优势。

第6章提出一种改进的面向领域的实体消歧方法，通过将整个消歧过程划分为两个阶段来提升系统工作效率，并引入领域的概念进一步丰富特征集。为实现集体消歧，将实体指称、候选实体和它们之间的关系以图的形式表示，并设计添加指称-指称边来间接优化算法的处理顺序。整个问题最终被转化成寻找密集子图问题，并采用近似算法来解决上述 NP-难问题。真实公开评测数据集上的实验结果证实，改进的方法能够提升现有命名实体消歧系统的消歧准确度。

第7章提出了一种面向含噪数据的中文领域关系抽取方法，并引入了互补卷积神经网络（com-CNN），以结合关系实例的两种不同表示形式。一方面，原始单词序列保留了原始文本的所有信息，但存在无用的单词。另一方面，多重依存路径捕获谓词序列，这是对预测目标关系有效的指示符，但在从原始单词序列中删除噪声单词的过程中会丢失补充信息。观察到它们之间的互补性，设计了一种新颖的结构以融合这两个不同角度的特征。为了显示本章模型的有效性，将模型与最新方法和几种变体进行实验比较。此外，在领域关系抽取的情况下，本章也验证了实体集成注意力多实例学习的优越性。

第 8 章的研究结合了远程监督和少样本学习的优势，探索了一个新的任务，即远程监督下的少样本关系抽取。由于观察到远程监督下关系分类中的特殊挑战，本章在原型网络的基础上，构思了一种基于注意力的多实例学习方法，用于解决支持集和查询集中的错误标注数据问题。实验结果显示本章所探索任务的可行性，以及本章模型的优越性。本章的研究在经典的设定下进行测试，可以从表格数据中抽取三元组用于现有知识图谱的自动扩展。

第 9 章提出了一种基于迁移排序模型的三元组抽取技术，主要解决实体关系联合抽取中的多三元组抽取问题。通过分析发现现有模型的弱点在于句子中实体间的复合关系被忽略，以至于候选实体对的生成或者依赖不真实存在的约束，或者被忽略。因此本章设计了一个基于多层迁移的实体关系联合模型，该模型可以从一句话中抽取多三元组。具体来讲它设计了一种三部分标注方案来同时描述句子中的实体关系特征，从而允许负样例策略来强化模型的训练。

第 10 章提出了一种融合对抗训练的端到端知识三元组联合抽取方法。传统的流水线式抽取方法会导致误差传递，而现有的联合抽取没有充分发掘实体识别与关系抽取两个子任务的联系。针对现有方法的问题，本章模型提出一种标注策略，能够通过端到端标注将知识三元组抽取问题完全转化为序列标注问题；然后设计了端到端的标注网络，并加入自注意力层来充分表示文本，通过带偏置项的损失函数提高模型组合实体对的能力，加入对抗训练以增强模型鲁棒性。

第 11 章提出了一种基于视图转移网络的少样本关系三元组抽取方法，并设计了一种全新的视图转移网络。视图转移网络通过过滤特定关系的句子，可以产生对头部和尾部实体更准确的表示。与此同时，视图转移网络可以充分利用语义信息来验证实体对在三重视角下的合理性。此外，视图转移网络能够在充分处理复杂的句子的同时保持稳定的性能。大量的实验结果表明，关系、实体和三重视角之间的转换对提高不同设置下的少样本关系三元组抽取性能有很大的帮助。

第 12 章提出一种基于混合注意力网络的多语言事件检测方法。该方法通过上下文注意力挖掘多语言上下文的一致信息，以缓解数据稀疏问题；通过多语言注意力获得多种目标语言之间的互补线索，传递至源语言以缓解自然语言歧义的问题。在两个基准数据集上进行的综合性实验证实了使用多语言线索的有效性。该方法在事件触发词识别和分类任务上在两个基准数据集上的表现均显著提升。

第 13 章提出了一种基于差异性神经表示的事件检测方法。对于触发器跨度检测问题，引入了一个对比学习模块来获得事件触发器内外单词的分散表示，以及一个 Mixspan 模块来进一步指导模型识别触发器的跨度边界。综合实验表明，基于差异性神经表示的事件检测方法优于当前最优的方法。

第 14 章提出了一种基于分层策略网络的事件抽取方法。事件抽取过程遵循两级层次结构，用于事件触发词抽取的事件级策略网络和用于事件论元抽取的论元级策略网络。由于有了层次结构，该方法擅长于建模子任务之间的深度信息交互，特别是在处理多事件问题方面做得更好。实验证明本章提出的方法优于当前顶尖水准的方法。

15.2 未来展望

展望未来，本节从实体抽取、三元组抽取以及事件抽取这三个核心任务出发，为知识结构化的研究提出一些可行的建议和需要重点关注的发展方向。希望这些内容能为读者提供有益的启示和帮助。

15.2.1 实体抽取技术

实体抽取是下游应用程序的关键预处理组件，其任务特点往往由下游应用的需求所决定。例如，命名实体的具体类型、是否需要识别嵌套实体等。针对这一领域，以下是几个值得进一步探索的研究方向。

1）细粒度实体抽取和边界检测

现有研究大多集中在一般领域的粗粒度实体抽取上，但为了满足更为广泛的应用场景需求，在特定领域中对细粒度实体进行抽取的研究是更值得期待的（Xue et al., 2020）。细粒度实体抽取所面临的挑战主要源于命名实体类型的多样化和复杂性（Yang et al., 2023b）。值得考虑的是，将实体的边界检测独立出来，专门作为一个任务进行研究，从而忽略实体类型，专注于边界的识别。通过将边界检测与类型分类进行解耦，实现更为通用且鲁棒的边界检测方案，可以共享在不同领域的方法，同时为实体的类型分类提供特定领域的解决方法。正确的实体边界还能有效地缓解实体链接到知识库中的错误传播。虽然已有部分研究将实体边界检测视为实体抽取的一个中间步骤，但目前尚缺乏专门针对这一任务的研究，以提供一个更为鲁棒的识别器。

2）联合实体抽取和实体链接

现有的多数研究工作将实体抽取和实体链接单独作为流水线（pipeline）设置中的两个独立任务来解决。当实体被成功链接到知识库中的相关实体时，其所携带的语义信息会得到显著增强。这意味着，链接后的实体有助于更精准地检测实体边界和正确地分类实体类型。为了进一步优化效果，值得探索联合执行实体抽取和实体链接的方法，甚至实体边界检测、实体类型分类和实体链接的联合处理方式，使得每个子任务都能从其他子任务的部分输出中获得增益，并减少流水线设置中可能出现的错误传播。

3）实体抽取的深度迁移学习

许多以实体为核心的应用程序都依赖于现有的实体抽取系统来抽取实体。然而，由于语言特征的差异和标注的不一致性，在一个数据集上训练的模型可能无法在其他文本中表现得很好（Wu et al., 2023b）。尽管已有一些研究将深度迁移学习应用于实体抽取，但这个问题的解决方案尚未得到充分探讨。为了有效地将知识从一个领域转移到另一个领域，未来的研究应致力于解决以下几个问题：①如何开发一个能够跨不同领域工作的鲁棒识别器；②探索实体抽取任务中的零样本和少样本学习方法；③提供解决跨域设置中域不匹配和标签不匹配的有效方案。通过对这些研究问题进行探索，可以进一步提升实体抽取系统的性能和适应性，满足不同应用程序的需求。

4）非正式文本和未见过的实体

在正式文本（如新闻文章）的数据集上，实体抽取系统已经取得了不错的成绩。然而，当普通用户生成的文本成为处理对象时，最佳准确率分数仅略高于 40%，这表明在非正式文本（如推文、评论、用户论坛）中进行实体抽取更具挑战性（Li et al., 2022）。主要原因是这些文本通常较为简短，难以提供充足的语义关联信息，并且存在大量的噪声。此外，在实际应用场景中许多用户生成的文本还具有特定的领域特性，如电子商务和银行的相关文本，实体抽取系统必须能够有效地处理这类文本。为了评估系统的鲁棒性和有效性，另一个值得关注的维度是系统能否在新出现的文本中准确识别出那些独特的、实体抽取系统未曾见过的实体。

5）结合外部辅助资源的实体抽取

考虑到对非正式文本或用户生成内容进行实体抽取时，深度学习方法性能表现仍有较大的提升空间，参考结合外部知识进行增强的方法也是值得深入挖掘的研究点（Li et al., 2022）。特别是在利用如用户语言中的地名词典等辅助资源时，虽然目前没有直接证据显示这些额外的特征能够显著提升通用领域的实体抽取性能，但这些辅助资源对于深入理解用户生成的内容具有不可或缺的价值。在此项研究点上，当前面临的挑战在于如何为针对用户生成内容或特定领域文本的实体抽取任务获取相应的辅助资源，以及如何将这些资源有效地整合到基于深度学习的实体抽取模型中。

15.2.2　三元组抽取技术

尽管实体关系抽取技术日渐成熟，但作为下游应用的关键性基础技术，依然需要研究人员投入大量精力进行不断探索。通过对现有实体关系抽取研究工作进行总结，研究中还存在以下值得深度研究的方向。

1）从二元关系抽取到多元关系抽取的转化

当前的关系抽取系统主要聚焦于两个实体之间的二元关系抽取。然而，实际上并非所有的关系都是二元的，有些关系实例需要综合考虑时间、地点等多种信息，因此会涉及更多的论元。虽然已有相关研究工作提出了针对多元关系抽取的方法，但这些方法与二元关系抽取模型相比，在准确率和召回率上仍存在较大的差距。为了能够根据上下文信息，准确地识别跨越句子的多元实体关系，并提高关系抽取的智能化水平，研究者们不断投入更多的精力进行探索和创新。这是一个充满挑战但具有重要意义的研究方向，有望为未来的实体关系抽取应用带来更多的突破和贡献。

2）开放领域的实体关系抽取的深入研究

目前的研究工作主要集中于特定的关系类型或特定领域，使用特定的语料库，难以自动迁移到其他领域。虽然已有一些研究者对开放领域的关系抽取进行了探索，并提出了一系列实体关系抽取的方法（Zhao et al., 2023），但这些方法与特定领域相比仍存在一定的差距。为了提高关系抽取系统的准确率、可移植性和可扩展性，研究人员需要投入更多的精力和时间，不断推动开放领域的实体关系抽取技术的发展。

3）远程监督关系抽取方法得到不断改进

目前，远程监督方法仍存在错误标签和误差传播两个主要问题，因此研究者主要基于这些问题对深度学习的关系抽取模型进行改进。为了减少噪声数据并避免产生过多的错误标签，采用如多示例学习、注意力机制等多种方法。已有一些研究将增强学习与远程监督方法相结合，旨在不断减少错误标签，从而降低负类数据对关系抽取模型的影响（Gao et al., 2023）。针对误差传播问题，研究者更加注重对句子语义信息的深入挖掘，而对句子语法信息的利用相对较少。如何有效地解决远程监督产生的错误标签和误差传播，如何有效地融合语法和语义信息，这些问题将激励着研究者不断改进相关算法，不断提高深度学习方法的性能。

4）联合学习和基于图结构的抽取方法

近年来，越来越多的研究者开始关注联合学习和基于图结构的抽取方法。通过联合开展实体抽取和关系抽取任务，可以有效减少错误信息的累积和传播，降低冗余信息对模型的影响。同时，针对关系重叠和实体间潜在特征等问题，基于图结构的抽取方法为信息抽取领域带来了新的思路（Zhao et al., 2021）。尽管这两种方法在一定程度上提升了信息抽取的性能，但仍需进一步改进和完善，以不断推动信息抽取领域的发展。

5）工业级实体关系抽取系统的研发

关系抽取现已广泛应用于智能搜索、智能问答、个性化推荐、内容分发、权限管理、人力资源管理等多个领域。通过深入融合学术研究和市场需求，不断提高实体关系抽取的可靠性、置信度和执行效率，进一步提升了关系抽取模型的性能。这些进步为人们的生活提供了更多的便利，推动了智能化时代的发展和进步。本书认为，随着技术的不断创新，关系抽取技术将在未来发挥更加重要的作用，为人们提供更加高效、精准的服务，促进社会的科技进步和发展。

15.2.3　事件抽取技术

事件抽取任务相较于实体抽取和关系抽取任务更具挑战性，因为其需要抽取识别的论元复杂多样。现有的研究通常构建端到端的系统以减少错误累积和传播，但是其性能仍无法满足实际应用需求。根据事件抽取的特性以及当前的研究现状，本书总结了以下技术挑战，以期为未来的研究提供参考和启示。

1）事件抽取数据集构建

事件抽取任务具有较高的复杂性，而受困于数据集的不完备，导致基于深度学习的事件抽取方法难以实际应用。目前，事件抽取数据集通常仅包含少量的标记数据，而手动标注事件抽取数据集的时间成本相当高昂（Wu et al., 2023a）。因此，构建大规模的事件抽取数据集或设计自动构建事件抽取数据集成为了未来的研究趋势。考虑到深度学习在结合外部资源构建大规模数据集方面已取得了良好的成果，如何更有效地利用深度学习技术并借助外部资源来进行事件抽取数据集的构建，也成为一个迫切的研究课题。这将有助于提升事件抽取的性能和效率，为相关领域的应用提供更多支持。

2）不确定的抽取模式

事件抽取研究可分为针对封闭域和针对开放域的抽取两种。针对封闭域的研究，通常采用基于模板的事件抽取方法。尽管基于模板的事件抽取方法能够在测试数据集上取得较好的成绩，但是事件的模板并非一成不变的。如果为所有不同事件类型设计相应的模式，这将大大增加研究工作的复杂度和工作量。开放域事件抽取更符合实际应用的需求，但是通常难以构建模板以支持事件抽取工作的开展。因此，无模式的事件抽取研究更具挑战性，并且其效果往往难以评估。如何克服构建事件抽取数据集和类间知识共享的困难，设计一个通用的事件抽取模式显得尤为重要。

3）多事件和域事件抽取

根据事件抽取的粒度不同，事件抽取可划分为句子级事件抽取和文档级事件抽取两个层次。目前，句子级事件抽取的研究已经取得了丰富的成果，而文档级事件抽取仍处于探索阶段。文档级事件抽取是更具挑战性和实际应用价值的（Yang et al., 2023a）。因此，设计针对文档中多事件的有效抽取方法具有重要的研究意义。此外，领域文本往往包含大量的专业术语，这使得领域事件抽取的难度增加。因此，如何设计有效的方法来理解领域文本中的深层语义信息和上下文对应关系，也是亟待解决的问题。

4）增强语法依赖关系学习

目前，基于预训练语言模型的事件抽取方法已成为主流技术。然而，事件抽取任务与预训练语言模型在训练前的学习任务存在差异。在事件参数抽取过程中，需要考虑参数角色之间的关系，以抽取得到同一事件类型下的不同角色。这要求事件抽取模型具备学习文本语法依赖关系的能力。因此，为了全面、准确地抽取每种事件类型的参数，增强事件抽取方法对事件参数之间的依赖关系的学习成为一个重要的研究方向。

15.3　大语言模型技术

随着深度学习技术的迅猛发展，大语言模型（如 ChatGPT）在自然语言处理领域诸多任务上都取得了显著的成就。作为强大的通用语言处理技术，大语言模型可有效提升信息结构化任务的自动化水平和工作效率。大语言模型与信息结构化的结合必将是未来信息结构化研究领域的重中之重。根据大语言模型技术的发展现状以及信息结构化领域应用实际，本书提出了以下研究要点，以期为知识结构化领域的研究发展提供参考和帮助。

1）信息结构化统一建模

常见的实体、关系和事件通常分别以跨度、三元组和记录形式的异构结构进行表示。在以往的研究中，为了应对各种复杂多样的信息结构化任务，研究者们设计了各种不同的信息结构化模型，以满足不同任务和需求的变化。由于抽取目标的多样性、结构的差异性和领域需求的变动性，信息抽取模型一直难以实现统一建模。这极大地限制了信息结构化系统的高效架构开发、有效知识共享和快速跨域适配。然而，借助大型语言模型的强大文本生成能力，使用生成式统一建模，可能为信息结构化领域带来一场深刻的变革（Ping et al., 2023）。

2）思维链提示信息结构化

为了提升复杂场景下的文本处理能力，越来越多的研究者开始探索利用思维链提示来激发大语言模型的逻辑推理能力（Wei et al., 2022）。结合信息结构化统一建模框架，利用思维链提示方法激发大语言模型的生成能力，通过生成的方式抽取更为准确的实体、关系和事件，将成为一个值得深入研讨的课题。此外，考虑到文本表示的模糊性、多样性等更为复杂的特点，结合更为新颖的思维树（Yao et al., 2023）和思维图（Besta et al., 2023）提示技术也将成为极具研究价值的信息结构化研究方向。

3）大语言模型知识蒸馏

由于大语言模型需要大量的计算资源，这对于许多研究者来说并不友好。并且对于一些特定领域，并不需要一个通用的大型语言模型。因此，研究训练一个专门针对特定任务的信息结构化模型仍然具有重要的价值。然而，这些规模较小的模型在逻辑推理能力上相对有限。如何将大语言模型中的知识蒸馏到这些中小规模的模型中，以提高它们的性能，是一个值得探索的问题

（Wadhwa et al., 2023; Zhou et al., 2023）。通过一些训练优化策略，有望在不增加额外训练数据的情况下，获得更好的信息结构化性能。这将有助于平衡计算资源和模型性能之间的矛盾，为更多研究者提供实用的信息结构化解决方案。

总的来说，在大模型时代下，知识结构化的发展是机遇与挑战并存的。大模型时代的到来给现有的知识结构化模式带来了巨大冲击。在新的技术浪潮下，知识结构化的研究应该秉持坚守和融汇的理念，认识到知识结构化所处的位置和价值，理解大模型与知识结构化共存共生、互相加强的新范式。

知识结构化和大模型作为处理知识的手段，两者高度互补。一方面，知识结构化补足了大模型的语言理解能力；另一方面，大模型丰富了知识结构化的知识处理方式。两者的能力融汇，将达到一加一大于二的放大效应。大模型时代的到来并没有终结知识结构化的研究，反而为其带来新的机遇，给图谱领域的诸多挑战性问题带来了新的解决思路。后续知识结构化与大模型结合的应用落地关键在于构建统一的技术框架应用范式，以降低产业应用门槛，促进产业繁荣。

参考文献

Besta M, Blach N, Kubicek A, et al., 2023. Graph of thoughts: Solving elaborate problems with large language models[OL]. (2023–11–24)[2024–02–10]. https://arxiv.org/abs/2308.09687.

Gao J, Wan H, Liu Y, 2023. Exploiting global context and external knowledge for distantly supervised relation extraction[J]. Knowledge–Based Systems, 261: 0950–7051.

Li J, Sun A, Han J, et al., 2022. A survey on deep learning for named entity recognition[J]. IEEE Trans. Transactions on Knowledge and Data Engineering, 34: 50–70.

Ping Y, Lu J, Gan R, et al., 2023. UniEX: An effective and efficient framework for unified information extraction via a span–extractive perspective[C]. Annual Meeting of the Association for Computational Linguistics, Toronto.

Wadhwa S, Amir S, Wallace B C, 2023. Revisiting relation extraction in the era of large language models[C]. Annual Meeting of the Association for Computational Linguistics, Toronto.

Wei J, Wang X, Schuurmans D, et al., 2022. Chain of thought prompting elicits reasoning in large language models [OL]. (2023–01–10)[2024–02–10]. https://arxiv.org/abs/2201.11903.

Wu M, Liu M, Wang L, et al., 2023a. A Chinese fine–grained financial event extraction dataset[C]. Companion Proceedings of the ACM Web Conference, Austin.

Wu Y, Meng J, Zhao D, et al., 2023b. Adversarial transfer learning for biomedical named entity recognition[C]. International Conference on Innovation in Artificial Intelligence, Harbin.

Xue M, Yu B, Zhang Z, et al., 2020. Coarse-to-fine pre-training for named entity recognition[C]. Conference on Empirical Methods in Natural Language Processing, Punta Cana.

Yang H, Chen Y, Liu K, et al., 2023a. Multi-turn and multi-granularity reader for document level event extraction[J]. ACM Transactions on Asian and Low-Resource Language Information Processing, 22(2): 1-16.

Yang J, Luo J, Guo W, et al., 2023b. Exploiting hierarchically structured categories in fine-grained chinese named entity recognition[C]. Findings of the Association for Computational Linguistics: ACL 2023, Toronto.

Yao S, Yu D, Zhao J, et al., 2023. Tree of thoughts: Deliberate problem solving with large language models[OL]. (2023-12-03)[2024-02-10]. https://arxiv.org/abs/2305.10601.

Zhao J, Zhang Y, Zhang Q, et al., 2023. Actively supervised clustering for open relation extraction[C]. Annual Meeting of the Association for Computational Linguistics, Toronto.

Zhao K, Xu H, Cheng Y, et al., 2021. Representation iterative fusion based on heterogeneous graph neural network for joint entity and relation extraction[J]. Knowledge-Based Systems, 219 (2021): 106888.

Zhou W, Zhang S, Gu Y, et al., 2023. UniversalNER: Targeted distillation from large language models for open named entity recognition[OL]. (2024-01-19)[2024-02-10]. https://arxiv.org/abs/2305.10601.